Contents

KU-623-537

What this course is all about

Take your time to read through the next couple of pages, which explain the course to you. Understanding what is expected of you and how the course is built up will make learning easier.

Breakthrough Further French is the result of listening to hundreds of people telling us what they want and how they learn. It's *not* a beginner's course – the emphasis is on 'further'. You should already be beyond the 'un café, s'il vous plaît' stage if you want to make the most of this course. It helps you to keep up your existing French and puts you in situations where you can use your language for making real and useful contacts, getting to know the French and their country better.

There is no specific progression, though the earlier units are generally easier than the later ones and vocabulary is built up gradually. Each unit has a carefully selected balance of the following:

- Interviews/eavesdropped conversations with ordinary French people which carry key vocabulary/idioms and structures. They are recorded on location in France and you practise understanding the real language right from the start. To help you, there is a transcript in the book of each dialogue you'll hear on the cassette, plus essential vocabulary, explanatory notes and exercises directly associated with the text. Please note that you are *not* expected to switch on and understand immediately. Learning comes from a combination of listening – using pause and rewind buttons as many times as necessary – and of studying the text.
- A list of key words and phrases follows the introductory dialogues and exercises. You can use this to check that you have mastered the most important elements before going on.
- Grammar is the cement of the language. It helps you to understand the way French works and in each unit we've included a short analysis of items we think you'll find useful. But *Breakthrough Further French* is *not* a grammar course. Understanding when you hear or read something and making yourself understood is more important than knowing all the troublesome intricacies, which the French themselves quite often get wrong. Don't get bogged down here. If you find some of the points too fiddly just move on.
- A short reading section comes next. It consists of two or more exercises based on authentic examples you might see in the streets of a French town or read in French brochures, papers and magazines.
- Radio comprehensions unique to this course then give you some extended listening practice. In co-operation with **Radio France** and **Radio Service Tour Eiffel** we have selected and edited parts of real radio programmes to give you some more genuine listening practice and to help extend your vocabulary further *if you wish*. You can approach these in different ways. More advanced learners might be able to listen in and complete the various listening exercises. On the other hand you might need to go through them bit by bit, helped by the transcripts which we've put at the back of the book. It's up to you to select the approach which most suits your experience and your needs.
- A speaking section in which you can practise relating information to your own life concludes each unit. The tasks here are open-ended. That means there is no right or wrong though we do give you some ideas on what to say, and on the cassette you'll find a model version spoken by our two actors, Marie-Thérèse Bougard and Yves Aubert.

At the end of the book we've put a comprehensive vocabulary (both French–English and English–French). This contains all the words in the course apart from the most basic ones, like **il**, **elle**, **un**, **deux**, etc. or obvious ones such as **possible**, **destination** etc. where the spelling and meaning are the same as in English.

Breakthrough Language Series

FURTHER FRENCH

Stephanie Rybak

Stephanie Rybak is a *lectrice* at l'Université de la Réunion; she has a doctorate in adult language learning and is author of *Pan Breakthrough French*.

General editor Brian Hill
Head of the Language Centre, Brighton Polytechnic

Series advisers
Janet Jenkins International Extension College, Cambridge
Al Wolff Producer, BBC School Radio

Pan Books London and Sydney

C20395

Acknowledgements

My very warm thanks to everyone who has contributed to the course: to Catherine Bruzzone, the commissioning editor, to the many French people whose voices are on the tapes, especially Hélène Clément and Michel Durand, who helped organise the location recordings, to my mother, Olive Rybak, who helped write the book, and to my brother, Chris Rybak, who processed the vocabulary by computer.

Location and studio recordings, tape production: Gerald Ramshaw, Polytechnic of Central London
Acting: Paul Beardmore, Marie-Thérèse Bougard, Yves Aubert
Music: David Stoll
Book design and illustrations: Gillian Riley
Editor: Claudia Eilers

We are grateful to the following for permission to reproduce copyright material:
Radio programmes
Radio France, Radio Service Tour Eiffel
Texts
Télérama pp. 51, 132, 168, 179 Le Figaro pp. 147, 195, 196 (Vietnam) Madame Figaro pp. 36, 115 SOPEXA p. 35 L'Officiel des spectacles p. 121 Le Point p. 148 Libération p. 196 (Afghanistan, Ulster 17/18.9.83) Paris Match p. 185 (headlines) Editions Massein p. 68 ARP p. 180 SNCF pp. 83 , 84 Ministère des PTT p. 163 R.D.B. associés p. 137 IBM p. 100 Bis p. 99 Fromageries Bel p. 141 Hertz p. 77
Photos and visuals
Gerald Ramshaw pp. 19, 30, 88, 92, 103, 104, 111, 123, 124, 138, 142, 161, 172, 174 French Government Tourist Office pp. 11 (Photo Feher), 20, 21, 37, 39, 40, 41, 42, 52, 93 (Photo Karquel), 106, 110, 119, 181 (Interphotothèque), 188 Mary Glasgow Publications pp. 69, 73, 108, 159 Oliver Stapleton/MGP pp. 54, 71, 101, 186 M. L. Haselgrove p. 94 Jean Ribière p. 135 Diafrance p. 158 Sportslines/Roy Peters p. 56 J. Allan Cash Photolibrary pp. 24, 27 (David Kilpatrick) David Edwards/BBC p. 169 Ministère des PTT p. 151 SNCF.CAV pp. 74 (Michel Henry), 84 Food & Wine from France p. 23 United Artists Corporation p. 165 Amanda Searle/City Limits p. 167 Sara Films p. 180 Le Bistroquet p. 7 S.E.C.F. Editions Radio p. 157 Guy Delaunay/ Editions Mythra p. 14 Claire Bretécher/Le Nouvel Observateur p. 55 Jacques Faizant/C. Charillon Paris pp. 183, 198

In some cases it has not been possible to trace the owner of the copyright and the Publishers would be grateful to receive any relevant information.

First published 1985 by Pan Books Ltd,
Cavaye Place, London SW10 9PG
  2 3 4 5 6 7 8 9
© Stephanie Rybak and Brian Hill 1985
ISBN 0 330 28863 6

Photoset by Parker Typesetting Service, Leicester

Reproduced, printed and bound in Great Britain by
Richard Clay (The Chaucer Press) Ltd, Bungay, Suffolk

How to work through a unit

1 Study guide

At the beginning of each unit you'll find a grid which shows you on what page you'll find the individual sections. Use this as a check list to cross off the tasks you have completed.

2 Dialogues Dialogues

In each unit four dialogues recorded on location in France introduce the new language material, covering different aspects of the unit theme. You are not expected to understand each dialogue first time. Just listen, then rewind and, using your pause button, study line by line and read the vocabulary and the notes. Key phrases are marked ♦ and you should try to remember them, as you'll practise them in the exercises. When you think you've mastered a dialogue, rewind to the beginning and without using your book listen again right through to see if you've really understood. Zero your tape counter at the beginning of each cassette side and note the numbers for each dialogue in the ☐ as you go along.

3 Travaux pratiques Exercises

There are up to four exercises linked to each dialogue. The first two or three practise listening comprehension and vocabulary reinforcement, the last one gives you an opportunity to speak. In most speaking exercises in this section you're given a prompt in English by our presenter, Paul Beardmore. Stop the tape, say your part aloud in French, then start the tape again and listen to the correct version which will be given by either Yves Aubert or Marie-Thérèse Bougard. You will probably need to go over the speaking exercises a few times until you are familiar with the pattern. Before you start speaking, read the instruction to each exercise in your book.

4 Expressions importantes Key phrases

This is a list of the most important words and phrases from all four dialogues which were marked ♦ in the notes. Try to learn this page by heart.

5 Grammaire Grammar

As this is *not* a grammar course, the selections and explanations on these two pages are not exhaustive; we are just highlighting some of the key elements of the French language. Skip this section if you really don't like grammar, but give it a try first. The grammar section is interspersed with short exercises, so that you can test yourself.

6 A lire Reading section

This section is based on passages taken from original French brochures, newspapers or magazines. Some of it might seem quite difficult, but we have given you some extra vocabulary to help you understand the extracts. Make sure you've really understood the gist of each passage before doing the exercise linked to it.

7 Radio Radio section

These authentic excerpts from French radio are, of course, spoken at normal speed. The first time you hear them you may not understand very much at all. But this is a useful way of sharpening your listening skills. If you persevere you will find that, by the time you get to the later units, you will be able to tune in to real French much more easily. Included as part of this section are a vocabulary and some listening tasks, often general questions to be answered. Working on these will help you to understand what is said.

There is also a transcript of the recordings (see p.213). Depending on how difficult you find the excerpts, you can use the transcripts in different ways. If you do understand fairly easily then it is probably best not to look at the transcripts until after you have done the exercises. To make it easier you could, however, read the transcripts through before listening and/or listen and read at the same time. You will have to decide what suits you best. In later units try to reduce your reliance on the transcripts.

8 A vous de parler Open ended speaking exercises

The last section in each unit gives you opportunity to speak again, but much more freely than in the exercises linked to the dialogues. You can adapt the exercise to your own situation. We'll only give you some guidelines or some phrases you should try to use with the instruction to each exercise in your book. On the cassette, Marie-Thérèse or Yves will speak a model version for you, but your version can be quite different without being wrong.

Making the most of this course

- There is a lot of material so decide what you want most from the course and allocate your time accordingly between the sections.

- We've tried to make the course as interesting and enjoyable as possible, but language learning is not a piece of cake. So, be patient, and above all don't get angry with yourself if you find you're progressing too slowly.

- Have confidence in us. Real language is complex and you won't understand everything first time. Treat it as a challenge and we will build up your knowledge slowly, selecting what is important at each stage.

- Try to study regularly but in short periods. Thirty minutes a day is usually better than a block of three and a half hours a week.

- It helps to articulate, to speak the words out aloud. This may seem strange at first, but actually using the words, with a friend or to yourself, is a good way of practising and remembering.

- Don't be afraid to write in the book and make your own notes. With most exercises which need writing or filling in we've provided the necessary space, but if there isn't enough room just use an extra bit of paper, or, better still, have your own special course exercise book for these tasks and extended notes.

Symbols and abbreviations

If your cassette recorder has a counter, set it to zero at the start of each unit and then fill in these boxes the number showing at the beginning of each dialogue. This will help you find the right place on the tape quickly when you want to rewind.

◆ This indicates a key word or phrase in the dialogues.

This marks the speaking exercises in the dialogue section and the open ended speaking exercises at the end of each unit.

m. masculine	*pl.* plural
f. feminine	*lit.* literally
sing. singular	*coll.* colloquial

1 Un temps fantastique

What you will learn

- talking about summer and winter holidays
- finding out about club facilities
- something about the **Châteaux de la Loire** and **Gîtes de France**

... and how French people find travelling in the USA

Study guide

Dialogue 1
Vacances dans le Midi

The dialogues present the new material. Work on them until you can understand them and pay special attention to the words and phrases marked ▶ in the vocabulary and notes underneath.

Claude   Ça s'est bien passé, tes vacances?

Catherine   Ben, nous sommes descendus dans le Midi et nous avons eu un temps fantastique ...

Claude   Tu étais dans le Midi? Mais où ça?

Catherine   J'étais à Cogolin. Pourquoi?

Claude   Mais ça c'est amusant – nous étions à Grimaud! C'est juste à côté!

Catherine   Oh c'est pas vrai! Quand y étais-tu?

Claude   Nous étions en juillet chez mes parents. Tu étais à l'hôtel?

Catherine   Non, je n'étais pas à l'hôtel. Nous avions loué une petite maison avec des amis.

Claude   Une petite maison avec des amis – ça, ç'a dû être très amusant.

Catherine   Très amusant, mais nous étions un peu nombreux.

Claude   Ah bon. Et la plage?

Catherine   Et la plage, tous les jours, bien sûr, mais je ne me suis pas baignée – c'est une honte, non?

Claude   Et l'eau était formidable!

Catherine   Il paraît. Et toi, qu'est-ce que tu as fait?

Claude   Ben, un petit peu de planche à voile, et puis des promenades.

▶ **temps** (m.) here: weather   **planche à voile** (f.) wind-surfing
▶ **plage** (f.) beach   ▶ **promenade** (f.) walk, ride, outing
▶ **formidable** marvellous

▶ **Ça s'est bien passé, tes vacances?** Did you have a good holiday? Lit. Did it go well, your holiday(s)?

Ben, nous sommes descendus dans le Midi ... Tu étais dans le Midi? Well, we went down to the south of France ... You were in the south? For the past tenses see **Grammaire** p.17/18. **Ben** is the colloquial form of **eh bien**.

c'est pas vrai! you don't mean it! Lit. that is not true! The **ne** of **ne ... pas** is often omitted in spoken French.

▶ **juste à côté** right next (to it).

quand y étais-tu? When were you there? Note that **y**, 'there' comes before the verb.

▶ **chez mes parents** at my parents' (house). Note also **chez moi**, at my house and **chez mes amis**, at my friends'.

▶ **nous avions loué** we had rented. Note also **nous avons loué**, we rented, we have rented.

ç'a dû être très amusant that must have been great fun. **Dû** is the past participle of **devoir** (must, have to).

nous étions un peu nombreux there were quite a few of us (lit. we were a bit numerous). **Peu nombreux** without **un** would mean 'only a few'.

▶ **je ne me suis pas baignée** I didn't swim, lit. I did not bathe myself.

c'est une honte, non? It's a disgrace, isn't it? (**la honte** lit. the shame).

▶ **Il paraît** (so) it seems.

Travaux pratiques *Exercises*

1 How much did you find out about Claude and Catherine's holidays? Listen
to the dialogue again and decide what each of them said. Only *one*
statement is correct in each case. You'll find the answers on page 199.

Catherine était
- **a.** ☐ dans le Midi
- **b.** ☐ à côté de Cogolin
- **c.** ☐ à Grimaud

A la maison il y avait
- **a.** ☐ beaucoup d'amis
- **b.** ☐ peu d'amis
- **c.** ☐ quelques amis

Claude était
- **a.** ☐ à l'hôtel
- **b.** ☐ chez ses parents
- **c.** ☐ dans une maison

Catherine et Claude
- **a.** ☐ se sont baignées
- **b.** ☐ ont fait de la planche à voile
- **c.** ☐ étaient à la plage

2 **Pourquoi?** (why?), **où?** (where?), **quand?** (when?) and **qu'est-ce que…?**
(what…?) all appear in this dialogue. Fit the appropriate question-word
into each of the spaces in the conversation below. (Answers on p.199)

Jean .... as-tu passé tes vacances cette année?

Anne A Cannes.

Jean .... y étais-tu?

Anne En juillet. ....?

Jean Parce que j'étais à Cannes en août!

Anne Ah bon? .... tu as fait?

Jean J'ai fait de la planche à voile.

*Now for the first speaking activity. There is one for each dialogue to help you
practise the key words and phrases. Check the introduction on p.5 before you
start.*

3 Tell Yves about your trip to Sète in the south of France (**le Midi**). You will
hear his questions on the tape. Then Paul will suggest answers in English.
Stop the tape to answer in French, then start it again and check your reply
against Marie-Thérèse's.

Dialogue 2
Au club de plage

Claude	Bon, alors moi je voudrais savoir quelles sont les possibilités pour les enfants sur cette plage?
Directeur du club de plage	Je peux prendre vos enfants tous les jours de neuf heures à midi le matin, de quinze heures à dix-neuf heures l'après-midi, sauf le dimanche . . . et
Claude	Ah, bien sûr, oui.
Directeur	. . . et je les occupe avec des jeux sportifs, de l'éducation physique . . .
Claude	D'accord. Et est-ce que les baignades sont surveillées?
Directeur	Non, nous ne surveillons pas les baignades sur cette plage parce qu'il n'y a que très peu de profondeur, donc . . .
Claude	Ah bon, alors il y a aucun danger pour mes enfants?
Directeur	Aucun; sur cette plage je n'ai jamais vu un seul accident.
Claude	Bon, ça c'est formidable, alors. Et il y a beaucoup d'enfants?
Directeur	Oui, nous avons une cinquantaine d'enfants.
Claude	Très bien. Alors, je peux les inscrire aujourd'hui?
Directeur	Aujourd'hui.
Claude	C'est très cher?
Directeur	Non. Pour un mois – le prix de base étant de un mois – il est de 280 francs.
Claude	Oh! Très bien. Alors, j'en inscris deux tout de suite.

▶ **jeu** (m.) game	**profondeur** (f.) depth
▶ **baignade** (f.) swimming	**inscrire** enrol, inscribe
surveillé supervised	▶ **tout de suite** immediately

▶ **je voudrais savoir** I'd like to know.

club de plage beach-club. Children's beach-clubs are enclosed areas of a beach with supervised playground facilities and games.

▶ **de neuf heures à midi.** from 9 a.m. until noon. **de quinze heures à dix-neuf heures** from 3 p.m. until 7 p.m. The 24 hour clock is frequently used, but you will also hear **trois heures (de l'après-midi)** for 3 p.m.

sauf le dimanche except on Sundays.

▶ **il n'y a que très peu de profondeur.** it's not very deep. Lit. there is hardly any depth. As well as **ne . . . pas**, there are a few other expressions with **ne**:

▶ **ne . . . que** only, hardly; **ne . . . aucun(e),** not any (e.g. **Je n' en ai aucune idée**, I have no idea), **ne . . . personne**, nobody (e.g. **Il ne connaît personne**, he doesn't know anybody), **ne . . . jamais**, never (e.g. **Je n'y vais jamais**, I never go there) and **ne . . . rien**, nothing (e.g. **Elle ne mange rien**, she eats nothing).

il (n')y a aucun danger? . . . Aucun. there is no danger? . . . None. **Aucun(e)** can stand alone, as can **personne** (nobody), **jamais** (never) and **rien** (nothing).

▶ **une cinquantaine** about fifty. **Une vingtaine** is about twenty and **une centaine** about a hundred.

le prix de base étant de un mois the basic price being for one month.

j'en inscris deux I'll enrol two of them. Note the **en**, which stands for 'of them': e.g. **Vous avez trois enfants? Moi, j'en ai deux.** You have three children? I have two.

Travaux pratiques *Exercises*

4 After speaking to the club organiser, Claude takes note of the details and calculates how much it is going to cost to enrol her children. Rewind and using the tape only, fill in the information below. (Answers on p.199)

Club de plage	
Ouvert tous les jours	oui ☐ non ☐
Jour de fermeture	....
Heures d'ouverture	le matin ....
	l'après-midi ....
Baignades surveillées	oui ☐ non ☐
Nombre d'enfants au club	....
Prix par mois	..................FF
Prix total pour Claude	..................FF

*Le club de plage
à Cabourg en Normandie*

5 Each of the negatives **ne ... aucun** (no), **ne ... que** (only), **ne ... personne** (nobody), **ne ... jamais** (never) and **ne ... rien** (nothing) belongs in one of the sentences below. See if you can match them up correctly – and remember that **ne** becomes **n'** before a vowel, including **y** in French. (Answers on p.199)

a. On .... fait .... au club le dimanche.

b. Je .... ai vu .... accident.

c. Il .... y a .... très peu de profondeur.

d. Ils .... surveillent .... les baignades.

e. Je .... connais .... dans cette ville.

6 You want to find out about activities for children at a beach-club. On the tape, Marie-Thérèse will play the club organiser. Paul will suggest in English what you should ask aloud in French, then Yves will give his version. For this exercise, keep to the **est-ce que** form of question (e.g. 'Do they come every day?' **Est-ce qu'ils viennent tous les jours?**).

Dialogue 3
Ensuite on fait un réveillon

Stephanie   Qu'est-ce que vous faites à Noël en France?

Claude   A Noël? Eh bien, écoutez: en général, la veille de Noël, les gens qui vont à la messe vont à la messe de minuit – elle est pas toujours à minuit, mais c'est ce qu'on appelle la messe de minuit – et puis ensuite on fait un réveillon, c'est-à-dire qu'on fait un grand repas, en général plutôt avec la famille qu'avec les amis, et on se donne des cadeaux. Alors, les cadeaux, on les donne soit la veille de Noël, ou bien le jour de Noël.

Stephanie   Et vous vous envoyez des cartes de vœux à Noël?

Claude   C'est plutôt pour le 1er janvier, pour le Nouvel An et ... on dit qu'il est correct d'envoyer les cartes jusqu'au 15 janvier, mais en fait tout le monde les envoie tout le mois de janvier.

Stephanie   Et on fête aussi le, le Jour de l'An, alors?

Claude   Oh, pas vraiment; on fait quelquefois une, une soirée où on va danser le 31 décembre, c'est-à-dire la fin de l'année, pour fêter la fin de l'année, mais ... bon, il y a aussi des gens qui restent chez eux et qui ne font rien du tout.

gens (m. pl.) people
repas (m.) meal
Nouvel An (m.) New Year
en fait in fact
♦ **tout le monde** everyone
fêter celebrate
♦ **soirée** (f.) party
ne ... rien du tout nothing at all

♦ **la veille de Noël** Christmas Eve.

ce qu'on appelle la messe de minuit what is called midnight mass (lit. that which one calls...)

♦ **un réveillon** here: Christmas Eve dinner. Also used for a New Year's Eve dinner or party.

♦ **plutôt ... que** rather ... than.

♦ **on se donne des cadeaux** people give each other presents.

♦ **soit ... ou bien** either ... or. You can also use **soit ... soit** or **ou ... ou** for 'either ... or'. E.g. **Soit aujourd'hui, soit demain**, either today or tomorrow; **Ou à l'hôtel ou chez mes parents**, either at an hotel or at my parents'.

vous vous envoyez des cartes de vœux? do you send each other greetings cards?

♦ **le Jour de l'An** New Year's Day.

le 31 décembre December 31st. Often known as **la Saint-Sylvestre** (short for **la fête de Saint Sylvestre**). Remember that you use **le premier** for the first of the month, but **le deux septembre, le trois juin** etc. for all other days.

♦ **chez eux** at (their) home. **Elle** and **elles** can be used after a preposition (e.g. **avec elle, chez elles**) but the masculine **il** and **ils** can't: you have to use **lui** and **eux** (e.g. **avec lui, chez eux**).

Travaux pratiques

7 Without looking at the text again, listen to the dialogue and decide which of the following statements are true and which false: (Answers on p.199)

	true	false
a. Midnight mass is always at midnight.	☐	☐
b. French people invite lots of friends to dinner after midnight mass.	☐	☐
c. Christmas presents are given either on Christmas Eve or on Christmas Day.	☐	☐
d. The French send cards for the New Year rather than for Christmas.	☐	☐
e. Everybody sends their New Year cards by January 15th.	☐	☐
f. Throughout France New Year's Eve is a great occasion for celebrating.	☐	☐

8 Remember the days of the week?
lundi, mardi, mercredi, jeudi, vendredi, samedi, dimanche.
And the months of the year?
janvier, février, mars, avril, mai, juin, juillet, août, septembre, octobre, novembre, décembre.
Now see if you can translate the following – and say them aloud: e.g.
Wednesday February 18th → **mercredi, le dix-huit février**
(Answers on p.199)

a. Tuesday October 24th

....

b. Thursday August 16th

....

c. Saturday May 31st

....

d. Friday April 1st

....

Now try to answer these questions in French.

e. Quelle est la date de la veille de Noël? ....

f. Quelle est la date du Jour de l'An? ....

g. Quelle est la date de la Saint-Sylvestre? ....

9 On the tape, Marie-Thérèse will ask you how you spend Christmas and the New Year. Paul will suggest answers in English: say them aloud in French and then listen to Yves giving his version. The answers required may seem complicated at first, but they are all very similar to phrases in the dialogue. You will probably find it easier to use **on** rather than **nous** in your answers, e.g. 'We have a big meal' **On fait un grand repas.**

Dialogue 4
Tu reviens des sports d'hiver?

Jean-François	Ma chère Noëlle, je vois que tu as un bronzage absolument magnifique. Je suppose que tu reviens des sports d'hiver?
Noëlle	Tout à fait – j'ai passé des vacances absolument extraordinaires.
Jean-François	Mais où as-tu été?
Noëlle	Je suis partie dans les Alpes, dans une station de très haute montagne qui s'appelle Val Thorens. C'était très bien.
Jean-François	C'est une station qui est en haute altitude?
Noëlle	Oui, très haute altitude – elle est située à 2300 mètres et on grimpe jusqu'à 3003.
Jean-François	Et comment sont les pistes?
Noëlle	Les pistes sont absolument fantastiques, la neige était délicieuse, le ciel était bleu ...
Jean-François	Et ... l'après-ski?
Noëlle	Très, très bien, l'après-ski: de nombreux restaurants, des boîtes de nuit et des cafés – très bien.

bronzage (m.) tan
♦ **tout à fait** quite/absolutely right
station (f.) here: resort
piste (f.) slope

♦ **neige** (f.) snow
♦ **délicieux** delightful (also: delicious)
♦ **ciel** (m.) sky

tu reviens des sports d'hiver? you are just back (lit. you return) from winter sports? Note also **faire du ski**, to ski.

♦ **où as-tu été?** where were you? (lit. where have you been?)

on grimpe jusqu'à 3003 one climbs up to 3003 (metres).

de nombreux restaurants ... des boîtes de nuit. numerous restaurants ... night-clubs. Before an adjective, **de** is used instead of **des** (e.g. **des garçons**, 'boys', but **de beaux garçons**, 'handsome boys'; **des idées**, 'ideas', but **de bonnes idées**, 'good ideas').

Les risques du hors piste

Dessin de Guy Delaunay/Editions Mythra

10 Here is a chance to test your knowledge, since every answer in this puzzle is a word or phrase that you have met in Unit 1. Look back at the dialogues as much as you like to find the answers. (Answers on p.199)

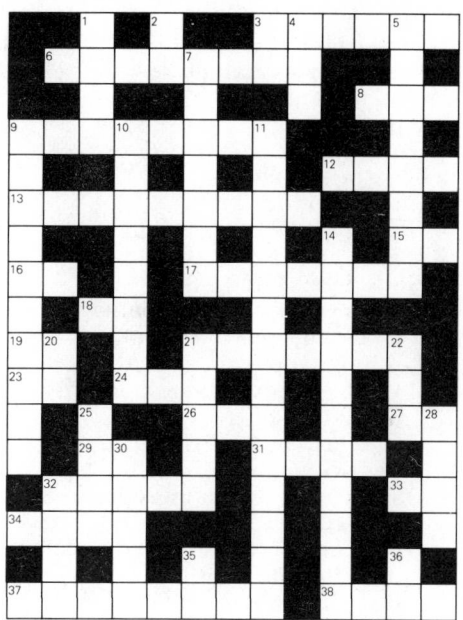

Horizontalement

3 Nous .... un peu nombreux. (6)
6 On y va pour les sports d'hiver. (8)
8 Camarade. (3)
9 Hauteur. (8)
12 Certaine. (4)
13 Un homme dit 'Je .... dans les Alpes'. (4,5)
15 Pas deux. (2)
16 Est-ce que c'est *le* ou *la* bronzage? (2)
17 Ce que vous faites maintenant. (7)
18 J'........... passé. (2)
19 Féminin de *mon*. (2)
21 Nous étions en juillet chez mes .... (7)
23 J'........... inscris deux. (2)
24 Où as-tu ....? (3)
26 Et ...., qu'est-ce que tu as fait? (3)
27 .... paraît. (2)
29 Exclamation. (2)
31 Des boîtes de .... (4)
32 C'........... très bien. (5)
33 Ç'a .... être très amusant. (2)
34 Le ciel était .... (4)
37 Pas une question spécifique, mais une question .... (8)
38 Et comment .... les pistes? (4)

Verticalement

1 Les gens .... à la messe de minuit. (4)
2 Plus. (2)
3 .... général. (2)
4 Ça s'est bien passé, ... vacances? (3)
5 Très 7 vert., mais nous étions un peu .... (8)
7 Ç'a 33 horiz. être très .... (7)
9 Tout à fait. (10)
10 Je peux les .... aujourd'hui? (8)
11 Pas normal – fantastique. (14)
14 Splendides. (11)
20 Le Jour de l'............ (2)
21 Contraire de *grand*. (5)
22 Sport d'hiver. (3)
25 Mais c'est juste à ....! (4)
28 Nous avions .... une petite maison. (4)
30 Une station qui est en .... altitude. (5)
32 Féminin de *lui*. (4)
35 Est-ce que c'est *le* ou *la* piste? (2)
36 Une soirée où .... va danser. (2)

11 You have just been skiing at Tignes in the French Alps, which is at an altitude of 3000 metres (**trois mille mètres**). On the tape, Yves will ask you questions about your trip.

Expressions importantes   *Key phrases*

Here is a summary of the most important words and phrases you have met so far. You should spend some time learning them by heart: first cover up the English and see if you can translate from the French, then cover up the French and try to translate the English column back into French.

Ça s'est bien passé?	Did it go well?
Les vacances étaient formidables.	The holiday was fantastic.
Il paraît.	So it seems.
Où as-tu été?	Where were you?
Chez mes parents.	At my parents' (house).
Chez eux/elles.	At their place.
Nous avons loué une maison.	We rented a house.
C'était juste à côté.	It was right next (to it).
Nous avons fait du ski.	We skied.
Je suis allé(e) à la plage mais je ne me suis pas baigné(e).	I went to the beach but I didn't swim.
Les baignades sont surveillées.	Swimming is supervised.
Il y a une cinquantaine d'enfants au club de plage.	There are about fifty children at the beach club.
On les occupe avec des jeux/ des promenades.	We keep them occupied with games/ outings.
On fait un réveillon/un repas/une soirée.	We have a Christmas Eve dinner/a meal/a party.
Ou la veille de Noël ou le jour de Noël on se donne des cadeaux.	Either on Christmas Eve or on Christmas Day we give each other presents.
Le premier janvier, c'est le Jour de l'An.	The 1st of January is New Year's Day.
Je voudrais savoir...	I'd like to know...
Je n' en ai aucune idée.	I have no idea.
Je n'ai que cent francs.	I have only 100 francs.
Il n'aime personne.	He doesn't like anybody.
Je n'y vais jamais.	I never go there.
Elle ne mange rien.	She doesn't eat anything.
Tout le monde.	Everybody.
Tout à fait.	Absolutely.
Tout de suite.	Immediately.

Grammaire

The grammar section picks up language points which have appeared in the dialogues and helps you to learn them through examples and exercises. Refer to the introduction on p.5 before you read on.

Adjectives

Remember that adjectives agree with the nouns they describe. Here are the masculine and feminine forms of some of the adjectives in this unit, showing the basic patterns they follow.

Masculine singular   Feminine singular

- → -e	

bleu	bleue	Most adjectives form their feminine
haut	haute	by adding **-e** to the masculine form.
magnifique	magnifique	Adjectives which already end in **-e** in the masculine have the same form in the feminine.
cher	chère	And there are, as always, a few
long	longue	exceptions!

-eux → -euse	

délicieux	délicieuse	**-eux** becomes **-euse** in the feminine.

-f → -ve	

sportif	sportive	**-f** changes to **-ve** in the feminine.

12 You remember how Noëlle described her skiing holiday to Jean-François? Listen to Dialogue 4 again and fill in the missing adjectives without looking at the transcript earlier in the unit. (Answers on p.199)

a. Ma .... Noëlle, tu as un bronzage ....

b. J'ai passé des vacances absolument ....

c. C'est une station qui est en .... altitude?

d. Les pistes sont ...., la neige était ....

The perfect tense

You are probably familiar with the most frequently used past tense known as the perfect or **passé composé**. It is used when you want to tell people what you did or what events took place. Just to remind you, the majority of verbs follow the pattern → **avoir** + past participle:

e.g. **donner**   **j'ai donné**   **nous avons donné**
      tu as donné   **vous avez donné**
      il/elle a donné   **ils/elles ont donné**

J'ai donné corresponds to both 'I gave' and 'I have given'.

However, there are some verbs – mostly those expressing movement – which form their perfect with **être** rather than with **avoir**.

aller	⟷ venir	monter	⟷ descendre
arriver	⟷ partir	rester	⟷ tomber
entrer	⟷ sortir	naître	⟷ mourir

e.g. aller   **je suis allé(e)**   **nous sommes allé(e)s**
      tu es allé(e)   **vous êtes allé(e)(s)**
      il est allé   **ils sont allés**
      elle est allée   **elles sont allés**

In combination with **être**, the past participle (**allé** etc.) behaves like an adjective, so that a man would write **je suis allé** for 'I went' or 'I have gone', but a woman would put **je suis allée**.

13 Anne is talking about her holiday with her children. Can you put the verbs in brackets into the appropriate form? And do they take **avoir** or **être**? (Answers on p.199)

a. Je (partir) .... avec les enfants.

b. Nous (descendre) .... dans le Midi.

c. Nous (trouver) .... un petit hôtel charmant.

The imperfect tense

The imperfect or continuous past tense is used to describe what was going on in the past or what used to happen:

Tu étais à l'hôtel?   Were you at an hotel?
Nous étions chez mes parents.   We were at my parents' (house).

The imperfect is also used to describe a setting or scene:

La neige était délicieuse,   The snow was delightful,
le ciel était bleu.   the sky was blue.

The verb forms are as follows:

e.g. **être**   **j'ét**ais   **nous ét**ions
           tu étais   **vous ét**iez
       il/elle était   **ils/elles ét**aient

J'étais can be translated by 'I was' or 'I used to be'. The forms **étais**, **était**, and **étaient** are all pronounced the same.

The imperfect endings are the same for all French verbs. The first part of the word (i.e. the stem) is derived from the **nous** form of its present tense – for all verbs except **être**! Thus you have je **restais** (I was staying/I used to stay) from **nous restons** (we stay) and je **finissais** (I was finishing, I used to finish) from **nous finissons** (we finish).

14 Now Anne describes what their holiday place was like. This time, put the verbs in brackets into the appropriate form of the imperfect. (Answers on p.199)

a. L'hôtel (avoir) .... une plage privée.

b. Il (faire) .... un temps fantastique.

c. Mais nous (être) .... un peu nombreux sur la plage.

A lire

This section is intended to give you practice at reading French. Don't expect to understand every word – just try to get the gist of the passages with the help of the vocabulary and exercises.

This sign can be seen on the sea wall (**la digue**) at Cabourg in Normandy, where they leave nothing to chance!

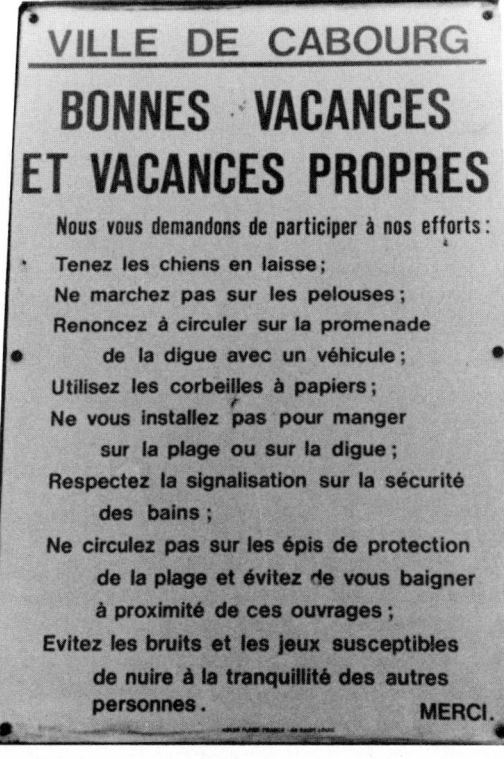

laisse (f.) lead, leash
pelouse (f.) lawn
renoncer à refrain from
corbeille (f.) basket, bin
bains (m.pl.) here = **baignades**
épi (m.) groyne, wharf
éviter avoid
ouvrage (m.) here, construction
bruit (m.) noise
susceptible likely
nuire à harm

15 Each of the following drawings represents one of the do's and don't's on the Cabourg sea-front. See if you can put them into the same order as the notice in the photograph. If you think that drawing **b.** depicts the first rule (**Tenez les chiens en laisse**) put **b.** in the first box. (Answers on p.199)

1	2	3	4	5	6	7	8

The second reading passage is an extract from a travel brochure describing a one-day coach trip from Paris to some of the **Châteaux de la Loire**.

Châteaux de la Loire

Départs toute l'année les mardis les jeudis et les dimanches et tous les jours du 27 mars au 30 octobre.

PRIX PAR PERSONNE
valable jusqu'au 31 mars 495 F
comprenant les entrées dans les châteaux, visites et **déjeuner** (sauf la boisson).

Départ en autocar à 7 h 30 par l'autoroute. Arrêt à **Chambord**: le plus vaste des châteaux de la Loire, construit par François 1er, dans un parc immense. Visite (sauf le **mardi***).

Chenonceau: visite de l'élégant château et des jardins offrant de très belles vues sur le château.

Cheverny: château construit au 17e siècle qui a conservé la décoration et le mobilier de cette époque.

*Le mardi:
Blois: visite du château: la cour intérieure, l'aile «François 1er» et le magnifique escalier octogonal, chef-d'œuvre d'architecture et de sculpture.

Déjeuner
L'après-midi, **Amboise**, visite du château dominant la Loire et la ville.

Retour à **Paris** vers 20 heures.

autoroute (f.) motorway, expressway	**boisson** (f.) drink
construit built	**cour** (f.) courtyard
mobilier (m.) furniture	**aile** (f.) wing
dominant overlooking	**escalier** (m.) staircase
valable valid	**chef-d'œuvre** (m.) masterpiece
comprenant including	

16 See if you can answer the following questions. (Answers on p.199)

a. Can you go on this trip on Mondays in February? ....

b. Where was the Château de Chambord built? ....

c. In what way is the itinerary different on Tuesdays? ....

d. What view do you get from the gardens of Chenonceau? ....

e. From when does the furniture at Cheverny date? ....

f. At what time does the coach return to Paris? ....

g. Until when is the price of 495 francs valid? ....

h. Are drinks included in the price? ....

Radio

Next on the tape you will hear extracts from French radio broadcasts. They are intended to give you practice at listening to spoken French but you are not expected to understand more than the general drift of what is said. Finding the answers to the exercise and questions on each of the extracts will help you to focus on the key points – as will the vocabulary. Complete transcripts of all radio extracts can be found at the back of the book. Read p.5 of the introduction before going on.

You may have heard of **gîtes** – inexpensive self-catering holiday homes in the French countryside. The first recording in this section is an interview with Madame Gigante, a representative of **Gîtes de France**, the chief organisation concerned with renting these properties. (Transcript on p.213.)

décrire describe
hébergement (m.) lodging
campagne (f.) country
ferme (f.) farm
rénover renovate
découvrir discover
gens (m. pl.) people
se mêler mix
tous les jours every day
en dehors de outside

17 In which order does Madame Gigante make the following statements? Number the boxes from 1 to 4. (Answers on p.199)

a. ☐ The cost of a gîte for four people except in the months of July and August is about 700 francs per week.

b. ☐ A holiday in a gîte gives you contact with the people in the village and enables you to get involved in everyday French life.

c. ☐ The cost of a gîte for four people in July or August is about 900 francs per week.

d. ☐ A gîte may be a farm which has been renovated in the style of the region, or else a house in a village.

The second radio extract examines what travel to the United States (**les Etats-Unis**) means to the French. (Transcript on p.213.)

livré à lui-même left to himself
en fin de compte in the end
gâcher spoil
perdu lost
je ne suis pas d'accord I don't agree
carte (f.) **routière** road map

sachez que know that (from **savoir**)
réseau (m.) **routier** road network
balise (f.) signpost
ânonner mumble

vous arriverez à vous débrouiller you will manage to get by

You will also hear the American words 'motor-home' and 'highways' although you will probably not recognize them at first!

18 When you have listened to the recording two or three times, go through it again, this time trying to find the answers to the following questions. (Answers on p.199.)

a. Give one reason why the French tourist may feel a bit lost in the United States.
b. How well are American highways signposted?
c. Are the Americans impatient with people who cannot speak English well?

19 Here is a transcript of the last part of that interview, with a number of important words missing. Use the tape to help you discover what those words are and then write them in the spaces. Then check your version against the transcription on p.213.

Et autre chose: on .... toujours de la

barrière de la .... Je sais bien que

de .... compatriotes ne parlent

malheureusement pas l' .... , mais

sachez que, si vous .... en, aux Etats-Unis

en, en ânonnant trois, quatre .... d'anglais,

vous arriverez à vous débrouiller, car les Américains sont des

.... tellement ouverts qu'ils

trouveront toujours un moyen pour vous ....

A vous de parler

Your turn to speak

This section aims to give you practice at relating the language you have learnt so far to your own life. Don't worry too much about making mistakes – the important thing is to work out how you can communicate what you want to say and then say it out loud. There are no 'correct' answers for this section but on the tape you will find models to help you and to let you hear how other people responded. Make sure you've read p.6 in the introduction. Here is just one exercise to begin with:

20 You are discussing holidays with a French colleague. Try to answer his questions out loud about a recent holiday you have taken, but keep it simple. Prepare your answers in advance. You might be asked:

– Où avez-vous passé vos vacances cette année?
– Vous étiez à l'hôtel?
– Vous vous êtes baigné(e)?
– Est-ce que les enfants étaient avec vous?
– Qu'est-ce qu'ils ont fait?

There is an example on the tape of the kind of answers you might give.

2 J'ai bien mangé, j'ai bien bu ...

What you will learn

- talking about where you shop and why
- inquiring about menus and discussing likes and dislikes
- the secret of good **calvados**

... and everything you always wanted to know about garlic and wine

Study guide

Dialogue 1
Hypermarchés ou petits magasins?

Mme Coste   Et où fais-tu tes courses maintenant?

Brigitte   Je vais toujours dans une grande surface, dans ces, dans ces fameux hypermarchés. C'est tellement plus pratique: je prends la voiture, je gare la voiture, je fais mes courses en une demi-heure, je charge et c'est terminé pour toute la semaine. Je préfère de loin ces ... ces hypermarchés.

Mme Coste   Eh ben, tu vois, moi je reste toujours fidèle à mes petits magasins, à mes petits commerçants, parce que je trouve qu'il y a un contact humain que l'on ne trouve pas dans toutes ces grandes surfaces – et j'en suis toujours très contente. Evidemment, c'est peut-être un peu plus cher, mais c'est plus agréable – enfin, pour moi.

tellement so much
♦ **garer** park
♦ **demi-heure** (f.) half an hour
charger load up (car)

♦ **terminer** finish
fidèle faithful
évidemment obviously
enfin here: at any rate

où fais-tu tes courses? where do you do your shopping?

♦ **Une grande surface** is another term for **un hypermarché** a hypermarket (a very large supermarket). A supermarket is **un supermarché** and an ordinary shop or store **un magasin**, whereas **grand magasin** means department store.

fameux renowned, much talked about. **Fameux** (fem. **fameuse**) can also take the meaning of 'first-rate': **il est fameux, ton gâteau!**

♦ **plus pratique** handier, more practical.

♦ **je préfère de loin** I prefer by far.

♦ **mes petits commerçants** my small shop-keepers, storekeepers.

que l'on ne trouve pas that one does not find. Here, **l'** does not mean anything. It is sometimes used before **on** as it's thought to sound better.

♦ **j'en suis toujours très contente** I am always very happy with it (i.e. with the human contact).

♦ **un peu plus cher ... plus agréable** a little more expensive ... nicer.'

*Une pâtisserie
dans le Marais,
un vieux quartier de Paris*

Travaux pratiques

1 Old versus new – as you have heard, Brigitte and Mme Coste go their separate ways when it comes to shopping. Listen to the dialogue again and mark the arguments given in favour of each type of store. (Answers on p.199)

	arguments	hypermarchés	petits magasins
a.	J'y vais une fois par semaine	✔	
b.	C'est plus agréable		
c.	Je reste fidèle aux petits commerçants		
d.	Je préfère les grandes surfaces		
e.	Il y a des parkings		
f.	Je suis contente du service		
g.	C'est très pratique		
h.	Il y a un contact humain		
i.	On peut y aller en voiture		
j.	J'achète tout en une demi-heure		

HYPERMARCHÉ

2 Shopping – **vite fait, bien fait!** Put Brigitte's trip into logical order. (Answers on p.199)

a. ☐ Elle fait ses courses en une demi-heure.
b. ☐ Elle prend la voiture pour aller aux magasins.
c. ☐ Elle rentre chez elle vers onze heures.
d. ☐ Elle charge la voiture.
e. ☐ Elle gare la voiture à l'hypermarché.
f. ☐ Elle quitte la maison à dix heures du matin.

3 On the tape, Marie-Thérèse will ask you where you do your shopping. Paul will prompt your replies in English. After a pause, you'll hear Yves's version in French. Remember to make adjectives agree with nouns (e.g. **content, contente**).

Dialogue 2
Un chateaubriand frites

Patron	Bonjour, Messieurs. Vous désirez?
Xavier	Je voudrais savoir ce qu'est une 'tête persillée'.
Patron	Une tête persillée, c'est du pâté fait avec une tête de cochon.
Xavier	Et pour la cervelle de veau meunière purée, qu'est-ce que le 'meunière'?
Patron	Meunière, c'est une cervelle passée à la poêle, au beurre – et c'est le beurre qu'on appelle beurre meunière.
Xavier	Très bien. Moi, je prendrai une tête persillée et une cervelle de veau.
Patron	Une tête persillée et une cervelle de veau. Et vous, Monsieur?
Jean-Marie	Euh, j'ai un problème – je suis allergique à l'ail. Que me conseillerez-vous comme entrée?
Patron	Comme entrée le jambon de Bayonne.
Jean-Marie	Très bien. Je prendrai donc un jambon de Bayonne.
Patron	Un jambon de Bayonne …
Jean-Marie	Et dans le chateaubriand frites?
Patron	Chateaubriand frites … il n'y a pas d'ail, ni dans la poule au riz … pas d'ail.
Jean-Marie	Bien. Je prendrai un chateaubriand frites.
Patron	Alors, un chateaubriand frites – saignant ou à point?
Jean-Marie	Saignant.
Patron	Saignant. Bien, Monsieur. Et pour le dessert on verra ensuite.

poêle (f.) frying pan   ♦ **frites** (f.pl.) French fries
jambon (m.) **de Bayonne** cured ham   ♦ **saignant** rare
chateaubriand (m.) porterhouse steak   ♦ **à point** medium

♦ **Je voudrais savoir ce qu'est …** I'd like to know what … is.

une 'tête persillée' lit. a head with parsley but here **persillé** means 'marbled' as the dish in question is brawn.

la cervelle de veau meunière purée calf's brains 'meunière' (and) mashed potatoes. The language of menus can be a bit compressed: **et** is often omitted before **purée** and **frites**. See also **chateaubriand frites**, porterhouse steak (and) French fries.

♦ **qu'est-ce que le 'meunière'?** what is the 'meunière'? As the bistro owner explains, it means that the brains are lightly fried in butter.

♦ **je prendrai** I'll have (future tense). Remember that you use **prendre** rather than **avoir** when talking about what food and drink you are having.

♦ **je suis allergique à l'ail** I am allergic to garlic; **je suis allergique à la pénicilline** I am allergic to penicillin.

♦ **Que me conseillerez-vous comme entrée?** What will you advise me (to have) as a starter? You could just as well say: **que me conseillez-vous?**

ni dans la poule au riz nor in the chicken with rice. The more usual word for chicken is **le poulet**; **une poule** is generally a hen.

on verra ensuite we'll see later (future tense of **voir**).

Travaux pratiques

4 Find out how to complete these sentences by listening to the dialogue again but try not to look at the text or notes. (Answers on p.200)

a. .... ce qu'est une 'tête persillée'.

b. .... le 'meunière'?

c. Je suis .... à l'ail.

d. Et dans le chateaubriand ....?

e. Saignant ou ....?

f. Et pour .... on verra ensuite.

5 Wrong order! Can you correct it? (Answers on p.200)
E.g. dessert me comme que -vous conseillerez?
Que me conseillerez-vous comme dessert?

Annette purée vous meunière veau plaît s'il de cervelle une.
Patron vous Madame et?
Carine poulet moi prendrai je ensuite du et pâté du.
Annette tu l'ail allergique à mais es.
Carine y l'ail dans pâté il le a de?
Patron Madame poulet mais dans pas le oui.
Carine poulet prendrai je frites le alors seulement.

When you have written out the whole conversation, read it out aloud.

6 Now ask the waiter (Yves) about two dishes on the menu: **le poulet Vallée d'Auge** (chicken with calvados in cream) and **le bœuf à la provençale** (beef with tomatoes, olives and garlic). Listen to the cassette where Paul will suggest what you should say. Do the exercise two or three times if you feel it's necessary.

Dialogue 3
Il faut bien manger pour vivre!

Michel   Alors c'est vous qui êtes responsable de la cuisine ici – et la cuisine a très bonne réputation – comment faites-vous pour bien nourrir tant d'hospitalisés?

Sœur Odile   Il faut y mettre premièrement tout son cœur, toute sa compétence, savoir choisir les menus, des menus qui soient assez légers...

Michel   Et quels sont les plats que préfèrent les pensionnaires?

Sœur Odile   Les viandes grillées, les viandes rôties, particulièrement le poulet, le veau, qui sont des viandes blanches et tendres, le bœuf aussi, mais surtout choisi dans le filet, les côtes de porc...

Michel   Et comme desserts?

Sœur Odile   Les sucreries, beaucoup de laitages, de crèmes,de fruits cuits, les pêches aussi entre autres, mais les fruits crus sont plus difficiles, quoi, à mastiquer.

Michel   Ça doit coûter assez cher, tout ça?

Sœur Odile   Il faut bien manger pour vivre, hein?

nourrir feed
choisir choose
▸ **viande** (f.) meat
▸ **grillé** grilled
▸ **rôti** roast
▸ **bœuf** (m.) beef
surtout particularly
filet (m.) fillet
▸ **côte** (f.) **de porc** pork chop
sucreries (f.pl.) sweet things
▸ **cuit** cooked
▸ **pêche** (f.) peach
cru raw, fresh
mastiquer chew

▸ **comment faites-vous?** how do you manage?

tant d'hospitalisés so many hospital patients.

▸ **Il faut y mettre premièrement tout son cœur** First one must put all one's heart into it. **Il faut** (lit. it is necessary) can translate 'one must', 'I must', 'you must', etc. It is generally followed by an infinitive (e.g. **Il faut bien manger pour vivre, hein?** You do have to eat to live, don't you?) but it can be followed by a noun (e.g. **Pour les hospitalisés, il faut des menus légers** Patients need light menus).

des menus qui soient assez légers menus which should be fairly light. **Soient** is from a form of the verb **être** called the subjunctive; you do not have to learn it now.

▸ **Et quels sont les plats que préfèrent les pensionnaires?** And what are the dishes which the residents prefer? Note that it must be **que** rather than **qui** here; with **qui**, the question would mean 'What are the dishes which prefer the residents?'.

beaucoup de laitages, de crèmes... a lot of milk dishes, custards...

quoi equivalent to a meaningless 'you know'.

▸ **Ça doit coûter assez cher, tout ça?** That must cost quite a lot, all that?

Travaux pratiques

7 Which foods do the patients particularly like? Listen to the dialogue as many times as you like and mark their favourites. (Answers on p.200)

a. ☐ chicken   **e.** ☐ beef   **i.** ☐ peaches
b. ☐ sausages   **f.** ☐ custards   **j.** ☐ chocolate
c. ☐ veal   **g.** ☐ sweets   **k.** ☐ fresh fruit
d. ☐ lamb   **h.** ☐ stewed fruit **l.** ☐ pears

8 These patients are hard to please. Write down in French what each of them will pick from the foods mentioned in the dialogue. The framed letters form a word which describes these choosy eaters. (Answers on p.200)

a. He wouldn't touch *roast* meats but likes them ...
b. She has a craving for fillet of ...
c. He only eats white meat, such as ...
d. She has a sweet tooth and loves all ...
e. He can't chew, so he prefers ...
f. She is a vitamin freak and likes fruit, such as ...
g. He detests milk products, so definitely no ...
h. She is allergic to *raw* fruit but not to ...

9 Go through the dialogue again while reading the transcript. Stop the tape after each of the following words and repeat them after the speaker concentrating on the sound **i** as in **il**:

cuisine   nourrir   hospitalisé   choisir   grillées   rôties particulièrement   filet   aussi   choisi   sucreries   fruits cuits   difficiles   mastiquer   vivre

10 You are staying with a French family. Ask your hostess (Marie-Thérèse) how she copes with her family's likes and dislikes. You should say **vous** to her.

Dialogue 4
Le calvados à appellation contrôlée

Michel Monsieur Hélie, nous sommes dans votre cave – alors, c'est ici que vous fabriquez votre calvados?

M. Hélie Oui, c'est ici que nous fabriquons le calvados. D'abord nous passons le cidre pour avoir un liquide qu'on appelle 'la petite eau'; ensuite, cette petite eau, nous la réintroduisons dans une autre cuve pour avoir le calvados – à appellation contrôlée.

Michel A quoi ça correspond, l'appellation contrôlée?

M. Hélie L'appellation contrôlée correspond à une appellation d'origine par région naturelle. C'est une ... une distillation qui se fait en deux temps et qui permet un vieillissement supérieur du calvados.

Michel Donc une qualité également supérieure?

M. Hélie Oui, notamment dans le vieillissement.

Michel Ah? Comment le vieillissez-vous?

M. Hélie Nous le vieillissons dans des fûts en chêne, préalablement remplis de cidre, de façon à ce que le calvados prenne d'abord plus facilement de la couleur et en même temps un certain arôme.

Monsieur Hélie
dans sa cave

- **cave** (f.) cellar
- **fabriquer** make
  vieillissement (m.) ageing
  également equally, also
  notamment especially
  vieillir age

- **calvados** cider-brandy, a speciality of the **département** of Normandy called **le Calvados**.

  nous passons le cidre pour avoir un liquide qu'on appelle 'la petite eau' we put the cider through (the first distillation) to obtain a liquid called 'la petite eau'.

  nous la réintroduisons dans une autre cuve we put it back into another vat

- **appellation contrôlée** usually associated with wine, the **A.C.** is the official guarantee of geographical origin and quality. The name **calvados à appellation contrôlée** is restricted to cider-brandies from only a small area of Normandy (see map, p.35).

- **A quoi ça correspond?** What does that mean/stand for?

  une distillation qui se fait en deux temps a distillation which is done (lit. does itself) in two stages.

  des fûts en chêne, préalablement remplis de cidre oak casks, previously full of cider.

  de façon à ce que le calvados prenne d'abord plus facilement de la couleur et en même temps un certain arôme. so that the calvados should first of all acquire colour more easily and at the same time a certain aroma. **de façon à ce que** so that, is followed by the subjunctive (the form of the verb you need not learn now) of the verb **prendre → prenne**.

Travaux pratiques

11 Look back over the dialogues, notes and exercises to find the answers to the crossword puzzle. Only one or two very simple answers have not already appeared in the unit. (Answers on p.200)

Horizontalement

3 Nous le vieillissons __ des fûts. (4)
5 M. Hélie __ du calvados. (8)
7 Quels sont les plats __ préfèrent les pensionnaires? (3)
8 C'est du __ fait avec une 12 horiz. de cochon. (4)
9 Que __ conseillerez-vous? (2)
12 Qu'est-ce qu'une __ persillée? (4)
13 Donc une __ également supérieure? (7)
15 Femme. (4)
16 Là où sont Michel et M. Hélie. (4)
17 Est-ce *le* ou *la* menu? (2)
18 (Trop) bien connue. (7)
21 __ dans la poule au riz. (2)
23 Pluriel de '*il a*'. (3)
24 On vieillit le calvados dans un __ en chêne. (3)
26 J'__ suis toujours très contente. (2)
27 C'est vous __ êtes responsable. (3)
28 Daube de bœuf __ provençale. (1,2)
29 Contraire de *cuit*. (3)
30 Pluriel de *notre*. (3)

Verticalement

1 C'est tellement plus __. (8)
2 Nous la réintroduisons dans une autre __. (4)
3 C'est une distillation qui se fait en __. (4,5)
4 Desserts préférés des pensionnaires. (9)
6 Nom – d'un vin ou d'un alcool. (11)
10 Alcool fait à partir de 11. (8)
11 Boisson faite à partir de pommes. (5)
14 Singulier de *tes*. (2)
19 ... qui permet __ vieillissement supérieur du calvados. (2)
20 C'est plus agréable – __, pour moi. (5)
22 Le même. (4)
25 Où fais-tu __ courses? (3)
26 Des viandes blanches __ tendres. (2)
27 Je voudrais savoir ce __ est une 12 persillée. (2)

12 You are in Normandy, visiting a calvados distillery. Prepare to ask the distiller (Yves) the same sort of questions that Michel put to Monsieur Hélie. On the tape, Paul will suggest in English what you should say.

Expressions importantes

Remember that these are the words and phrases which you should learn by heart. Test yourself, first by covering up the English column and seeing if you can translate the French, and then by covering up the French column and trying to translate the English back again.

Je préfère de loin	I prefer by far
mes petits commerçants/	my small shop(store)keepers/
magasins.	shops(stores).
C'est un peu plus cher	It is a little more expensive
mais c'est plus agréable.	but it is more pleasant.
J'en suis toujours très content(e).	I am always very happy with it/them.
Les hypermarchés/supermarchés/	Hypermarkets/supermarkets/
grands magasins	department stores
sont plus pratiques.	are more practical.
On gare la voiture	You park the car
et en une demi-heure	and in half an hour
c'est terminé.	it is finished.
Je voudrais savoir ce qu'est . . .	I'd like to know what . . . is.
Qu'est-ce que le/la . . .?	What is the . . .?
Je prendrai le/la . . .	I'll have the . . .
Je suis allergique à (l'ail).	I am allergic to (garlic).
Que me conseillerez-vous	What will you advise me
comme entrée?	(to have) as a starter?
Comment faites-vous?	How do you manage?
Quels sont les plats que	What are the dishes which
préfèrent les pensionnaires?	the residents prefer?
On choisit	One chooses/They choose
des frites,	French fries,
des viandes grillées/rôties,	grilled/roast meats,
du bœuf saignant/à point	rare/medium beef
ou des côtes de porc.	or pork chops.
Ils aiment les pêches	They like peaches
et les fruits cuits.	and cooked fruit.
Ça doit coûter assez cher.	That must cost quite a lot.
Il faut manger pour vivre.	You must eat to live.
On fabrique le calvados	They make calvados
dans la cave.	in the cellar.
A quoi ça correspond?	What does that mean?

Grammaire

Comparison of adjectives

In Dialogue 1 you met:

plus pratique handier, more practical
plus cher costlier, more expensive
plus agréable nicer, more agreeable

To say something is handier / more expensive / nicer than something else,
use **plus ... que**:

Le calvados est *plus* cher *que* le cidre. Calvados is more expensive than
cider.

**Les pommes crues sont *plus* difficiles à mastiquer *que* les pommes
cuites.** Raw apples are more difficult to chew than cooked apples.

There are only two irregulars, the comparative forms for **bon** and **mauvais**:
meilleur(e) better
pire worse.

Le vin français est meilleur que le vin anglais. French wine is better
than English wine.

Pour moi, les oignons sont pires que l'ail. For me, onions are worse than
garlic.

To say that something is *less ...* than something else, use **moins ... que**:
Le bœuf est *moins* tendre *que* le veau. Beef is less tender than veal.

13 Everything is relative! Translate the following statements.
(Answers on p.200)

a. Calvados is stronger than cider. ....

b. Calvados is better than cider! ....

c. Mashed potatoes are less difficult to chew than chips. ....

....

d. The chicken is less expensive than the chateaubriand. ....

....

e. Veal is more tender than beef. ....

f. English wine is less good than French wine. ....

....

Adverbs

We use adverbs to describe the way something happens. Among the adverbs
you met in the dialogues of this unit were:
particulièrement particularly
premièrement first of all
préalablement previously
finalement finally

These regular adverbs are formed by adding **-ment** to the feminine form of the adjective:

égal (m.), **égale** (f.)   **également** (equally)
difficile (m.,f.)   **difficilement** (with difficulty)

But adjectives ending in **-ent** and **-ant** form adverbs ending in **-emment** and **-amment** respectively. (Both endings are pronounced the same: 'umon'.)

évident   **évidemment** (obviously)
constant   **constamment** (constantly)

As in English, there are a number of frequently used adverbs which do not follow the regular patterns (because they are not derived from adjectives):

bien   well
mal   badly

The others are mostly adverbs of time or timing:

souvent	often	**ensuite**	next, later
toujours	always/still	**enfin**	at last, at any rate
d'abord	first of all	**vite**	quickly

Comparison of adverbs

You met **plus** used with an adverb in Dialogue 4:
plus facilement more easily
When comparing the way in which things happen, **plus ... que** and **moins ... que** are used with adverbs in exactly the same way as with adjectives:
Il mange plus vite que sa sœur. He eats more quickly than his sister.

Il comprend moins bien qu'elle. He doesn't understand as well as she does. (lit. He understands less well than she.)

As with adjectives, only two adverbs have irregular comparative forms:
mieux better
pis   worse
On mange mieux chez vous qu'au restaurant. One eats better at your house than at a restaurant.

You will hear these two words quite frequently in the following expressions:
tant mieux so much the better
tant pis   so much the worse, too bad

14 Insert the appropriate adverb from the following list into each of the sentences below. (Answers on p.200)

toujours   tellement   vite   ensuite   évidemment   bien

a. Les grandes surfaces sont .... plus pratiques que les petits magasins.

b. J'en suis .... très contente.

c. Pour le dessert on verra ....

d. Comment faites-vous pour   .... nourrir tant d'hospitalisés?

e. .... , c'est un peu plus cher chez les petits commerçcants.

f. Brigitte fait ses courses en voiture, parce que ça va plus   ....

A lire

How do the French enjoy their calvados? You'll find out from the following extract from a brochure about Normandy's 'national drink'. The text is a bit difficult, but with the help of the vocabulary and the exercise you should understand the gist of it – and you can always refer to the wordlist at the back of the book.

Calvados
A quels moments l'utiliser?

Le calvados peut être servi à tous les moments de la journée:

Le paysan breton ou normand, comme l'ouvrier parisien, aime bien, l'hiver, arroser de calvados son café du matin, c'est le fameux 'café calva' qui donne un coup de fouet au travailleur. Et le soir, en période de grand froid, rien de tel qu'un 'grog au calvados' pour vous réchauffer.

Dans le courant de la journée, il peut être consommé en 'long drinks'. Mélangé à des jus de fruits et des liqueurs, il constitue la base de nombreux cocktails réputés.

Il peut être servi au milieu du repas, à la manière dite du 'trou normand' afin de faciliter la digestion.

Mais la meilleure façon de l'apprécier est de le servir à la fin des repas et de prendre tout son temps pour le déguster, surtout lorsqu'il s'agit d'un vieux calvados auquel l'âge a donné une belle couleur d'or ambré. C'est un véritable moment de détente où l'on oublie tous ses soucis.

arroser here: to lace

un coup de fouet a shot in the arm (lit. a crack of the whip).

rien de tel qu(e) nothing like.

'trou normand' lit. 'Norman hole'. The old Normandy custom of pausing in the middle of a meal to drink a glass of calvados which helps to digest rich food.

il s'agit d(e) it concerns

oublier forget

souci (m.) worry

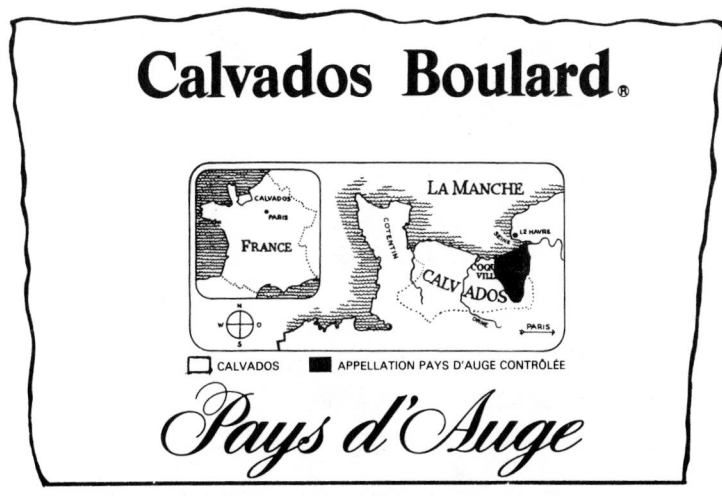

Calvados Boulard.®

LA MANCHE

FRANCE

CALVADOS

Pays d'Auge

15 Can you find out when the following drinks are served? Find the matching pairs in the lists below and write the corresponding numbers next to each drink. (Answers on p.200)

	when	**when**
Café calva	☐	**1.** on winter mornings
Grog au calvados	☐	**2.** during the day
Long drink	☐	**3.** at the end of a meal
'Trou normand'	☐	**4.** on cold evenings
Vieux calvados	☐	**5.** in the middle of a meal

Aimez-vous l'ail? The following magazine article tells you about the beneficial effects of garlic.

En vedette au marché: l'ail

Une famille française moyenne consomme 800g d'ail par an et par personne, et si vous faites partie de ceux qui aiment avoir de longues tresses de ce bulbe aux saveurs puissantes dans votre cuisine, choisissez plutôt la variété rose, qui se conserve plus longuement . . . Vermifuge, anti-septique et tonique du système nerveux, toutes ces qualités lui sont reconnues. Ses propriétés antivampires restent, elles, à prouver. . .

en vedette with star billing
moyen(ne) average
800g(rammes) 1¾ pounds
faire partie de ceux be one of those
tresse (f.) here: string

saveur (f.) flavour
puissant powerful
rose pink
vermifuge worm-repelling
reconnu recognized

16 Which of these facts about garlic are true? Mark the correct choice. (Answers on p.200)

a. Chaque année les Français mangent 800g d'ail

☐ par famille.
☐ par personne.

b. L'ail rose

☐ est plus puissant.
☐ se conserve mieux.

c. Il est prouvé que l'ail

☐ a des qualités médicales.
☐ protège des vampires.

Radio

You will hear a French wine-grower showing a visitor around the warehouse where his wine is left to age after being bottled (**le chai de vieillissement en bouteilles**). Listen to the recording a few times (there is a transcription on page 213 if you find the wine-growers' southern accent a bit difficult). This time you'll need hardly any vocabulary, but the following might help:

locaux (m.pl.) premises
si j'ose dire if I may say so

17 Indicate whether each of the following statements is **vrai** (true) or **faux** (false). (Answers on p.200)

	vrai	faux
a. On trouve du calme dans le chai de vieillissement parce que c'est loin des machines.	☐	☐
b. Il est bon de commercialiser le vin immédiatement après sa mise en bouteilles.	☐	☐
c. La mise en bouteilles représente pour le vin un certain traumatisme.	☐	☐
d. On impose au vin au moins huit mois de vieillissement en bouteilles.	☐	☐

Château Monbazillac en Dordogne

A vous de parler

Remember that here there are no 'correct' answers. As long as you say things out aloud you can be as inventive as you like.

 18 You are choosing from the menu below. Prepare your questions for the waiter, asking him for an explanation of at least one hors d'œuvre and one main dish. Tell him you are allergic to tomatoes and ask his advice. Then make your choice and order some wine. A possible version is given by Yves on the tape.

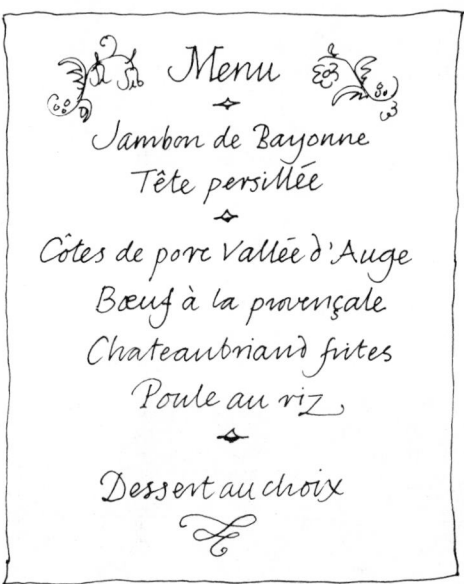

Menu

Jambon de Bayonne
Tête persillée

Côtes de porc Vallée d'Auge
Bœuf à la provençale
Chateaubriand frites
Poule au riz

Dessert au choix

 19 You are staying with a French friend who asks you what you like and what you don't like to eat and drink. Give her as long a list as you can, using **j'aime**, **j'aime beaucoup**, **je préfère**, **je n'aime pas** and **je déteste**. You can listen to Marie-Thérèse's list on the tape when you have finished.

3 Votre première visite?

What you will learn

- talking about the places you want to visit
- meeting your hosts and listening to a funny story
- choosing an hotel from a French guide-book

... and fascinating facts about **hôtels** of a different kind

*Hôtel
Carnavalet*

Study guide

Dialogue 1
Paris semble vous plaire, alors?

Brigitte Vous êtes en vacances à Paris?

Alain Oui, je suis venu pour quelques jours passer des vacances à la capitale.

Brigitte Est-ce votre première visite?

Alain Non, ce n'est pas la première fois que je suis venu à Paris.

Brigitte Où êtes-vous descendu?

Alain Je suis descendu dans un hôtel, du côté des Champs-Elysées.

Brigitte Et maintenant vous . . . vous allez visiter?

Alain Oui, oui. C'est-à-dire qu'avant, comme je travaillais, je . . . je n'avais pas la possibilité de . . . de visiter les musées par exemple, et là je viens pour . . . pour visiter Paris.

Brigitte Quels monuments allez-vous visiter cet après-midi?

Alain Je vais visiter les Invalides, l'Arc de Triomphe, le Musée Rodin . . .

Brigitte Mais Paris semble vous plaire, alors?

Alain Énormément, énormément, parce que . . . il y a beaucoup de . . . de choses à voir, beaucoup de . . . de découvertes artistiques à faire.

quelques a few, some
▸ **premier(-ère)** first
profiter de take advantage of, benefit from
c'est-à-dire that is to say, that is, i.e.
▸ **musée** (m.) museum
découverte (f.) discovery

Les Invalides

je suis venu I have come. Remember that **venir**, like **descendre** below, forms its perfect tense with the verb **être**.

▸ **je n'avais pas la possibilité** I did not have the opportunity.

▸ **Où êtes-vous descendu?** Where are you staying? (lit. Where did you descend?) This use of **descendre** goes back to the days of horse-drawn carriages when one did literally descend from a carriage.

▸ **du côté des Champs-Elysées** near the Champs-Elysées.

▸ **Je vais visiter** I am going to visit. The simplest way to express the future is to use the present of the verb **aller** plus an infinitive.

▸ **Paris semble vous plaire?** You seem to like Paris? (lit. Paris seems to please you?) Plaire means 'to be pleasing to . . .', e.g. **Ça me plaît**, I like it (lit. that is pleasing to me); **s'il vous plaît**, please! (lit. if it is pleasing to you).

Travaux pratiques

1 Without looking back at the text, rewind and use the tape to help you answer the following questions. (Answers on p.200)

a. Est-ce qu' Alain est à Paris
  ☐ pour son travail?
  ☐ en vacances?

b. Est-ce sa première visite?
  ☐ Oui
  ☐ Non

c. Est-ce que son hôtel est
  ☐ sur les Champs-Elysées?
  ☐ près des Champs-Elysées?
  ☐ loin des Champs-Elysées?

d. De quel musée parle-t-il?
  ☐ Musée Rodin.
  ☐ Musée Grévin.
  ☐ Musée des Gobelins.

e. Pourquoi aime-t-il Paris?
  ☐ Parce qu'il a beaucoup d'amis à Paris.
  ☐ Parce qu'il y a beaucoup de choses à visiter.

HOTEL DE TOURISME
1981
★ ★
MINISTÈRE chargé du TOURISME

2 Brigitte is telling a friend about Alain's arrival and their plans for the next day. To express the future, write the correct form of **aller** into each of the spaces below. Vocabulary: **libre**, free. (Answers on p.200)

a. Alain .... profiter de quelques jours à Paris.

b. Je .... le voir demain.

c. Nous .... visiter la Tour Eiffel.

d. Je suis sûre que ça .... lui plaire.

e. Le soir, des amis .... venir dîner avec nous.

f. Est-ce que tu .... être libre demain soir? Viens avec nous!

3 You are in Paris, talking to a new acquaintance (Marie-Thérèse). On the tape, Paul will suggest in English what you should say to her. After a pause, Yves will give a correct version.

Dialogue 2
Il faut commencer par la Tour Eiffel

Stéphane Pour voir Paris? Ah, il faut évidemment commencer par la Tour Eiffel – ça me paraît indispensable – et puis même, si on a le temps, on y montera. Ensuite, il me paraîtrait indispensable également d'aller voir l'Etoile, le Louvre et Notre-Dame – ça me paraît le minimum. Et puis, si possible, et parce que c'est vraiment très beau, faire le tour de Paris par les bateaux-mouches – c'est vraiment un spectacle un peu inhabituel, et, si on le fait en mai ou en automne, c'est quand même ravissant. Alors, voilà ce que je propose – et puis, si on a le temps, eh bien, on ira plus loin: on ira dans le Marais ou ailleurs.

même even   **ailleurs** elsewhere

▶ **Pour voir Paris?** To see Paris? Note the infinitive used after **pour**.

▶ **ça me paraît** that seems to me. A bit later Stéphane says **il me paraîtrait**, it would seem to me, using the conditional of **paraître**.

▶ **on y montera** we'll go up it (lit. one will go up there). **Montera** is in the future tense, which will be explained in the **Grammaire** section on p.50.

l'Etoile the star-shaped **place Charles-de-Gaulle**, the site of the **Arc de Triomphe**.

les bateaux-mouches river-boats on the Seine, named after their inventor, a Monsieur Mouche (**mouche** (f.) is the French word for 'fly').

un peu inhabituel a bit out of the ordinary.

▶ **c'est quand même ravissant** one has to admit that it is delightful (lit. it is all the same delightful).

▶ **on ira plus loin** we'll go further. Another example of the future tense.

le Marais an area of Paris renowned for its many elegant houses from the 16th, 17th and 18th centuries. (For details see **A lire** p.52.) The word **marais** means 'swamp'.

Travaux pratiques

4 Without looking back at the text, listen to the dialogue again and try to find words which mean roughly the same as the following. Then write them next to the words below. (Answers on p.200)

bien sûr ....   **semble** ....

essentiel ....   **aussi** ....

extraordinaire ....   **charmant** ....

suggère ....   **après** ....

5 Go through the transcript of the dialogue underlining the following words:

évidemm<u>en</u>t, comm<u>en</u>cer, indisp<u>en</u>sable, t<u>em</u>ps, <u>en</u>suite, égalem<u>en</u>t, vraim<u>en</u>t, qu<u>an</u>d, raviss<u>an</u>t.

They all contain the same sound **en**. (Note that this is *not* the sound in **on** and **montera**.) Play the dialogue through, following the text and repeating the underlined words after Stéphane, carefully imitating his pronunciation.

6 You are showing a friend around Paris and discussing where you will go. Yves plays your friend and Paul suggests what you should say to him before Marie-Thérèse says it in French. You will find that Marie-Thérèse very often uses **on** where in English we say 'we'. You don't have to use **on**, but as you'll hear it a lot in France, it helps to be familiar with it.

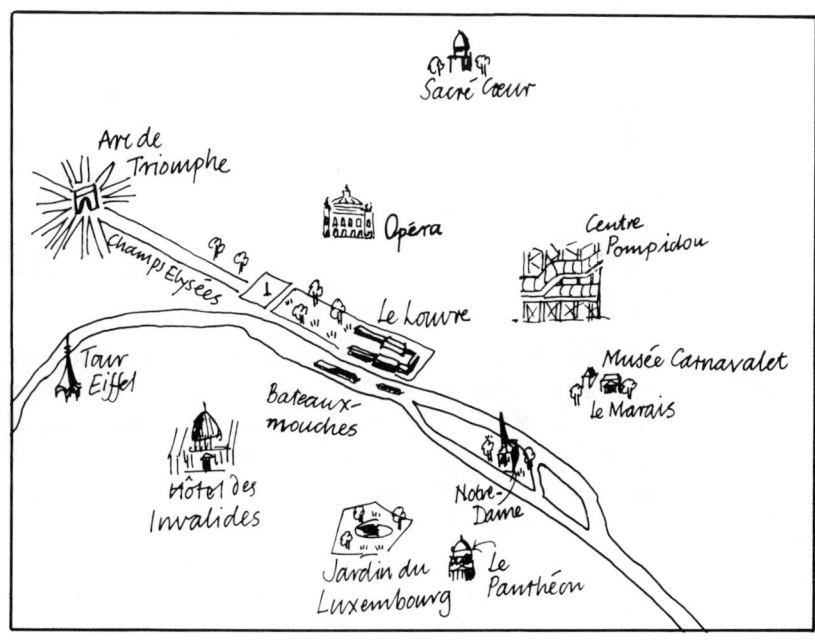

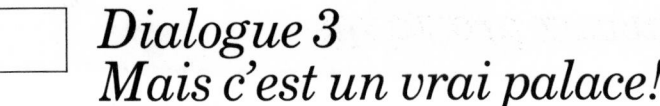

Dialogue 3
Mais c'est un vrai palace!

Brigitte	Viens par ici, Jean-François, je vais te montrer ta chambre.
Jean-François	Oh, mais c'est un vrai palace!
Brigitte	Oh! n'exagérons rien! Est-ce que tu es frileux?
Jean-François	Non, une couverture, ça me suffira largement.
Brigitte	Une couverture ça te suffira. Euh, est-ce que tu veux un oreiller ou un traversin?
Jean-François	Ah, je préfère un oreiller.
Brigitte	Tu préfères un oreiller. Bon, eh bien, voilà la penderie pour mettre tes affaires et puis tu as aussi le tiroir de cette commode. Est-ce que tu . . . as besoin d'autre chose?
Jean-François	Ah, si tu avais un savon je serais très content parce que j'ai oublié le mien à la maison.
Brigitte	Ah, aucun problème. Voilà un savon et puis voici aussi quelques serviettes. Ça va suffire?
Jean-François	Parfait, parfait.

♦ **couverture** (f.) blanket
penderie (f.) wardrobe, cupboard
tiroir (m.) drawer
oublier forget
aucun(e) no
parfait perfect

un vrai palace a real luxury hotel.

n'exagérons rien don't let's exaggerate (anything).

♦ **Est-ce que tu es frileux?** Do you feel the cold?

♦ **ça me suffira largement** that will be plenty for me. **Suffira** is from the future tense of **suffire**, to suffice.

un oreiller ou un traversin a (square) pillow or a (circular) bolster.

♦ **tes affaires** here: your things.

cette commode this chest of drawers.

♦ **Est-ce que tu as besoin d'autre chose?** Do you need (lit. have need of) anything else?

si tu avais un savon if you had a (bar of) soap.

je serais très content I should be very happy. **Serais** is from the conditional tense of the verb **être**. You do not have to learn it yet.

♦ **le mien** mine (i.e. my soap). The feminine would be **la mienne**.

♦ **quelques serviettes** a few towels. **Serviettes** can also mean 'napkins', of course – and, indeed, 'brief-cases'!

Travaux pratiques

7 Jean-François seems to think the place is fit for a king! Listen to the tape and list the comforts offered to him. The framed letters describe the room. (Answers on p.200.)

a. Il peut mettre ses vêtements dans la . . .
b. Il a oublié son . . .
c. Pour dormir il préfère un . . .
d. Mais Brigitte lui offre aussi un . . .
e. Il veut une seule . . .
f. Brigitte lui donne quelques . . .

8 See if you can unscramble the following sentences and then translate them. (Answers on p.200)

a. frileux es est-ce tu que? ....

....

b. largement suffira me ça. ....

....

c. d'autre besoin chose est-ce tu que as? ....

....

d. ta te montrer vais je chambre. ....

....

e. affaires penderie voilà la tes mettre pour. ....

....

 9 Your hostess Marie-Thérèse is showing you your room. Paul will guide your replies and then, after a pause, Yves will give his version. If you are a woman, remember to use the feminine form of any adjectives describing you. (E.g. Yves is described as **frileux**, but a woman would be **frileuse**.)

Dialogue 4
Un chien extraordinaire

Jean-Pierre L'histoire d'animaux que je préfère est incontestablement celle du monsieur qui va au cinéma pour voir le film *Guerre et Paix* avec son chien.

Le chien est assis à côté de lui, sur un siège, et pendant que le film se déroule, on voit le chien suivre l'histoire d'une façon extraordinaire, pleurer quand l'héroïne fuit les horreurs de la guerre, rire quand le malheur s'éloigne un peu de l'héroïne, suivre le film avec une intelligence et une émotion extraordinaires.

Alors, autour, les autres spectateurs sont très étonnés du comportement de ce chien, et, à la fin du film, ils disent au maître du chien 'Votre chien est tout à fait extraordinaire, Monsieur; nous ne pouvons pas imaginer qu'il aimerait le film à ce point-là'. Et le maître leur répond 'C'est d'autant plus étonnant qu'il n'avait pas du tout aimé le livre'.

histoire (f.) **d'animaux** animal story (joke)
incontestablement indisputably
♦ **guerre** (f.) war
♦ **paix** (f.) peace
♦ **siège** (m.) seat
façon (f.) way
fuir flee
autour around (them)
♦ **étonné** astonished
comportement (m.) behaviour
maître (m.) master
leur to them

celle that, the one (i.e. the animal story). This is the feminine form, since it refers to **une histoire**; the plural is **celles**. The masculine forms are **celui** (singular) and **ceux** (plural).

pendant que le film se déroule while the film is going on (lit. unrolls itself!)

♦ **on voit le chien suivre l'histoire ... pleurer ... rire** people see the dog following the story ... crying ... laughing. Notice that the infinitives **suivre**, **pleurer** and **rire** are used in this kind of sentence where in English we often say 'follow<u>ing</u>', 'cry<u>ing</u>' and 'laugh<u>ing</u>'. A verb which is dependent on another is always put in the infinitive in French.

le malheur s'éloigne un peu de l'héroïne the heroine is out of trouble (lit. misfortune distances itself a little from the heroine).

aimerait would like. Another conditional.

♦ **à ce point-là** to that/such an extent. Since **ce** can mean either 'this' or 'that', **-ci** is sometimes used together with it to mean 'this' (e.g. **ce chien-ci**) and **-là** is sometimes used with it to mean 'that'.

d'autant plus étonnant qu(e) even (lit. by that much) more astonishing because.

il n'avait pas du tout aimé le livre he hadn't liked the book at all.

Travaux pratiques

10 Look back at the text of the story to find the answers to the crossword puzzle, because most of them can be found there. (Answers on p.201.)

[crossword grid]

Horizontalement

2 C'est l'___ d'animaux que je préfère. (8)
6 Le film ___ déroule. (2)
8 masculin: à côté d'*elle*. *(3)*
10 Je. (3)
11 Contraire de *paix*. (6)
12 Manière. (5)
13 L'animal de l'histoire. (5)
14 Le 13 horiz. est assis à ___ ___ ___. (4,2,3)
15 Il ___ lorsque le malheur s'éloigne. (3)
17 Asseyez-vous ___ ce siège. (3)
19 Aime mieux. (7)
21 Est-ce *le* ou *la* façon? (2)
22 Rire: il a ___. (2)
23 Est-ce *le* ou *la* film? (2)
24 On le voit ___ devant les horreurs. (7)
25 Il ___ pas du tout aimé le livre. (1,5)

Verticalement

1 Contraire de *beaucoup*. (3)
2 Chose horrible. (7)
3 Chaise. (5)
4 Nous ne pouvons pas ___ qu'il aimerait le film. (8)
5 Le malheur s'___ un peu. (7)
6 ___ on a le temps, on ira plus loin. (2)
7 Tu as un savon? J'ai oublié le ___ à la maison. (4)
9 Numéro. (2)
10 Et le ___ leur répond. (6)
13 Là où on voit des films. (6)
16 Extrêmement. (4)
18 Avec ___ intelligence. (3)
19 On peut faire le tour de Paris ___ les bateaux-mouches. (3)
20 Contraire de *commencement*. (3)
21 Est-ce *le* ou *la* spectateur? (2)

11 Now Yves will ask you some questions based on the dog story. This time there won't be any prompts. Stop the tape after each question and if you can answer from memory, do so; otherwise, decide on your answer with the help of the facts below, say it aloud and then start the tape again to hear Marie-Thérèse's version.

– the film title is 'Guerre et Paix'
– the dog sits on a seat next to his master
– the dog cries and laughs
– the spectators are astonished
– the dog didn't like the book

Expressions importantes

Est-ce votre première visite?	Is it your first visit?
Où êtes-vous descendu?	Where are you staying?
Du côté des Champs-Elysées.	Near the Champs-Elysées.
Pour voir Paris	To see Paris
on ira à la Tour Eiffel.	we'll go to the Eiffel Tower.
Ça me paraît indispensable.	That seems to me (to be) essential.
On y montera.	We'll go up there.
C'est ravissant.	It's delightful.
Puis je vais visiter	Then I am going to visit
les musées.	the museums.
Je n'avais pas la possibilité	I didn't have the opportunity
lorsque je venais à Paris.	when I used to come to Paris.
Est-ce que tu es frileux (-euse)?	Do you feel the cold?
Une couverture –	One blanket –
ça me suffira largement.	that will be plenty for me.

Voilà ⎰ tes affaires   There is/are ⎰ your things
     ⎱ quelques serviettes   ⎱ a few towels
       le mien/la mienne.   mine.

Pendant le film	During the film
'Guerre et Paix',	'War and Peace',
le chien est assis	the dog is sitting
sur un siège.	on a seat.
Les spectateurs sont étonnés	The spectators are astonished
de voir le chien	to see the dog
aimer le film à ce point-là.	liking the film to that extent.

Grammaire

Object pronouns

A pronoun is used in place of a noun (**la femme** → **elle**). When referring to a person or thing which is the object rather than the subject of a sentence we use an object pronoun:

Tu connais <u>cette femme</u>? → **Tu <u>la</u> connais?**
Do you know this woman? → Do you know her?

The following list shows you the object pronoun for each person:

me (me)	**nous** (us)
te (you)	**vous** (you)
le (him/it)	**les** (them)
la (her/it)	

These pronouns come immediately before the verb:

Il me voit (he sees me) which, in the negative, becomes **Il ne me voit pas.**
Elle le comprend (she understands him/it).
Ils nous aiment (they love us).

In sentences with more than one verb the object pronoun comes immediately before the verb that specifically refers to it.

Je vais la visiter.
Paris semble vous plaire.

But with a verb in the perfect tense, the object pronoun comes before **avoir** or **être**:

Nous l'avons visité.
Je l'ai oublié à la maison.

In the negative the word-order is as follows:

Nous ne l'avons pas visité.
Je ne l'ai pas oublié à la maison.

12 In the following sentences, change the nouns in italics into pronouns, remembering that the word-order will be affected. E.g. Je regarde souvent *la télévision*. Je *la* regarde souvent. (Answers on p.201.)

a. Alain passe *les vacances* à Paris. ....

b. Il va visiter *le Musée Rodin*. ....

c. J'ai oublié *le savon* chez moi. ....

d. Il n'a pas aimé *le livre*. ....

e. Jean-Pierre raconte *l'histoire*. ....

The future tense

You already know how to express the future using **aller** + an infinitive:

Je vais visiter l'Arc de Triomphe.
I am going to visit the Arc de Triomphe.

Just as in English you can say either 'I am going to visit', **je vais visiter** or –
using the future tense – 'I'll visit', **je visiterai**.
The future tense is formed by adding the following endings to the infinitive:
e.g. **visiter**

je visiterai	**nous visiter**ons
tu visiteras	**vous visiter**ez
il/elle visitera	**ils/elles visiter**ont

These endings are the same as those of the present tense of **avoir**.
Si on a le temps, on y montera.
Ça te suffira.
Tu ne comprendras pas le film.

Note that, when the infinitive ends in **-re**, the e is dropped in the future, e.g.
nous suivrons, we'll follow.

Most verbs follow this pattern quite regularly. There are, predictably, a few
exceptions – though even they keep the regular endings. You should learn
the forms for **être**: **je serai, tu seras**, etc., **avoir**: **j'aurai, tu auras**, etc.,
aller: **j'irai, tu iras**, etc., **venir**: **je viendrai, tu viendras**, etc., and **voir**:
je verrai, tu verras, etc. which you will hear quite frequently. You'll find a
more complete list of verb tenses on p.220.

13 The letter below is one you might write to French friends you were hoping
to visit in the summer. Put each of the verbs in brackets into the correct
form of the future tense. (Answers on p.201)

```
Manchester, le 23 juin

Chers amis,
Je vous remercie beaucoup de votre lettre. Oui, nous
(passer)............... nos vacances à Paris cette année.
Nous (prendre) ................... l'avion le 26 juillet
et nous (arriver).................... à Paris dans l'après-
midi. Nous (descendre) ................... à l'hôtel
Saint-Servan, où notre cousin nous (attendre)............
Le soir nous (aller) ................. avec lui au restau-
rant.

Merci beaucoup pour votre invitation: nous (être) ........
très contents de venir vous voir. Je vous (téléphoner)
......................de l'hôtel pour savoir la date que
vous (proposer) ................... Vous n'(avoir) .......
pas besoin de venir nous chercher, nous (trouver).........
facilement un taxi.
A bientôt,  Jane et David
```

A lire

If you are planning to go to Paris, you may be interested in the following hotel recommendations from **Paris mon amour**, a guide to Paris for Parisians.

FAMILY HOTEL: 35, rue Cambon, 1ᵉʳ (261-54-84). *Ascenseur. De 133 F à 247 F plus 15 F petit déjeuner.*
Presque en face du *Ritz*, le *Family* est un hôtel baroque surprenant. Toutes différentes, les chambres ne sont vraiment pas banales: certaines avec des murs arrondis, d'autres immenses (40 m² environ) pouvant accueillir 4 à 6 personnes. Papiers et moquettes délirants; le mobilier n'est pas triste non plus. Les Américains en raffolent. La même famille en est propriétaire depuis trois générations.

HOTEL VIVIENNE: 40, rue de Vivienne, 2ᵉ (233-13-26). *Asc. De 180 à 220 F, petit déj. 16 F.*
Un réel effort de décoration: couleurs discrètes, moquette épaisse, mobilier de qualité, beaucoup de bleu. L'ensemble fait hôtel de luxe. Chambres spacieuses, toutes conçues pour deux personnes. Larges balcons.

HOTEL DES MARRONNIERS: 21, rue Jacob, 6ᵉ (325-30-60). *Asc. De 160 à 250 F (330 F/3 pers.) plus 20 F petit déj.*
Coincé entre cour et jardin, c'est l'hôtel du silence. Par beau temps, le petit déjeuner est servi à l'ombre des marronniers. Un endroit superbe, presque unique à Paris! La campagne! Les frileux préféreront la véranda. Toutes les chambres ont bains ou douche, et ... la TV couleur. De certaines fenêtres, on aperçoit le clocher de l'église Saint-Germain. Au sous-sol, de magnifiques caves voûtées du XVIᵉ siècle sont aménagées en salons. Clientèle d'habitués. C'est notre préféré!

Family Hôtel
arrondi rounded
accueillir welcome (i.e. sleep)
moquette (f.) carpet
délirant delirious, wild
en raffoler be wild about it

Hôtel Vivienne
épais thick
mobilier (m.) furniture
conçu conceived, designed

Hôtel des Marronniers
marronnier (m.) chestnut tree
coincé wedged
cour (f.) courtyard
ombre (f.) shade
clocher (m.) steeple
sous-sol (m.) basement
cave (f.) cellar
voûté vaulted
aménagé converted
habitué regular visitor

14 Can you decide from the following statements which of the above hotels the following people are staying at? Write the initials (F, V or M) of the hotel in the boxes provided. (Answers on p.201.)

a. ☐ J'aime le luxe et le confort.

b. ☐ Je suis américaine. Ce qui me plaît dans cet hôtel, ce sont les grandes chambres.

c. ☐ Je reviens toujours à cet hôtel parce que j'aime les bâtiments historiques.

d. ☐ Je prends souvent mon petit déjeuner sous les arbres.

e. ☐ Le bleu est notre couleur préférée.

f. ☐ Je suis individualiste et je déteste le banal.

The second reading passage describes **hôtels** of a different kind: some of the elegant mansions of **Le Marais**. (The word **hôtel** can also mean house or mansion.) They are well worth a detour on a Paris trip. Here is a small selection:

Hôtel de Beauvais
Un bâtiment élégant, construit autour d'une cour ronde où on découvre une tête de diable sculptée au-dessus d'une porte d'écurie. On dit que la première propriétaire, Catherine Bellier, une femme très galante malgré sa laideur, initia le futur Roi Soleil (Louis XIV) aux secrets de l'amour. Elle avait alors quarante ans...
En 1673, le jeune Mozart et sa famille viennent habiter à l'hôtel pendant cinq mois.

Hôtel Carnavalet
Construit au milieu du XVIe siècle, cet immense hôtel est décrit dans les lettres de l'auteur Madame de Sévigné qui en est locataire de 1677 à 1696. Elle mentionne entre autres son beau jardin et les écuries pour dix-huit chevaux...
Maintenant l'hôtel héberge le Musée de l'Histoire de Paris où on trouve des souvenirs de Madame de Sévigné et de la Révolution.

Hôtel de Sens
Un hôtel très ancien et un vrai bijou... Construit à la fin du XVe siècle pour les archevêques de Sens, il est mis à la disposition de la reine Margot en 1605.
Un horrible drame se produit à l'hôtel lorsqu'à cinquante-deux ans la reine préfère un jeune homme de dix-huit ans au comte de Vermond. Le comte tue son rival. Mais la vengeance de la reine est terrible: elle fait couper la tête du comte.

écurie (f.) stable
laideur (f.) ugliness
héberger to house

bijou (m.) jewel
archevêque (m.) archbishop
tuer to kill

15 When you have studied the descriptions of the **hôtels** answer our history quiz. (Answers on p.201.)

a. Which **hôtel** was the temporary residence of a musical genius? ....

b. Was Madame de Sévigné the owner or the tenant of the Hôtel Carnavalet? ....

c. Where can you find a sculpted devil above a stable door? ....

d. Whom did 52-year-old Queen Margot prefer as a lover? ....

e. What was her terrible vengeance? ....

f. Where do you find memories of the Revolution? ....

g. What is Catherine Bellier said to have done at the age of forty? ....

Radio

In the first radio extract, Madame Nebout, an expert on the parks and gardens of Paris, describes a walk around Notre-Dame, starting at the **chevet** (the apse). The map should help you follow the route. (Transcript on p.213.)

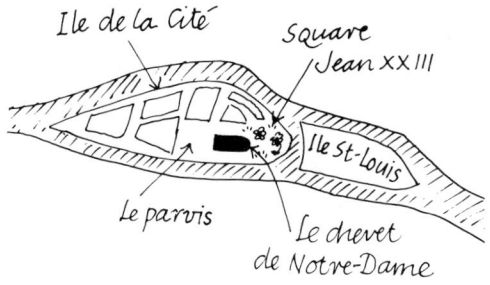

parterres fleuris (m.pl.) flower-beds
jardiniers (m.pl.) gardeners
tant de monde so many people
vaisseau (m.) nave
un petit coup d'œil a little glance
parvis (m.) square in front of portal
peu poétique not very poetic

16 Ideally, you should try to answer the following questions before you look at the transcript, but you may well find that you need to read it first. (Answers on p.201.)

a. Which square gets the prize for the best flower-beds every year? ....

b. Where is this square found? ....

c. Where is the **point zéro** stone? ....

d. What does it indicate? ....

e. What system does Madame Nebout describe as not very poetic? ....

....

The second radio item is a weather forecast for the next 24 hours. With the help of the following notes you will find out what you can expect. (Transcript on p.214.)

nuageux cloudy
frais, fraîche fresh, cool
météo (f.) weather forecast (short for **météorologie**)
nuit (f.) **prochaine** next night (i.e. tonight)
quant à as for
pluie (f.) rain

les températures baisseront jusqu'à 9° the temperatures will drop to 9° (centigrade)

éclaircies et nuages joueront à cache-cache bright spells and clouds will play at hide-and-seek.

17 Now listen to the forecast again and match up the weather predictions with the corresponding part of day. (Answers on p.201.)

La météo				9°	18°
ce soir					
cette nuit					
demain					

A vous de parler

 18 Answer the following questions about your (real or imaginary) forthcoming trip to Paris. On the tape, you'll then hear Yves asking Marie-Thérèse the same questions.

Où allez-vous passer vos vacances cette année?

Est-ce que c'est votre première visite?

Quand arriverez-vous?

Et où descendrez-vous?

Qu'est-ce que vous allez visiter à Paris?

 19 You are taking a French child to Paris for a long weekend. Using the future tense, tell the child about the itinerary you have planned (e.g. **Vendredi nous irons ... Samedi matin on visitera ... Si on a le temps on y montera ...**). Use the map on p.43 for inspiration. When you have described your plans, listen to Marie-Thérèse talking about hers.

4 Quelle journée!

What you will learn

- talking about what you do for lunch
- describing a typical day in your life
- saying what you would do if ...

... and what termites are doing to houses in Paris

Extrait d'un dessin de Claire Bretécher/Nouvel Observateur

Study guide

Dialogue 1
L'heure du déjeuner

Mme Coste Et que fais-tu pendant ton heure de déjeuner?

Brigitte Eh bien, j'ai l'embarras du choix, parce que, en face du bureau, il y a plusieurs cafés très agréables, une brasserie et une crêperie. Et donc, je peux . . . je peux choisir . . . l'endroit où je vais . . . déjeuner.

Mme Coste Très bien, mais – il n'y a pas un restaurant d'entreprise?

Brigitte Si, il y a un restaurant d'entreprise, mais comme tous les restaurants d'entreprise, il n'est pas . . . il est pas très bon, et puis en plus, très souvent je n'ai pas une heure pour déjeuner, donc je n'ai pas assez de temps pour aller au restaurant d'entreprise et je suis obligée de . . . d'aller manger vite un sandwich ou une crêpe en face du bureau.

Mme Coste Mais il faudra pas faire ça tous les jours.

Brigitte Non, non, non, je sais – ce n'est pas bon pour ma santé.

- **en face de** opposite
- **bureau** (m.) office
- **plusieurs** several
- **brasserie** (f.) pub, restaurant-bar
- **crêperie** (f.) pancake-house

- **endroit** (m.) place
- **en plus** moreover
- **obligé(e) de** obliged to
- **tous les jours** every day
- **santé** (f.) health

- **j'ai l'embarras du choix** I have too great a choice (lit. the embarrassment of choice).

- **je vais déjeuner** I (go to) have lunch

  un restaurant d'entreprise a company canteen (cafeteria). Also **un restaurant universitaire** (often abbreviated to **restau-u**) a university canteen.

  il (ne) faudra pas you mustn't. **Il faudra** is the future of **il faut**. In spoken French **ne** is often omitted.

Travaux pratiques

1 Without looking back at the text, rewind and use the tape to help you answer the following questions. Read the definitions carefully, because there are **two** correct answers in each case. (Answers on p.201.)

Brigitte a l'embarras du choix parce que

a. ☐ il y a beaucoup d'endroits pour manger
b. ☐ il n'y a pas de restaurants
c. ☐ elle a plusieurs choix
d. ☐ elle n'a pas assez de temps

En face du bureau il y a

a. ☐ un restaurant d'entreprise
b. ☐ plusieurs brasseries
c. ☐ des cafés
d. ☐ une crêperie

Brigitte ne mange pas au restaurant d'entreprise parce que

a. ☐ c'est trop cher
b. ☐ ce n'est pas très bon
c. ☐ elle n'a pas une heure pour déjeuner
d. ☐ il n'y en a pas

Quand elle veut manger rapidement Brigitte choisit

a. ☐ une crêpe
b. ☐ une salade
c. ☐ du café
d. ☐ un sandwich

2 Before putting pen to paper listen once or twice to the short passage which Yves is going to dictate to you. Then stop the tape each time he pauses to write the phrase down and check it. Watch out for punctuation: **virgule** = comma, **point** = full stop. Before comparing your version with the transcript on p.201, check all verb and adjective endings.

3 What do you do at lunchtime (**à midi**)? Listen to Yves's questions in French and the English prompts for your answers. Then stop the tape and answer aloud in French before listening to Marie-Thérèse's version.

Dialogue 2
Un bébé c'est très bien ...

Claude	Bon, alors, donne-moi des nouvelles du bébé!
Catherine	Il va très bien, mais, tu sais – ça change la vie!
Claude	Oui, ça je m'en doute. Alors, qu'est-ce que tu fais toute la journée?
Catherine	Ne me demande pas – je ne sais pas! Les journées passent à une vitesse effrayante ...
Claude	C'est vrai?
Catherine	... et je ne sais pas ce que je fais. Je me lève, je prépare le déjeuner, je lui donne son biberon ...
Claude	Mm mm.
Catherine	... je fais un peu de ménage, la vaisselle – en fait, des tâches ménagères, mais – je ne fais rien.
Claude	Ça te manque pas, les collègues?
Catherine	Ah si, tu ne peux pas imaginer!
Claude	Et les élèves?
Catherine	Eh oui! Vivement la rentrée!
Claude	Ah oui, ça je m'en doute, oui.
Catherine	Non, tu vois, un bébé, c'est très bien, mais ce n'est pas suffisant.
Claude	Je crois.
Catherine	Je crois que je retravaillerai.

♦ **toute la journée** all day long
  vitesse (f.) speed
  effrayant frightening
  biberon (m.) (baby's) bottle
  vaisselle (f.) (doing the) dishes, washing-up
  tâche ménagère (f.) household chore
  suffisant sufficient
  retravailler go back to work, work again

♦ **donne-moi des nouvelles du bébé.** Give me some news of the baby. See **Grammaire**, p.66, for the use of the imperative.

Ça je m'en doute. So I imagine. From **se douter de** to suspect s.th.

♦ **je ne sais pas ce que je fais.** I don't know what (lit. that which) I do.

♦ **je fais un peu de ménage.** I do a little housework.

Ça (ne) te manque pas, les collègues? Don't you miss your colleagues? (lit. Is that not missing to you, the colleagues?) She could equally well have
♦ said **Tes collègues ne te manquent pas?** (lit. Are your colleagues not missing to you?) More examples: **Pierre manque à Marie**, Marie misses Pierre; **Tu manques à tes parents**, Your parents miss you.

♦ **si** yes (=on the contrary), used in answer to a negative statement or question, e.g. **Ce n'est pas vrai – Si, c'est vrai.**

♦ **Vivement la rentrée!** Children are more likely to say **Vivement les vacances!** (Roll on the holidays!) but Catherine, who is a teacher, is looking forward to **la rentrée** (the start of the new school-year/term).

Travaux pratiques

4 Find out what Catherine does all day by listening to the dialogue again. Identify the French phrase for each of the illustrations below and write each phrase in the space provided. (Answers on p.201.)

Catherine ...

a. .... b. .... c. ....

d. .... e. ....

5 Without looking at the text, play the dialogue again, listening for the words below. When you hear the word, pause your tape and repeat the phrase in which each of them appears, e.g. for the word **suffisant** you should say **mais ce n'est pas suffisant**. Then check your version against the transcript on the previous page.

**nouvelles   vie   vitesse   collègues   imaginer
rentrée   retravaillerai**

6 See if you can unscramble the following sentences and then translate them. (Answers on p.201.)

a. moi donne- bébé du nouvelles des. ....

....

b. est- tu qu' journée la ce toute fais que? ....

....

c. journées effrayante les passent vitesse une à. ....

....

d. que fais je sais ce ne pas je. ....

e. imaginer peux ne tu pas. ....

f. de peu je ménage un fais. ....

7 Now take the part of Catherine in a conversation with Yves. Paul will suggest your replies to you in English. After a short pause, Marie-Thérèse will give you her version in French. You should call Yves **vous** in this conversation.

Dialogue 3
Patrick est bon en langues

Catherine	Alors, dis-moi, Patrick est content de sa rentrée?
Claude	Ben, tu sais, c'est un peu difficile parce que . . . il rentre en terminale . . .
Catherine	Ah! l'année du bac!
Claude	Eh oui. Et il est un petit peu découragé déjà à l'avance parce qu'ils sont très nombreux dans sa classe.
Catherine	Beaucoup de travail aussi, je suppose?
Claude	Beaucoup de travail déjà, oui, même la première semaine.
Catherine	Et les professeurs?
Claude	Les professeurs, c'est très, très moyen.
Catherine	Mm. Et qu'est-ce qu'il aime comme matières?
Claude	Il aime beaucoup l'histoire et la géographie, il est bon en langues – si tu veux, il est, il est mauvais en rien, et il est très bon en rien non plus.
Catherine	Mais il travaille bien?
Claude	Il est très consciencieux.
Catherine	Tu penses qu'il aura le bac?
Claude	Ah! j'espère.

terminale (f.) final year of secondary school
découragé discouraged, disheartened
à l'avance in advance

nombreux numerous
matière (f.) subject
langue (f.) language, tongue
espérer hope

content de sa rentrée happy with the start of term

l'année du bac the year of the **baccalauréat** (the final examination at secondary school, allows one to enter university).

Les professeurs, c'est très, très moyen The teachers are pretty poor (lit. The teachers, it is very, very average).

qu'est-ce qu'il aime comme matières? what subjects does he like? (lit. what does he like in the way of subjects?)

il (n')est mauvais en rien he isn't bad at anything
et il (n')est très bon en rien non plus and he isn't very good at anything either.

il aura le bac he will get his bac.

Travaux pratiques

8 Which of the following does Patrick really think? Listen to the dialogue again without looking at the transcript and mark the 'correct' thoughts. (Answers on p.202.)

a. ☐ Je commence ma dernière année d'école

b. ☐ Je n'ai pas beaucoup de travail en ce moment.

g. ☐ Je suis sûr d'avoir mon bac cette année.

Mes professeurs sont formidables.

c. ☐

f. ☐ Il y a beaucoup d'élèves dans ma classe.

d. ☐ Je ne suis mauvais en rien.

e. ☐ Je déteste la géographie.

9 In the transcript below, there are a number of words which do not appear in the dialogue. Use only the tape to help you identify these extra words. Underline them and check with the transcript of the dialogue.

Catherine Alors, Claude, dis-moi, Patrick est content de sa rentrée en classe?
Claude Ben, tu sais, c'est un peu difficile cette année parce que ... il rentre en terminale ...
Catherine Ah! c'est l'année du bac!
Claude Eh oui. Et tu sais, il est un petit peu découragé déjà à l'avance parce qu'ils sont très nombreux dans sa nouvelle classe.
Catherine Il doit avoir beaucoup de travail aussi, je suppose?
Claude Beaucoup de travail déjà, oui, même pendant la première semaine.
Catherine Et les professeurs sont bons?
Claude Les professeurs, Patrick dit que c'est très, très moyen.

10 Read the dialogue text aloud and then refer to it as much as you like to help you translate the following passage. (Translation on p.202.)

This year is very difficult for Jacques because it is (c'est) the year of the baccalauréat. He is a little bit disheartened because there are too many students (they are numerous) in his class. But he is not bad at anything, he is good at languages, and he is very conscientious. His mother hopes that he will get the bac.

11 Take the part of Patrick and answer Marie-Thérèse's questions about your studies. Paul will suggest in English what you should answer. After a short pause, Yves will give his version in French. Note that 'the French teacher' (i.e. the teacher of French, not the teacher who happens to be French) is **le professeur de français**.

Dialogue 4
Que feriez-vous de 100 000 francs?

Mme Coste	Je m'achèterais un très joli manteau de fourrure car j'en ai toujours désiré un.
Marie	Mais je crois que je ferais ma valise et puis j'achèterais un billet d'avion et je partirais au soleil.
Alain	Si j'avais 100 000 francs à dépenser, j'achèterais d'abord une voiture, et le reste de cet argent, je le mettrais à la banque.
Madeleine	Grand Dieu! je payerais déjà toutes mes dettes et puis je payerais aussi l'inspecteur des impôts!
Brigitte	Je prendrais un an de congé et je ferais le tour de France à bicyclette pour visiter toutes les églises romanes.
Claude	Oh! ben, je pense que j'irais voyager, j'achèterais peut-être un magnétoscope, et puis – oh, je ferais des travaux dans l'appartement.
Anne	Oh, j'irais vite au Canada, tout de suite! Ah oui, je partirais, je prendrais l'avion, je crois, et puis, je ferais un beau voyage, d'abord au Canada. Je reviendrais chez moi, en campagne, et puis je crois que je me ferais construire une petite maison, dont je rêve depuis longtemps, avec mon ami et puis mes deux chiens.

manteau (m.) **de fourrure** fur coat	**congé** (m.) leave, time off
♦ **dépenser** spend	**église** (f.) church
dette (f.) debt	**roman(e)** romanesque
♦ **inspecteur** (m.) **des impôts** tax-man	♦ **magnétoscope** (m.) video recorder
	campagne (f.) country(side)
♦ **billet** (m.) **d'avion** plane ticket	**dont** of which, of whom

♦ **Je m'achèterais** I'd buy (for) myself. This tense (the conditional) is used by all the speakers in this dialogue. It will be explained in the **Grammaire** section of the unit.

j'en ai toujours désiré un I have always wanted one (of them).

♦ **je ferais ma valise** I'd pack my suitcase.

J'irais voyager I'd go travelling. Note the use of the infinitive.

♦ **au Canada** to Canada. The names of most European countries are
♦ feminine and you use **en** in front of them to express 'to', e.g. **je vais souvent en France** I often go to France. There are, however, some names of countries which are masculine, and they take **au** (or **aux** in the plural), e.g.
♦ **Il va au Japon** he is going to Japan, **Nous allons aux Etats-Unis** we are going to the United States.

je me ferais construire une petite maison I'd have a little house built for myself. Anne doesn't realize that 100 000 francs won't go that far...

je rêve depuis longtemps I have been dreaming for a long time (lit. I am dreaming since a long time). If you 'have been doing' something *and are still doing it*, use the present tense with depuis. e.g. **J'habite Paris depuis sept ans** I have been living in Paris for seven years.

mon ami my boyfriend. Notice the difference between **un de mes amis** (one of my friends), **un ami à moi** (a friend of mine) and **mon ami** (my boyfriend). Similarly, **mon amie** means 'my girlfriend'.

Travaux pratiques

12 Dreams people dream! Just listen to the recording again and put an X next to the dreams that are mentioned. Then decide from the transcript whose dreams they are and write the names down. Spot the odd one *out*! (Answers on p.202.)

a. ☐   b. ☐   c. ☐

d. ☐   e. ☐   f. ☐

g. ☐   h. ☐   i. ☐

13 Without looking back at the text, listen to the second half of the recording again and fill in the correct verbs which are all in the conditional tense. If you need help with this tense, check the grammar section on p.65 first. (Answers on p.202.)

Brigitte   Je .... un an de congé et je .... le tour de France à bicyclette pour visiter toutes les églises romanes.

Claude   Oh! ben, je pense que j' .... voyager, j'............................ peut-être un magnétoscope, et puis – oh, je .... des travaux dans l'appartement.

Anne   Oh, j' .... vite au Canada, tout de suite! Ah oui, je .... , je .... l'avion, je crois, et puis, je .... un beau voyage, d'abord au Canada. Je .... chez moi, en campagne, et puis je crois que je me .... construire une petite maison, dont je rêve depuis longtemps, avec mon ami et puis mes deux chiens.

 14 An unexpected windfall! What would you do with it? You'll be interviewed by Marie-Thérèse and, as usual, Paul will suggest the answers in English which will be followed by Yves's version. Remember how people said 'I would . . .' in the dialogue.

Expressions importantes

L'heure du déjeuner	Lunch-hour/lunch-time
J'ai l'embarras du choix	I have too great a choice
En face du bureau	Opposite the office
il y a plusieurs	there are several
brasseries/crêperies/endroits	restaurants/pancake-houses/places
où je vais déjeuner	where I (go to) have lunch
Tous les jours	Every day
Donne-moi des nouvelles	Give me some news
Ne me demande pas	Don't ask me
Toute la journée	All day long
Je me lève	I get up
Je fais un peu de ménage,	I do a little housework,
la vaisselle	the washing-up/the dishes
En plus, je prépare le déjeuner	Moreover, I prepare the lunch
Tes collègues ne te manquent	Don't you miss your colleagues?
pas?	
Si! Vivement la rentrée!	Yes I do! Roll on the start of term!
J'espère	I hope
qu'il aura le baccalauréat	that he will get the baccalauréat
Il est un petit peu découragé	He is a little bit disheartened
à l'avance	in advance
Qu'est-ce qu'il aime	What does he like
comme matières?	in the way of subjects?
Il est bon en langues	He is good at languages
Il n'est mauvais en rien	He is not bad at anything
Si j'étais riche …	If I were rich …
Je dépenserais tout mon argent	I'd spend all my money
Je m'achèterais	I'd buy myself
un magnétoscope	a video recorder
un billet d'avion	a plane ticket
Je prendrais un an de congé	I'd take a year's leave
Je ferais ma valise	I'd pack my suitcase
J'irais voyager	I'd go travelling
au Canada et aux Etats-Unis	to Canada and the United States
Mon ami habite en France	My boyfriend has been living in
depuis un an	France for one year

Grammaire

The conditional tense

The conditional tense, which you have met a number of times in Dialogue 4, is used to express what *would* happen, *if* . . .

Si j'avais 100 000 francs,	If I had 100,000 francs,
j'achèterais une voiture.	I *would* buy a car.

It is formed by adding the imperfect tense endings to the infinitive. (Refer back to p.18 if you don't remember these endings.)

Infinitive: **partir**
Conditional:

je partirais I'd leave	**nous partirions** we'd leave
tu partirais you'd leave	**vous partiriez** you'd leave
il/elle partirait s/he'd leave	**ils/elles partiraient** they'd leave

Imperfect: **je partais** (etc.)

Remember that wherever there are irregularities in the future tense, they will also occur in the conditional:

Infinitive	*Future*	*Conditional*
aller	**j'irai**	**j'irais**
avoir	**j'aurai**	**j'aurais**
être	**je serai**	**je serais**
faire	**je ferai**	**je ferais**
venir	**je viendrai**	**je viendrais**
voir	**je verrai**	**je verrais**

The endings of the other persons (**tu**, **il**, etc.) are always regular.

15 Write the conditional tense of the appropriate verb into each of the spaces below. (Answers on p.202.)

dépenser   payer   aller   prendre   partir

Si nous avions 100 000 francs, nous ....

d'abord l'inspecteur des impôts. Ensuite, nous ....

six mois de congé et nous .... en voyage.

Nous .... d'abord en France et puis au Canada.

Mais nous ne .... pas tout notre argent.

si (meaning 'if')

As in English you can distinguish between an *unlikely* or a *probable* event by using different verb tenses:

● if it is unlikely use 'si' + *imperfect* → *conditional*
Si j'avais (*imperfect*) **100 000 F, j'achèterais** (*conditional*) **une voiture.**
If I had 100,000 francs, I would buy a car.

● if it is probable use 'si' + *present* → *future*
Si on a (*present*) **le temps, on ira** (*future*) **plus loin.** (Unit 3, Dialogue 2)
If we have time, we'll go further.

From the example below you can see how the same sentence can take different meanings:

Si j'allais à Washington, je verrais mon ami. If I went to Washington, I'd see my boyfriend.

Si je vais à Washington, je verrai mon ami. If I go to Washington, I'll see my boyfriend.

16 Put the infinitives in brackets into the correct tense. (Answers on p.202.)

a. Si elle était riche, elle (acheter) .... un manteau de fourrure.

b. S'il fait beau, on (aller) .... à la campagne.

c. Si vous (payer) .... vos dettes, l'inspecteur

des impôts sera content!

d. Si vous aviez beaucoup d'argent, vous le (mettre) ....

à la banque.

e. Si tu (aller) .... au Canada, tu prendrais l'avion.

f. Si elle se faisait construire une maison, elle (habiter) ....

avec son ami.

The imperative

Asking people to do (or not to do) something is quite simple, as you have seen on the Cabourg beach sign in Unit 1 (p.19). The two plural forms (**nous**/**vous**) are identical to the verb forms in the present tense:

Nous allons à la plage.
We go to the beach.

Allons-y!
Let's go there!

Vous venez avec nous.
You are coming with us.

Venez voir!
Come and see!

However, there is a difference in the singular:

Tu me donnes des nouvelles ...
You give me news ...

Donne-moi des nouvelles ...!
Give me news ...!

Note:
• 'You give' is **tu donnes**, but 'give!' (the command) is **donne** without an **s**. This holds good for all verbs with infinitives ending in **-er** (even **aller: tu vas**, you go; **va!**, go!).

• In affirmative commands, the word-order is the same as in English: **donne-moi/donnez-moi**, give me. The pronouns **moi** and **toi** are used instead of the **me** and **te** found elsewhere.

• In negative commands you again use the ordinary word-order – and **me** and **te** instead of **moi** and **toi**: **ne me demande pas**, don't ask me.

A lire

To announce great family events, **faire-part** (announcements) are sent out or published in newspapers. Here are some examples of the formal language used on such occasions:

Denise Mermet et Olivier Lilette

ont la joie de faire part de leur mariage

célébré dans la stricte intimité

le Samedi 31 Juillet 1982

en l'Eglise Sainte-Benoîte de Craonnelle (Aisne)

Monsieur et Madame Dominique Desmarquest laissent à Julie la joie de vous annoncer la naissance de son petit frère

Romain

Amiens, le 3 Février 1983
Maternité Sainte-Thérèse
Rue Gloriette
80000 Amiens

8, rue Pointin
80000 Amiens

joie (f.) joy
faire part to announce, inform
dans la stricte intimité with only immediate family present
naissance (f.) birth

17a. Est-ce que le faire-part de mariage est une invitation? oui ☐ non ☐

  b. Comment s'appelle la sœur de Romain? ....

  c. Dans quelle rue est-il né? ....
(Answers on p.202.)

The following poem is set in a country house garden on a warm summer day. A mother watches her children play, when suddenly . . .

Voilà la pluie! . . . Allons, les enfants, rentrez vite! . . .
Hou! les vilains lambins qui seront tout mouillés!
Toi, Jeanne, il faut aider Thérèse. Elle est petite . . .
Courons, courons! . . . Il faudra dire au jardinier
De fermer les volets et de rentrer les chaises.
Vous vous installerez dans la salle à manger;
Toi l'aînée, il faudra faire jouer Thérèse.
Tu donneras à Jean ses couleurs sans danger,
Je crois qu'il reste un catalogue et des images
A découper. Prenez les ciseaux à bouts ronds,
Et ne réveillez pas grand-père! Nous verrons
Lequel de vous fera les plus beaux découpages.
Je vous laisse. J'ai ma migraine. Amusez-vous
Bien gentiment, et le plus sage aura un sou.

Paul Géraldy

rentrer go in, take in
vilain wretched
lambin (m.) slow-coach
mouillé wet
courons let's run
volet (m.) shutter
aîné eldest

image (f.) picture
découper cut out
réveiller wake
gentiment nicely
le plus sage the best behaved
sou (m.) a small coin

il faudra faire jouer Thérèse you must make Thérèse play.

les ciseaux à bouts ronds the round-ended scissors.

Nous verrons lequel de vous fera les plus beaux découpages We'll see which of you makes the prettiest cut-outs.

18 The sudden outburst of rain leads to a flurry of activities in and around the house. What information can you give about each of the six household members? (Answers on p.202.)

	Informations	Jeanne	Thérèse	jardinier	Jean	mère	grand-père
a.	est petite						
b.	rentre les chaises						
c.	a mal à la tête						
d.	dort dans la maison						
e.	est l'aînée						
f.	veut être seule						
g.	ferme les volets						
h.	colorie des images						

Radio

The first extract is from a news broadcast on Radio Service Tour Eiffel. It reports the results of a survey on people's attitudes to public transport in the Paris region. The following vocabulary should help you understand it: (Transcript on p.214.)

enquête (f.) investigation, survey
effectué(e) carried out
auprès de among
échantillon (m.) sample
souhaiter wish
amélioration (f.) improvement
avenir (m.) future
suivant following
voiture (f.) **particulière** private car

marche (f.) **à pied** walking
deux-roues (m.) bike (lit. two-wheels)
utile useful
voire indeed
d'après according to
sondage (m.) poll
augmentation (f.) increase
diminution (f.) reduction
élargissement (m.) extension

19 Working from the tape and the transcript, fill in the results of the survey in the table below. (Answers on p.202.)

Enquête: les transports urbains

Effectuée du .... au .... (dates)

Nombre de personnes interviewées: ....

Age minimum: ....

Satisfaits du fonctionnement des transports urbains: .... %

Souhaitent des améliorations pour l'avenir: ....%

Moyens de transport utilisés
– bus et métro ....%
– voiture particulière ....%
– marche à pied ....%
– deux-roues ....%

Considèrent le développement et l'amélioration des transports urbains importants / très importants ....%

The second radio extract from Radio Service Tour Eiffel is a report on termites' infesting certain districts of Paris. Find out more about this alarming occurrence – the following word-list should make it possible. (Transcript on p.214.)

quartier (m.) district	**en débarrassant** by clearing
à l'abri de here: hidden from	**sous-sol** (m.) basement
blanchâtre whitish	**rez-de-chaussée** (m.) ground floor
étoffe (f.) fabric	**immeuble** (m.) building, block of
plâtre (m.) plaster	flats, apartment building
conseil (m.) advice	**se passer** here: happen
éviter avoid	**bâtiment** (m.) building
lutter fight	

ils effectuent de véritables ravages they cause real havoc.

en s'attaquant aux matières cellulosiques by attacking cellulose materials.

Si on laissait faire un nid de termites If one left a nest of termites alone.

20 Now try to answer the following questions, using the transcript to help you. (Answers on p.202.)

a. How many districts in Paris are being eaten up by termites? ....

b. What colour are termites? ....

c. What do they eat? ....

d. What two factors encourage an infestation of termites? ....

e. Which part of a building do they attack first? ....

f. Where do they go from there? ....

A vous de parler

21 What is your daily routine? See how fully you can describe it – the following questions may help you. As always, give your answer aloud and try to keep it simple.

– A quelle heure vous levez-vous pendant la semaine?
– Qui prépare le petit déjeuner?
– Qu'est-ce que vous faites après le petit déjeuner?
– Où mangez-vous à midi?
– Qu'est-ce que vous faites le soir?

When you have worked out how to tell somebody about your day, you may like to listen to the tape to hear how Marie-Thérèse spends hers.

22 Your chance for a pipe dream! **Qu'est-ce que vous feriez si vous étiez millionnaire?** Answer as fully as your imagination will allow – and remember to use the conditional tense. Then listen to the tape to hear what Yves would do if he were a wealthy man.

5 Partir sans problème

What you will learn

- making travel inquiries and buying tickets
- how to hire a car
- getting directions and finding your way

... and how Marseilles commuters are going underground

Study guide

		Page
	Dialogue 1 + Travaux pratiques	72–73
	Dialogue 2 + Travaux pratiques	74–75
	Dialogue 3 + Travaux pratiques	76–77
	Dialogue 4 + Travaux pratiques	78–79
	Expressions importantes	80
	Grammaire	81–82
	A lire	83–84
	Radio	85–86
	A vous de parler	86

Dialogue 1
Il vaut mieux acheter un carnet

Patrick Dites-moi, Noëlle, à Paris, où est-ce que je peux acheter des tickets d'autobus?

Noëlle Vous pouvez acheter des tickets d'autobus dans toutes les stations de métro et dans certains bureaux de tabac.

Patrick Je ne peux pas les acheter quand je monte dans l'autobus?

Noëlle Si, bien sûr, vous pouvez, mais cela vous revient beaucoup plus cher. Il vaut mieux acheter un carnet.

Patrick Bien. Et quand je reçois mes tickets, un ticket vaut pour un trajet?

Noëlle Oui. De toute façon, le nombre de tickets est indiqué sur un petit dessin qui figure à l'arrêt de l'autobus.

Patrick Ah bon. Et si je change d'avis et que je prends le métro, je peux utiliser ce même ticket?

Noëlle Il est absolument valable dans les stations de métro.

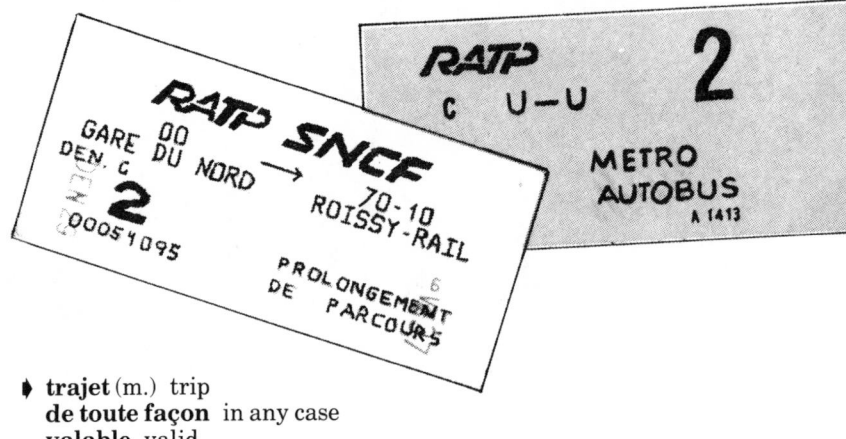

- **trajet** (m.) trip
  de toute façon in any case
  valable valid

- **bureaux de tabac** tobacconists' shops, which may also sell sweets, newspapers, postcards and stamps.

- **je monte dans l'autobus** I get (up) into the bus. Note that you use **monter** and **descendre** for getting on and off a bus or train, and also that you say **monter** *dans* (not **sur**, which would mean that you were travelling on the roof!).

- **cela vous revient beaucoup plus cher** that costs you much more.

- **Il vaut mieux acheter un carnet** It's better to buy a book (of tickets).
  un ticket vaut one ticket is valid. **Vaut** comes from the verb **valoir** (lit. to be worth). You may have met it in the question **Ça vaut combien?** How much is that? (lit. How much is that worth?).

  un petit dessin qui figure ... a little diagram which features ... This shows the route of the bus and indicates how many tickets you need for any particular trip on that route.

- **à l'arrêt de l'autobus** at the bus-stop (lit. at the stop of the bus – i.e. the bus one wants). The general phrase for a bus-stop is **un arrêt d'autobus**.
- Note also **une gare routière**, a bus station.

- **je change d'avis** I change my mind.

  si ... et que ... if ... and if ... When there are two 'if' clauses in a sentence, the second one begins with **que** rather than another **si**.

Travaux pratiques

1 Without looking back at the text, listen to the dialogue again and decide whether the following statements are true (**vrai**) or false (**faux**). (Answers on p.202.)

	vrai	faux
a. Vous ne pouvez pas acheter des tickets d'autobus dans une station de métro.	☐	☐
b. Vous pouvez les acheter quand vous montez dans l'autobus.	☐	☐
c. Les tickets coûtent moins cher si on achète un carnet.	☐	☐
d. Le nombre de tickets qu'il faut pour un trajet est indiqué à l'arrêt de l'autobus.	☐	☐
e. Les tickets d'autobus ne sont pas valables dans les stations de métro.	☐	☐

2 You have mastered the system and can now explain it to a Canadian tourist standing at the bus-stop with you. Write the correct word in each of the spaces below. (Answers on p.202.)

**prenez   pouvez   montez   acheter   utiliser
revient   d'avis   bureaux   stations**

Vous pouvez .... des tickets d'autobus dans toutes

les .... de métro et dans certains ....

de tabac. Vous .... les acheter quand vous ....

dans l'autobus, mais cela vous .... beaucoup plus cher.

Si vous changez .... et que vous .... le métro,

vous pouvez .... les mêmes tickets.

3 You are visiting a French town and want to know about the system for bus tickets. On the tape, Yves will suggest questions to ask. Stop the tape to ask them, then listen to Yves's version followed by Marie-Thérèse's answers.

Dialogue 2
Pourriez-vous me renseigner?

Employée	Bonjour, Madame.
Mme Coste	Bonjour, Mademoiselle. Mademoiselle, je désirerais me rendre à Mulhouse pour voir ma fille qui vient de déménager. Pourriez-vous me renseigner sur les transports pour s'y rendre?
Employée	Oui, bien sûr. Vous avez le, le train ou l'avion.
Mme Coste	L'avion? Mais j'ai jamais pris l'avion, alors je préférerais prendre le train.
Employée	Oui.
Mme Coste	Euh – c'est départ de quelle gare, s'il vous plaît?
Employée	C'est Gare de l'Est.
Mme Coste	Vous connaissez la durée du trajet?
Employée	Oh environ cinq heures.
Mme Coste	Bon. Est-ce que c'est direct? Est-ce que l'on doit changer?
Employée	Non, non, c'est direct.
Mme Coste	Et ... est-ce que vous savez s'il y a des consignes à la gare?
Employée	Oui, oui, dans toutes les gares il y a des consignes, Madame.
Mme Coste	Et pourriez-vous me donner les horaires?
Employée	Oui – un petit moment, hein – je vais chercher.
Mme Coste	Merci.

◆ **se rendre à** to get oneself to
◆ **durée** (f.) length
◆ **environ** about

◆ **consigne** (f.) left-luggage locker or office
◆ **horaire** (m.) timetable

◆ **je désirerais me rendre à Mulhouse** I'd like to get myself to Mulhouse. The conditional is a clumsy tense to pronounce and sometimes even a clear speaker like Mme Coste will swallow one syllable. Here, **désirerais** sounds like **désirais**. A few sentences later, **préférerais** sounds like **préférais**.

◆ **qui vient de déménager** who has just moved (house). **Venir de** (+infinitive) is a frequently used construction: e.g. **je viens de rentrer**, I have just come in.

◆ **Pourriez-vous me renseigner?** Could you give me information? (The conditional of **pouvoir** + infinitive.) In any language there are degrees of politeness: **Renseignez-moi!** (rude) **Pouvez-vous me renseigner?** (usual) **Pourriez-vous me renseigner?** (very polite)

La Gare de l'Est

Travaux pratiques

4 Without looking back at the text, use the tape to help you answer the following questions in French. (Answers on p.202.)

a. Pourquoi est-ce que Madame Coste veut se rendre à Mulhouse?

....

b. Qu'est-ce que sa fille vient de faire? ....

c. Quels moyens de transport y a-t-il pour aller à Mulhouse? ....

....

d. Lequel Madame Coste préfère-t-elle? ....

e. Quelle est la durée du trajet? ....

f. Est-ce qu'il y a des consignes à la gare? ....

5 Study the map and transport information below, work out the best route and means of transport (**moyen de transport**) to or from Charles de Gaulle airport for the following travellers and indicate how long the trip will take. (Answers on p.202.)

Aéroport Charles de Gaulle (Roissy) Porte Maillot Opéra Gare du Nord Nation Long-champs Gare d'Austerlitz	**Trains:** Gare du Nord/Charles de Gaulle ● Départs toutes les 15 minutes ● Durée moyenne du trajet: 35 minutes **Autobus:** 351 Nation/Charles de Gaulle ● Départs toutes les 30 minutes ● Durée moyenne du trajet: 40 minutes **Cars:** Porte Maillot/Charles de Gaulle ● Départs toutes les 15 minutes ● Durée moyenne du trajet: 30 minutes

We are returning to New York after performing at the Opéra….	We want to go to the race-course at Longchamps.	We need to catch a train at the Gare d'Austerlitz.
a. Moyen de transport: .... de... à.. Durée moyenne.................	**b.** Moyen de transport: .... de... à.. Durée moyenne.................	**c.** Moyen de transport: .... de... à.. Durée moyenne.................

6 You want to find out from Yves the various ways of getting from Paris to the airport. (**Pourriez-vous me renseigner sur les transports?**) He mentions **la navette**, the shuttle. As usual, take your cues from Paul.

Dialogue 3
Kilométrage illimité

Mme Kruc	Bonjour, Madame.
Dominique	Bonjour, Madame. Je désire louer une petite voiture pour me rendre en province.
Mme Kruc	Oui, avec plaisir. Euh – quelle voiture vous voulez?
Dominique	Euh – peut-être une Renault, mais une petite ...
Mme Kruc	Oui, bien sûr – on a des petites Renault 5 – elles sont vraiment parfaites, hein. Je pourrais voir votre permis de conduire, s'il vous plaît?
Dominique	Le voici.
Mme Kruc	Merci.
Dominique	Je souhaiterais vous rendre la voiture à Strasbourg – est-ce que c'est possible?
Mme Kruc	Sans aucun problème, oui, bien sûr.
Dominique	Quel est le tarif pour plusieurs jours?
Mme Kruc	Eh bien, on propose un tarif pour sept jours, kilométrage illimité; le tarif est 1553 francs.
Dominique	J'ai des bagages importants – avez-vous une galerie?
Mme Kruc	Oui, nous avons une galerie, effectivement, disponible aujourd'hui, sans aucun problème.
Dominique	Je peux partir tout de suite?
Mme Kruc	Oui, bien sûr. Vous n'avez plus qu'à signer. Tenez.

♦ **louer** hire, rent
♦ **province** (f.) the country (as opposed to Paris)
♦ **permis** (m.) **de conduire** driving licence, driver's license
♦ **souhaiter** wish
♦ **rendre** give back

♦ **galerie** (f.) roof-rack, luggage rack
effectivement indeed
♦ **disponible** available
♦ **tenez** here you are

le voici here you are, here it is. Note also **le/la voilà** there he/she is (comes).

♦ **sans aucun problème** without any problem. She could just as well have said **aucun problème** or **pas de problème(s)** no problem.

♦ **importants** here: bulky. **Important** can mean either important or large, extensive etc., e.g. **des travaux importants** extensive work (road/ building).

Vous n'avez plus qu'à signer The only thing you have left to do is sign. **Ne ... plus** 'no more' and **ne ... que** 'only' are used together here in a double negative that is perfectly acceptable in French.

Travaux pratiques

7 Without looking back at the text, use the tape to help you choose the right answer. (Answers on p.202.)

a. Qu'est-ce que Dominique veut comme voiture?

☐ une voiture économique
☐ une Peugeot
☐ une petite voiture

b. Quelle voiture est-ce que Mme Kruc lui propose?

☐ une Renault 4
☐ une Renault 5
☐ une Renault 15

c. Où est-ce que Dominique veut rendre la voiture?

☐ à Paris
☐ à Strasbourg
☐ en province

d. Combien doit-elle payer pour sept jours?

☐ 1553 FF
☐ 1153 FF
☐ 1535 FF

8 You can't always get what you want! Study the Hertz rental conditions and decide which of the following people will actually leave with a car. (Answers on p.203.)

Il est facile de louer une voiture.

● Permis de conduire: datant de plus d'un an.
● Age minimum: 18 ans.
● Dépôt: minimum 900 F à la prise en charge du véhicule.
Il n'est pas demandé aux titulaires de cartes accréditives HERTZ ou de cartes de crédit acceptées par Hertz.
Essence: non comprise dans nos tarifs.
● Une galerie: 42,35 F pour la durée de location.

☐ *Sally Jones, U.S.A.*

J'ai 17 ans et j'ai mon permis de conduire depuis 15 mois.

☐ *Yves et Ginette Leblanc, France*

Nous avons un grand lit à transporter à l'autre bout de Paris.

☐ *Tony Horton, England*

J'ai 950 FF et il me faut 100 FF pour le ferry à Boulogne.

☐ *Andreas Rombach, Germany*

Je n'ai pas d'argent français, mais j'ai une carte American Express.

9 You wish to hire a car. Paul will suggest what you should say to the employee of the car-hire firm (Marie-Thérèse). Stop the tape when it is your turn to speak, then listen to Yves's version.

Dialogue 4
Comment sortir de Paris?

Mme Kruc Tenez – voilà votre contrat, vos clés. Je vous ai inscrit sur le contrat comment vous rendre au parking, hein – vous n'avez qu'à suivre les flèches Hertz jaunes et noires – et je vous ai indiqué où se trouvait la voiture: deuxième sous-sol, place 353.

Dominique Je vous remercie. Pouvez-vous aussi avoir la gentillesse de m'indiquer comment sortir de Paris en évitant les embouteillages à cette heure-ci?

Mme Kruc Oui, bien sûr. Alors, c'est très simple: vous prenez l'avenue du Maine, jusqu'au bout, puis l'avenue du Général Leclerc, jusqu'au bout. Ensuite, vous prenez le périphérique est, et vous sortez autoroute A4.

Dominique C'est donc bien la direction de Strasbourg. Auriez-vous une carte de France?

Mme Kruc Ah oui, bien sûr. Tenez.

Dominique Je vous remercie.

Mme Kruc Je vous en prie.

Dominique Au revoir.

Mme Kruc Au revoir, Madame – bonne route!

contrat (m.) contract
♦ **clé** (also **clef**) (f.) key
♦ **parking** (m.) car-park, parking lot
♦ **suivre** follow
flèche (f.) arrow
♦ **se trouver** be found, located

♦ **embouteillage** (m.) bottle-neck, traffic jam
♦ **jusqu'au bout** to the very end
♦ **périphérique** (m.) ring-road
♦ **est** east
♦ **carte** (f.) map

Je vous ai inscrit ... I have written down for you ...

♦ **Je vous remercie** (I) thank you.

♦ **avoir la gentillesse de ...** to be so kind as to ...

à cette heure-ci at this time of day.

Autoroute A4 motorway A4. Motorways are **A** roads, other main roads (**nationales**) are **N** roads and small roads (**départementales**) are **D** roads.

♦ **Auriez-vous?** Would you have? Another polite conditional.

♦ **Je vous en prie** Don't mention it.

♦ **bonne route** have a good journey.

Travaux pratiques

10 Listen to the dialogue again and try to figure out the directions for leaving Paris. First note down where to find the car, then draw in the route you have to take on the map. (Answers on p.203.)

a.

Couleur des flèches à suivre:

➡ ....

Etage du parking:

+3	
+2	
+1	
0	
−1	
−2	

Place numéro [ ]

b.
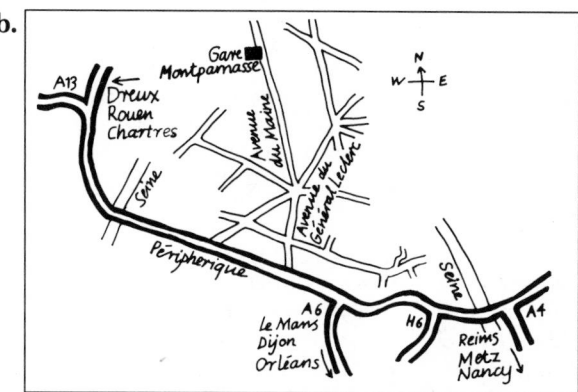

11 Dominique explains the route out of Paris to her co-driver (**co-pilote**). Listen to the dialogue once more and stop it each time you have found a suitable answer. Play it back until you can write it down, referring to the map above for the spelling of street names. Keep the answers as short as possible and use the **nous** form. (Answers on p.203.)

Co-pilote   Alors, Dominique, comment sortir d'ici?

Dominique   C'est très simple: nous prenons..

Co-pilote   Jusqu'où?

Dominique   ....

Co-pilote   Et puis?

Dominique   ....

Co-pilote   Encore jusqu'au bout?

Dominique   ....

Co-pilote   Et ensuite?

Dominique   ....

Co-pilote   Et où faut-il sortir?

Dominique   ....

Co-pilote   C'est quelle direction?

Dominique   ....

 12 You are at the Hertz office and want to get to Chartres. Ask for a map and directions out of Paris, using the above map for reference.

Expressions importantes

Vous pouvez acheter des tickets
  quand vous montez dans
    l'autobus,
  mais cela vous revient plus
    cher.
Il vaut mieux acheter
  un carnet
  dans une station de métro,
  dans une gare routière
  ou dans un bureau de tabac.
Quelle est la durée
  du trajet?
Environ vingt minutes.
Je souhaiterais ...
  vous rendre la voiture
  voir votre permis de conduire
  trouver une consigne.
Et si je change d'avis?
L'arrêt d'autobus se trouve
  en face du parking.
Je désirerais me rendre
  à Mulhouse/en province
  pour voir ma fille,
  qui vient de déménager.
Pourriez-vous me
  renseigner/donner les
    horaires?
Auriez-vous ...
  une carte?
  la clé?
Bien sûr, tenez.

Pouvez-vous
  avoir la gentillesse
  de m'indiquer
  comment éviter
  les embouteillages?
Sans aucun problème.
Vous suivez cette avenue
  jusqu'au bout
  et vous prenez
  le périphérique est.
Je vous remercie, Madame.
Je vous en prie.
Bonne route!

You can buy tickets
  when you get on the bus,

  but that costs you more.

You do better to buy
  a book of tickets
  in a tube station,
  in a bus station
  or in a tobacconist's.
What is the length
  of the trip?
About twenty minutes.
I'd like ...
  to give you the car back
  to see your driving licence
  to find a left-luggage office/locker.
And if I change my mind?
There is a bus-stop (to be found)
  opposite the car park.
I'd like to get
  to Mulhouse/to the country
  to see my daughter,
  who has just moved (house).
Could you give me some
  information/the (departure)
    times?
Would you have ...
  a map?
  the key?
Of course, here you are.

Can you
  be so kind
  to show me
  how to avoid
  the bottle-necks?
No problem.
You go down this avenue
  to the very end
  and you take
  the east ring-road.
I thank you, Madam.
Don't mention it.
Have a good trip!

Grammaire

Reflexive verbs

In English you say 'I wash' and 'I get up'. In French you have to say *whom* you wash or get up (i.e. yourself): **je me lave, je me lève**. Verbs like this are called reflexives. Their present tense goes as follows:
e.g. **se laver**

> **je me lave** I wash (myself)
> **tu te laves** you wash (yourself)
> **il/elle se lave** he/she washes (him/herself)
> **nous nous lavons** we wash (ourselves)
> **vous vous lavez** you wash (yourself/selves)
> **ils/elles se lavent** they wash (themselves)

The reflexive form is used much more in French than in English:

Je désirerais me rendre à Mulhouse. (**se rendre**)
I'd like to get (myself) to Mulhouse.

La voiture se trouve au parking. (**se trouver**)
The car is to be found in the car-park.

Comment vous appelez-vous? (**s'appeler**)
What is your name? (lit. How do you call yourself?)

Je m'appelle Dominique. (**s'appeler**)
My name is Dominique.

Nous nous levons à six heures. (**se lever**)
We get up at six o'clock.

Reflexive verbs are also used to express a reciprocal action:

Vous vous envoyez des cartes de vœux.
You send each other greetings cards.

Ils se donnent des cadeaux.
They give each other presents.

3 Put the correct reflexive pronoun (**me/te/se/nous/vous**) into each of the spaces below. Some of the pronouns may occur more than once.
(Answers on p.203.)

a. Les consignes .... trouvent à la gare.

b. Nous voudrions .... rendre à Chartres.

c. Elles .... parlent. (→to each other)

d. Comment .... appelles-tu?

e. Est-ce que vous .... voyez souvent?

   (→each other)

f. La fille de Madame Coste vient de ....

   rendre à Mulhouse.

The pronoun y

The word **y** (meaning 'there' or 'to it') should be familiar by now. Like other pronouns, it comes before the verb:

J'y vais. I'm going there/to it.
Nous y sommes. We are there.
Il y a... There is .../There are ...

If there is more than one pronoun, **y** always comes after the other pronoun except with **en** (of it, of them):

Je désire m'y rendre. I want to get myself there.
La voiture s'y trouve. The car is to be found there.
but **Il y en a.** There is/are some of it/them.

Verb plus infinitive

If you have two verbs (other than **avoir** and **être**) together, the second must be in the infinitive form:

Je désirerais me rendre à Mulhouse. I'd like to get to Mulhouse.
Pouvez-vous me renseigner? Can you give me information?

In English, we can say both 'I like travelling' and 'I like to travel'.
Not so in French. The only possibility is **J'aime voyager**.
Other examples:
Je déteste travailler. I hate working.
Je préfère partir très tôt. I prefer leaving very early.
J'ai vu la voiture partir. I saw the car leaving.

Note that both **je sais** and **je peux** may be translated 'I can', but they are not interchangeable. Je **sais** (from **savoir**) means 'I know how to' and must be used when there is any kind of learned skill involved. Je **peux** (from **pouvoir**) is 'I am (physically) capable of' or 'I am allowed to'.

Je peux partir tout de suite? Can I leave immediately?
Je ne sais pas conduire. I can't drive.

14 See if you can translate the following sentences: (Answers on p.203.)

a. He likes going on holiday. ....

b. Where can I buy underground tickets? ....

c. Could you give me the departure times? ....

d. I'd like to move house. ....

e. I wish to hire a large car. ....

f. I'd prefer to give the car back to you in Strasbourg. ....

....

g. My daughter can speak French. ....

h. She can't come tonight. ....

A lire

If you prefer to travel by train, here is some useful information from the **S.N.C.F. (Société Nationale des Chemins de Fer Français)**, the French Railways. Did you know that you have to validate (**composter**) your ticket, both leaving and returning (**à l'aller comme au retour**) by using a ticket-punching machine (**un composteur**)?

Billets S.N.C.F.

Achetez votre billet à l'avance: vous éviterez ainsi les attentes de dernier moment au guichet.

Attention: si vous n'avez pas acheté votre billet, il vous coûtera plus cher dans le train.

utilisation

Le jour de votre départ, **à l'aller comme au retour**, vous devez valider vous-même votre billet en utilisant les composteurs mis à votre disposition dans les gares. Leur utilisation est très simple. Il suffit d'introduire votre billet sous la flèche. L'appareil imprimera au verso de votre billet le jour et le code de la gare de départ.
Dans chaque gare, une signalisation appropriée vous indique où composter votre billet.

Attention:
cette formalité très simple est indispensable. Si dans le train, vous présentez un billet non composté, vous aurez à payer 20% du prix de votre billet; si votre billet a été composté un autre jour que celui du départ, il sera considéré comme non valable et vous aurez à payer le prix d'un billet augmenté de 20%.

---

attente (f.) wait
guichet (m.) ticket-office
vous-même yourself
introduire feed into

imprimer print
au verso on the back
chaque every, each
composter validate, punch

15 Mark the correct version of each of the following. (Answers on p.203.)

a. Buying a ticket on the train rather than at the booking-office will
- [ ] cost you more
- [ ] save you queuing
- [ ] relieve the ticket-office

b. After validation in the **composteur**, the ticket shows
- [ ] an arrow
- [ ] where you left from
- [ ] a coded date

c. If you do not punch your ticket you will
- [ ] be put off the train
- [ ] have to pay a 20% fine
- [ ] have to buy another ticket

d. If your ticket is punched on a different date, it will cost you
- [ ] 20% of the ticket price
- [ ] 100% of the ticket price
- [ ] 120% of the ticket price

Composteurs

Salle d'attente

Chariot porte-bagages

Consigne automatique

Train Autos Couchettes

Location de voiture

And this is what S.N.C.F. have to offer. New words are **voiture** (f.), carriage, **sauter**, jump, **plonger**, dive and **affrètement** (m.), freight.

LE TRAIN BAT LA MESURE !

EN VOYAGE DE GROUPE

PARTEZ ET SWINGUEZ, ROCKEZ C
VALSEZ. PARTEZ EN VOITURE DIS
COTHEQUE. PRENEZ LA VOITURE
CONFERENCE. SAUTEZ DANS LA
VOITURE AUDIOVISUELLE, PLON-
GEZ DANS LA VOITURE LIT. AVEC
SERVICE AFFRETEMENT, METTEZ
SUR RAILS TOUTES VOS IDEES DE
VOYAGES ET INVENTEZ UN TRAIN
SUR MESURE. VOUS SAUREZ TOU
DANS LES GARES ET LES AGENCE
DE VOYAGES.

SNCF

16 What can group travellers do thanks to the five different facilities mentioned in this advertisement? (Answers on p.203.)

Passengers can:

a. ....   b. ....   c. ....

d. ....   e. ....

Radio

Marseilles commuters can now go underground, as the following item about the inauguration of the new **métro** system reveals. Since proper names are often difficult to catch, you may want to see them written down before you hear them. (Transcript on p.214.)

le Député-Maire, Monsieur Gaston Defferre (not a deputy Mayor, but the Mayor of Marseilles who is also a Member of Parliament).
le Vieux Port the Old Port
la Gare St-Charles the main station in Marseilles
R.A.T.P. (f.) **Régie Autonome des Transports Parisiens** Paris Transport

dès as from
relier link
faubourg (m.) suburb
responsable (m. or f.) person responsible (here: contractor)
faire ses preuves prove itself
voiture (f.) here: carriage, car
pneu (m.) tyre
débit (m.) flow

17 Fill in the questionnaire, using the information given in the report. (Answers on p.203.)

	Informations sur le métro de Marseille
	Informations sur le métro de Marseille
a.	La première ligne entrera en service :
b.	Couleurs des voitures :
c.	Longueur du trajet :
d.	Nombre de stations :
e.	Le métro passe par :
f.	Les responsables ont été conseillés par :
g.	Les voitures roulent sur :
h.	Nombre de passagers par heure :

You'll now hear an extract from an interview with the Commercial Director of Citroën, Georges Falconet. It was recorded at the time of the launching of the Citroën diesel car BX 19. (Transcript on p.214.)

évoluer develop
d'ailleurs by the way
actuellement at the moment
marché (m.) **en baisse**
  declining market
chute (f.) fall, decline, drop

s'expliquer be explained
davantage ... que more ... than
qu'attendaient les clients which the
  customers were expecting
désaffection (f.) turning away,
  disenchantment

18a. What percentage of the market now goes to diesel?
  b. What is the probable reason for the drop in the sales of diesel cars?
  c. What does the speaker think is *not* the reason?

d. Which of the following qualities of the BX 19 does the speaker
mention?

☐ it is a pleasure to drive   ☐ it has a large boot

☐ it comes in a wide range of   ☐ it performs well

   colours   ☐ it is not heavy to drive

☐ it is economical   ☐ it is a status-symbol

(Answers on p.203.)

Any road problems in Paris? Listen to the announcer who sums up the
traffic situation (**donne un point de la physionomie de la
circulation**) in the Paris area. The place-names mentioned are marked
on the map below. You will also need to know: **poids lourd** (m.) heavy
goods vehicle, lorry, truck; **panne** (f.) break-down. (Transcript on p.215.)

19 On the following map, mark in one colour the sections of the **périphériques**
which are congested, and in another colour those which will be closed
overnight. (Answers on p.204.)

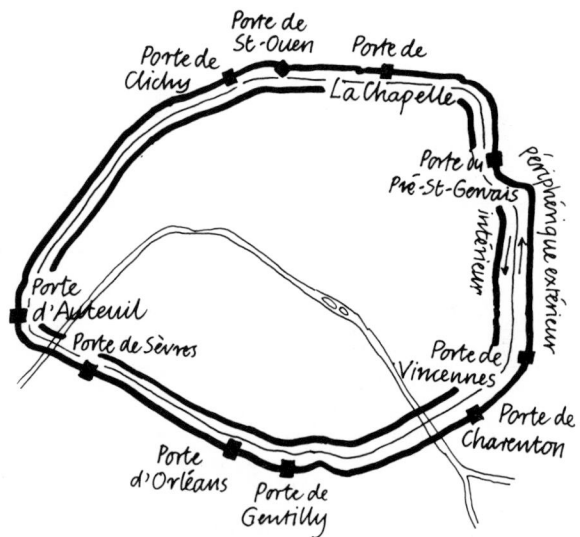

A vous de parler

20 Somebody asks you how to travel to Paris from your home town. Tell them
as accurately as you can, explaining the means of transport available, how
to get to the airport/train or bus station etc. Then listen to Marie-Thérèse
giving similar information on the tape.

21 You have recently hired a Citroën BX 19 diesel car and are full of praise for
it. Say as much as you can about it, using the transcript of the interview
with Georges Falconet (p.214) to help you. Then listen to Yves's version on
the tape.

6 *Cherche emploi*

What you will learn

- being interviewed for a job and reading advertisements
- talking about your work
- all about a day in the life of a bistro-owner

... and what Pierre Cardin thinks of his job

Study guide

		Page
	Dialogue 1 + Travaux pratiques	88–89
	Dialogue 2 + Travaux pratiques	90–91
	Dialogue 3 + Travaux pratiques	92–93
	Dialogue 4 + Travaux pratiques	94–95
	Expressions importantes	96
	Grammaire	97–98
	A lire	99–100
	Radio	101–102
	A vous de parler	102

Dialogue 1
Un job pour les vacances

Alain	Est-ce que vous auriez un job pour les vacances?
Dominique	Vous recherchez un travail d'été en région parisienne?
Alain	Oui, si possible.
Dominique	J'ai actuellement à vous proposer un poste de manutention dans un grand magasin, un travail de vendeur, un travail de démarchage – c'est du porte-à-porte – ou, éventuellement, un emploi de bureau.
Alain	Euh, je crois qu'un emploi de bureau me conviendrait.
Dominique	L'employeur m'a demandé un candidat avec une belle écriture. Est-ce votre cas?
Alain	Je pense que j'ai une belle écriture, oui.
Dominique	Eh bien, je vais pouvoir téléphoner à la société France Loisirs, obtenir un rendez-vous – vous pourrez vous y présenter de ma part. J'espère qu'ils vous emploieront pour la période que vous souhaitiez.
Alain	Parfait. Je vous remercie beaucoup.

▸ **job** (m.) temporary/summer job
manutention (f.) goods and materials handling (stores, warehouses etc.)
▸ **vendeur** (m.), **vendeuse** (f.) salesman, saleswoman
démarchage (m.) door-to-door selling
porte-à-porte (m.) door-to-door selling
éventuellement possibly, perhaps
écriture (f.) handwriting

Est-ce que vous auriez…? Do you happen to (lit. would) have …?
Auriez is from the conditional of **avoir**.

▸ **Vous recherchez un travail d'été en région parisienne?** Are you looking for a summer job in the Paris region?

▸ **un emploi de bureau me conviendrait** an office job would suit me. From the conditional of **convenir** (à). You will hear this verb frequently in the expression **Cela vous convient?** (Does that suit you?) when making an appointment etc.

▸ **Est-ce votre cas?** Is that (true in) your case? Other useful expressions are: **dans ce cas** (in this case), **en tout cas** (in any case).

▸ **la société** company (lit. society) – often used by businesses as part of their name.

de ma part lit. on my behalf, i.e. say I have sent you.

Travaux pratiques

1 Without looking back at the text, use the tape to help you find the French for the following terms: (Answers on p.204.)

a. a salesman.................................
c. an office job.................................

b. door-to-door selling (2 versions)
d. a company ....

....
e. an appointment.................................

2 Alain also wrote to an agency to find a summer job. Put each of the following words into the corresponding space in his letter: (Answers on p.204.)

sinon (if not)   **recherche**   **période**   **conviendrait**
serait   **proposer**   **demander**

Monsieur, Madame,

Je --------- un travail d'été en région parisienne

et je vous écris pour vous --------- si vous avez

un poste à me ---------. Si possible, je préfèr-

erais un travail de vendeur dans un grand magasin;

--------- un poste de manutention me ---------.

La --------- que je souhaiterais --------- du 15

juillet au 31 août.

Veuillez trouver ci-joint mon curriculum vitae.

Veuillez agréer, Monsieur, Madame, l'expression de

mes salutations distinguées,

Alain Confignal
Alain Confignal

Veuillez trouver ci-joint Please find enclosed
Veuillez agréer The equivalent of 'Yours faithfully'. French phrases to finish a letter tend to be rather long and complicated! 'Yours sincerely' would be **Je vous prie, Monsieur, Madame, d'agréer l'expression de mes sentiments les meilleurs.**

3 Your chance to be interviewed for a job! On the tape, the employment agency interviewer (Marie-Thérèse) will ask you questions. As usual, you will be prompted by Paul.

Dialogue 2
Le patron a l'air très sympathique

Mme Coste	Alors, ma chérie, raconte-moi comment s'est passée cette première journée.
Brigitte	Eh bien écoute: très, très bien. Je crois que je vais bien aimer cette entreprise. Le patron a l'air très sympathique, j'ai un joli bureau...
Mme Coste	Et le travail par lui-même?
Brigitte	Probablement il va y avoir beaucoup de travail – beaucoup de courrier à expédier – mais je crois que je m'en sortirai.
Mme Coste	Et tu es bien installée?
Brigitte	Oh très, très bien. J'ai un grand bureau avec une jolie fenêtre – je vais pouvoir me mettre des plantes vertes. J'ai une bonne machine à écrire, plein de bureaux de rangement pour mes dossiers: non, je vais être très, très bien installée.
Mme Coste	Et tu as des collègues qui sont agréables?
Brigitte	Très gentilles. Elles ont à peu près mon âge, elles m'ont bien renseignée sur la, sur la maison. Non, non, je crois que ça va être un, un endroit agréable pour travailler.

- **se passer** go (by), happen
  écouter listen (to)
- **patron** (m.) boss, company owner
- **avoir l'air** seem
- **sympathique** nice
  par lui-même in itself
- **courrier** (m.) mail

- **expédier** send out
  s'en sortir pull through, cope
  plein de lots of
  rangement (m.) storage, filing
  dossier (m.) file
- **maison** (f.) here: company, firm
  endroit (m.) place

- **comment s'est passée cette première journée** how this first day has gone. **Passée** is feminine because it refers to **journée**. (See **Grammaire** p.98.)

- **un joli bureau** an attractive office. **Bureau** can also mean desk, study or – as in **bureau de rangement** – filing cabinet.

- **il va y avoir** there is going to be (from **il y a**).

- **une bonne machine à écrire** a good typewriter. Also **taper à la machine**, to type.

  elles ont à peu près mon âge they are about my age. Remember to use **avoir** to express age, e.g. **J'ai trente ans**, I am thirty years old.

  elles m'ont bien renseignée sur la maison they have told me a lot about the company. **Renseignée** is in the feminine because it refers to Brigitte.

Travaux pratiques

4 Without looking back at the transcript of the dialogue, can you identify the words in the text below which are different from those on the tape? Underline the ten substitutes and write down the original words in their order of appearance. Then check against the dialogue text.

Mme Coste   Alors, ma chérie, dis-moi comment s'est passée cette première journée.

Brigitte   Eh bien voilà: très, très bien. Je pense que je vais bien aimer cette maison. Le patron a l'air très agréable, j'ai un grand bureau …

Mme Coste   Et le travail par lui-même?

Brigitte   Probablement il y aura beaucoup de choses à faire – beaucoup de lettres à expédier – mais j'espère que je m'en sortirai.

5 The French sound **é** – pronounced slowly – will sound the same from beginning to end, whereas the English equivalent will sound more like 'ay-ee'. Read the transcript while listening to the pronunciation of each of the following words in the dialogue. Stop the tape and repeat them after the speakers. As you can see, the sound **é** is spelled in various ways:

**ch_é_rie   pass_ée_   journ_ée_   _é_coute   _et_   courri_er_
exp_é_di_er_   sorti_rai_   install_ée_   j'_ai_   _é_crire   dossi_ers_
d_es_   agr_é_ables   renseign_ée_   travaill_er_**

6 **Un endroit agréable pour travailler!** Listen once more to Brigitte's account and write down what she says about each of the following. (Answers on p.204.)

a.

....

....

b.

....

....

c.

....

....

d.

....

....

e.

....

....

f.

....

....

7 You have just finished your first day in a new office job and Yves wants to know all about it. Answer his questions, taking your cues from Paul.

Dialogue 3
Des appartements somptueux

Mme Coste   Oui, mon mari était tapissier-décorateur et il s'occupait de, des peintures, des travaux de menuiserie, de la plomberie, d'installations sanitaires, enfin tout, tout ce qui concerne l'installation d'un appartement. Et ensuite nous faisions poser les tapis, ... et souvent les clients possédaient des, des meubles anciens – alors, ils nous les faisaient transformer, recouvrir, et puis nous faisions les rideaux, les dessus-de-lit ...
Ah, nous avions une clientèle d'ambassades – cinq ou six ambassades, dont l'Ambassade d'Autriche, de Belgique, du Pérou, de l'Inde – et puis une forte clientèle d'aristocrates, de personnes habitant l'avenue Foch ou le seizième. Leurs appartements étaient somptueux quelquefois, surtout avenue Foch, je me souviens d'un appartement dont le salon était tout entouré de boiseries anciennes, sculptées – c'était merveilleux.

- **s'occuper de** deal with
- **peinture** (f.) painting
- **menuiserie** (f.) carpentry
- **plomberie** (f.) plumbing
  installations (f.pl.) **sanitaires** bathroom fittings, fixtures
  posséder possess
- **meuble** (m.) **ancien** antique furniture

    recouvrir re-cover
- **rideau** (m.) curtain
  dessus-de-lit (m.) bedspread
- **somptueux** sumptuous
- **quelquefois** sometimes
- **se souvenir de** remember
  dont of which, of whom
  entouré here: lined (surrounded)
  boiserie (f.) wood-panelling

- **Mon mari était tapissier-décorateur** My husband was (an) interior decorator (lit. upholsterer/decorator). Note that you do not use **un(e)** when giving someone's profession or religion, e.g. **Il est catholique**, he is a
- Catholic; **Je suis étudiant**, I am a student; **Elle est comptable/ fonctionnaire/gérante**, she is an accountant/civil servant/manager.

- **nous faisions poser les tapis** we had the carpets laid.

- **ils nous les faisaient transformer** they (the clients) had us re-do them (the pieces of furniture).

  le seizième the sixteenth – the most elegant and expensive of the Paris **arrondissements** (districts). The same applies to the **Avenue Foch** which runs west from the **Arc de Triomphe** towards the **Bois de Boulogne**.

Travaux pratiques

8 Without looking back at the text, use the recording of the dialogue to help you answer these questions. (Answers on p.204.)

a. What did M. Coste do to antique furniture? ....

b. What kind of clientèle did he have? ....

c. Where was the flat with the old panelling? ....

9 Again without looking at the text, use the tape to help you find the nouns to which the following terms refer and write them down. (Answers on p.204.)

a. sanitaires ....

b. forte ....

c. entouré ....

d. anciens ....

e. somptueux ....

f. anciennes ....

10 The following translation for you to put into French is a bit of a challenge, but you can refer to the dialogue if necessary. Be careful to use the correct verb tense, i.e. the perfect tense (see p.17) for anything that has already happened. A word you'll need to know is **décorer** to decorate. (Translation on p.204.)

This summer we had our flat decorated. My husband (has) laid the carpets and I (have) made some curtains and a beautiful bedspread for our bedroom. An interior decorator has done some carpentry in the living-room and now he is dealing with the plumbing and sanitary installations. The flat is transformed!

11 Imagine you are an interior decorator and answer Marie-Thérèse's questions about your work. Paul will suggest the answers to you.

Dialogue 4
Café, tartines, croissants

M. Duranton Ah, une journée de travail chez nous ça passe: le matin, on ouvre à sept heures; je travaille tout seul à cette heure-là: j'ouvre les portes et je sers les premiers clients – café, tartines, croissants.

Ensuite, la cuisinière arrive, on commence à ... discuter pour savoir les courses qu'on va faire pour le repas de midi, mon fils part faire les commissions, et moi je reste au comptoir et je veille à la mise en place de la serveuse dans la salle, tout ça pour que tout soit prêt à midi, parce que chez nous les clients arrivent de midi et demi à deux heures et demie – on peut pas être en retard, parce qu'on peut pas dire aux clients 'Revenez dans une heure!'.

Et alors, l'après-midi, naturellement il y a un temps pour manger, d'une demi-heure, et l'après-midi on continue le bar, sandwichs, restaurant, jusqu'au soir, huit heures et demie, la fermeture ... Et tous les jours c'est l'éternelle répétition!

passer go by (like this)	**veiller à** see to, keep an eye on
◗ **tout seul** all alone	◗ **mise en place** (f.) setting, laying
◗ **servir** serve	of the tables
tartine (f.) slice/piece of bread	**serveuse** (f.) waitress
(and butter)	**salle** (f.) restaurant area, dining
◗ **discuter** discuss	room
◗ **commission** (f.) shopping, errand	**en retard** late
comptoir (m.) counter	◗ **fermeture** (f.) closing (time)

à cette heure-là at that time. You have already met **à cette heure-ci**, at this time (of day).

◗ **la cuisinière** the (female) cook. Can also mean stove. A male cook would be **un cuisinier**. The verb to cook is **faire cuire**.

les courses qu'on va faire the shopping that one is going to do. Another word for shopping is **les commissions**.

pour que tout soit prêt so that everything (may) be ready. **Soit** is the subjunctive of **est** from the verb **être**. You do not need to use it, just to recognize it. Unlike M. Duranton, most French people pronounce **soit** to rhyme with **moi**.

◗ **de midi et demi à deux heures et demie** from half-past twelve to half-past two. In **midi et demi** and **minuit et demi**, the word **demi** is usually written in the masculine form because the feminine **heure** has not been mentioned.

Travaux pratiques

12 Almost all the answers to this crossword puzzle appear in one of the dialogues in this unit. (Answers on p.204.)

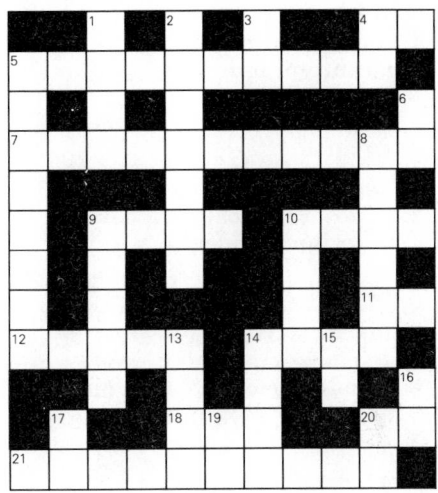

Horizontalement

4 Est-ce *le* ou *la* course? (2)
5 Celle qui prépare le 12 (horiz.) (10)
7 Ce que fait la serveuse. (4,2,5)
9 ____ seul. (4)
10 Préparé par 5. (4)
11 Négatif. (2)
12 Déjeuner ou dîner. (5)
14 Il faut que le déjeuner soit ____ à midi. (4)
18 Les premiers 8 (vert.) sont servis ____ M. Duranton. (3)
20 Nous, vous, tout le monde. (2)
21 Encore et encore. (10)

Verticalement

1 Celui qui fait les commissions. (4)
2 Un tapissier-décorateur s'en occupe. (7)
3 Mais oui! (2)
4 Est-ce *le* ou *la* travail? (2)
5 Là où M. Duranton travaille le matin. (8)
6 Est-ce *le* ou *la* croissant? (2)
8 Une personne qui mange au bistro. (6)
9 Un ____ pour manger. (5)
10 Qui coûte beaucoup d'argent. (4)
13 On ouvre le bistro à quelle heure? (4)
14 Mon 1 (vert.) ____ faire les commissions. (4)
15 Vous recherchez un travail ____ région parisienne? (2)
16 Douze mois. (2)
17 Est-ce *le* ou *la* soir? (2)
19 J'____, tu as, il a ... (2)
20 Identique à 20 (horiz.) (2)

 13 You are M. Duranton's cook, talking about a day at the bistro to Yves. There won't be any prompts, so plan in advance how you would answer his questions, then turn on the tape.

– A quelle heure est l'ouverture?
– Que fait le patron avant votre arrivée?
– Pourquoi discutez-vous avec le patron?
– Quand est-ce que les clients arrivent pour le déjeuner?
– Combien de temps avez-vous pour manger, l'après-midi?
– A quelle heure est la fermeture du bistro?

Expressions importantes

Je suis	I am
vendeur, vendeuse	a salesman, saleswoman
tapissier-décorateur	an interior decorator
étudiant, étudiante	a student
comptable	an accountant
fonctionnaire	a civil servant
gérant, gérante	a manager, manageress
secrétaire	a secretary
programmeur, programmeuse	a computer programmer
ingénieur	an engineer
Je recherche	I am looking for
un poste/emploi/un travail d'été	a position/job/a summer job
en région parisienne	in the Paris region
Un emploi de bureau	An office job
me conviendrait	would suit me
Comment s'est passée cette première journée?	How did this first day go?
Mon patron/employeur a l'air agréable/sympathique	My boss/employer seems pleasant/nice
J'ai	I have
un grand bureau	a large office
une machine à écrire	a typewriter
En tout cas	In any case
il va y avoir beaucoup de courrier à expédier/travail	there is going to be lot of mail to send out/work
La société/l'entreprise/la maison s'occupe des peintures	The company deals with painting
de la menuiserie	with carpentry
de la plomberie	with plumbing
Je me souviens de	I remember
leur appartement somptueux	their somptuous flat
leurs rideaux	their curtains
Nous faisions poser les tapis	We used to have the carpets laid
Ils nous faisaient transformer les meubles anciens	They used to have us re-do the antique furniture
Je sers les premiers clients	I serve the first customers
Je discute le menu	I discuss the menu
Je veille à	I see to/keep an eye on
la mise en place	the setting of the tables
dans la salle	in the (dining) room
Mon fils fait	My son does
les commissions/les courses	the shopping/errands
tout seul	all alone
La fermeture est	Closing-time is
à huit heures et demie	at half-past eight

Grammaire

faire + *infinitive*

If you want to talk about having s.th. done or making s.o. do s.th., you have to use **faire** followed by an infinitive. As you saw in the last unit, when there are two verbs together, the second must be an infinitive. Very often with **faire**, this makes for a construction quite different from the English:

Ils nous faisaient transformer les meubles.
They had (lit. made) us re-do the furniture.

Nous faisions poser les tapis.
We had the carpets laid.

Study these examples to familiarise yourself with the French construction in different tenses.

Je me ferais construire une petite maison.
I'd have a little house built for myself.

Je fais nettoyer mon manteau.
I have my coat cleaned.

Vous faites travailler vos élèves?
You make your students work?

Elle se fera faire un manteau.
She will have a coat made for herself.

As-tu fait laver la voiture?
Did you have the car washed?

14 Which word into which space? Find out what all these people are getting done. Then compare your version to the answers on p.204 and translate the sentences.

croire	sont	fait	as	faut	photographier	faites
voulez	installer	faire	réparer	venir		

a. J'ai .... réserver une table pour quatre personnes.

b. Nous avons fait .... le chauffage central.

c. Ils se .... fait .... devant les pyramides.

d. Avez-vous fait .... la voiture?

e. .... entrer mon client, s'il vous plaît.

f. Tu nous .... fait .... un détour!

g. Je crois qu'il .... faire .... un médecin.

h. Vous .... me faire .... cette histoire bizarre?

Reflexive verbs in the perfect tense

You met the present tense of reflexive verbs in the last unit (e.g. **je me lave**, I wash myself). In the perfect tense, remember to use **être**, not **avoir**.

je me suis levé(e)	I got up
tu t'es levé(e)	you got up
il s'est levé	he got up
elle s'est levée	she got up
nous nous sommes levé(e)s	we got up
vous vous êtes levé(e)(s)	you got up
ils se sont levés	they got up
elles se sont levées	they got up

Notice that the past participle (**levé**) acts like an adjective and agrees with the person it describes, so a woman would write **je me suis levée**. The negative form is rather cumbersome.

Je ne me suis pas levé(e).	I didn't get up.
Nous ne nous sommes pas levé(e)s.	We didn't get up.

And so is the question form:

Quand s'est-elle mariée?	When did she get married?
Pourquoi vous êtes-vous levés si tôt?	Why did you get (yourselves) up so early?

But you can use the ordinary word-order with a questioning tone to make things easier:

Vous vous êtes rendus à Rome?	You went (got yourselves) to Rome?

15 Olivier seems to suffer from total loss of memory – at least when it comes to a certain week-end in Normandy ... Complete his sentences with the following verbs in their right form. We have filled in the first one as an example. (Answers on p.204.)

se souvenir   se lever   se rendre   se marier   s'occuper

Martine Tu te souviens de notre week-end en Normandie?

Olivier Non, je *ne m'en souviens pas.*

Martine Mais si! Nous nous sommes levés à cinq heures du matin!

Olivier Et pourquoi .... si tôt?

Martine Enfin, pour nous rendre au Mont-St-Michel!

Olivier Nous .... au Mont-St-Michel?

Martine Mais oui, c'était le jour où Caroline s'est mariée!

Olivier Ah bon? Et avec qui ....?

Martine Avec Bernard, le patron de bistro. Tu ....
du champagne – et je pense que tu t'en es trop bien occupé!

Olivier Ah si, maintenant je .... C'était
du Moët & Chandon!

A lire

Interested in a temporary job? Short of staff? This advertisement may hold the answer for you: **Bis** is a well-known agency for temporary workers.

Chez Bis, un menuisier temporaire, c'est d'abord un menuisier.

Vous avez besoin – temporairement – d'un menuisier, d'un plombier, d'un chauffagiste, d'un électricien? ... Vous avez besoin de qualifications précises?

Eh bien, nous vous proposons exactement le professionnel qui vous fait défaut. Nous vous proposons exactement la 'bonne main' que vous attendez.

Chez Bis, un travailleur temporaire, c'est d'abord un professionnel qualifié.

Qu'elle soit secrétaire ou programmeuse, qu'il soit mécanicien ou dessinateur, nous savons bien qu'un travailleur temporaire doit être compétent, rigoureux et immédiatement opérationnel.

Notre métier nous impose discipline et sérieux. Nous prêtons main-forte, cette main doit être sûre.

Et enfin, lorsque cette main sûre, lorsque cette main fiable, cette 'bonne main' est près de chez vous, avec 300 agences en France, elle devient, en plus, la bonne adresse. Avec Bis, vous êtes en bonnes mains.

---

avoir besoin de need (lit. have need of)
plombier (m.) plumber
chauffagiste (m.) heating engineer
qui vous fait défaut which you lack (lit. which is lacking to you)
bonne main (f.) helping hand
rigoureux thorough, meticulous
métier (m.) trade, profession
prêter main-forte give a helping hand (lit. lend a strong hand)
fiable trustworthy
devenir become
vous êtes en bonnes mains you are in good hands

16a. Mark the ways in which Bis describes its temporary workers:

☐ Qualified   ☐ Over 21
☐ Punctual   ☐ Willing to be trained
☐ Competent   ☐ Can work immediately
☐ Thorough   ☐ Cheap

b. How would you say each of the following?

I need a plumber. ....

We need an electrician. ....

Do you need specific qualifications? ....

.... ?

(Answers on p.204)

Or do you have what it takes to start a brilliant sales career? This is what IBM have to offer:

Nos ingénieurs commerciaux sont ambitieux: si vous l'êtes cette offre vous concerne.

Jeunes diplômé(e)s d'écoles d'ingénieurs et de commerce, vous êtes à la recherche de votre première situation

Ce que nous attendons de nos futurs ingénieurs commerciaux

Votre motivation pour une activité de vente doit être forte. Nous recherchons des femmes et des hommes présentant les qualités suivantes:
● Aptitude à communiquer à haut niveau.
● Ambition, énergie au-dessus de la moyenne.

● Sens de la méthode, esprit de synthèse.
● Sens de la négociation et aptitude à convaincre.
● Imagination dans la recherche de nouveaux clients et dans la préparation d'un projet informatique.

Nous vous demandons de répondre aux conditions suivantes:
● Avoir de bonnes connaissances de l'anglais.
● Accepter le principe de la mobilité géographique: nos postes sont à pourvoir à Paris et en province.
● Etre dégagés des obligations du Service national.

---

ingénieur commercial (m.) sales engineer
diplômé(e) holder of a diploma, graduate
situation (f.) job
vente (f.) sale(s)
attendre here: expect
au-dessus de above
sens (m.) feeling, sense

esprit (m.) **de synthèse** ability to see the overall picture
convaincre convince
informatique (adj. and f. noun) computing, computer science
connaissance (f.) knowledge, familiarity
à pourvoir be made available
dégagé free

17 Find out about your own sales potential by answering the following questions and adding up the points. (Results on p.205)

Vous êtes

a. ☐ 3 compétent et rigoureux
b. ☐ 2 discipliné et sérieux
c. ☐ 4 un professionnel qualifié
d. ☐ 1 très amusant

Vous avez

a. ☐ 1 beaucoup d'imagination
b. ☐ 2 une motivation très forte
c. ☐ 4 un esprit de synthèse
d. ☐ 3 une énergie au-dessus de la moyenne

L'informatique

a. ☐ 1 qu'est-ce que c'est?
b. ☐ 4 m'a toujours passionné(e)
c. ☐ 3 est la science de l'avenir
d. ☐ 2 m'amuse assez

Vous savez

a. ☐ 3 parler une langue étrangère
b. ☐ 1 choisir un bon restaurant
c. ☐ 2 taper à la machine
d. ☐ 4 trouver de nouveaux clients

Radio

The first radio extract is about career meetings for young people. The following vocabulary will help you: (Transcript on p.215)

Permanence (f.) here: Office
séance (f.) session, conference, meeting
jeunes en cours de formation
   young people undergoing training
demain tomorrow

rencontre (f.) meeting
thème (m.) theme
charcuterie (f.) delicatessen
débuter begin
se dérouler take place

18 Here is a translation of the radio report – with certain crucial words missing. See if you can supply the missing information by listening to the recording. (Answers on p.205.)

The Central Office of Co-ordination is organising information sessions on certain trades with the participation of professionals and young people undergoing training. .... the meeting will have as its theme the .... trade. It will start at .... and will take place in the hall of the Jean-Dame Gymnasium, ... rue Léopold-Bellan, in the .... arrondissement. For any information, you can telephone 233 ....

Now listen to an interview by Jacques Chancel with multi-talented couturier Pierre Cardin who has extended his activities to the theatre, sponsoring young artists in his own theatre and gallery complex **L'Espace Cardin**. You may find it a bit difficult, so study the vocabulary before listening to the tape. (Transcript on p.215)

recevoir receive (here: as a guest)
sur le plan de on the level/subject of
renier renounce, deny
grâce à thanks to
permettre (past participle: **permis**) allow, permit
devenir become
tellement so ...

intégré à at one with
marque (f.) make, brand-name
cellule (f.) cell
se sentir feel (oneself to be)
quelqu'un(e) someone
décevoir disappoint
ceux those
confiance (f.) confidence

19 In which order does Pierre Cardin say the following in the course of the interview? Number them from 1 to 6. (Answers on p.205.)

a. ☐ Je suis un élément, une cellule qui travaille pour cette maison.

b. ☐ C'est grâce à mon métier que je suis Pierre Cardin.

c. ☐ Je suis tellement intégré au travail que je fais ...

d. ☐ La haute couture est, je ne renie jamais, ce qui m'a permis de faire du théâtre.

e. ☐ J'ai l'impression de parler de Pierre Cardin ... comme d'un employeur.

f. ☐ Je fais tout pour que cette marque soit brillante et mérite le prestige qu'elle a actuellement.

A vous de parler

20 See how much you can say in French about your own working day, whether it is spent at home or elsewhere. It would be worth spending a few minutes looking up in a dictionary the key vocabulary for your own particular occupation/interests. The following framework may help you to describe your day:

– je suis ... (remember *not* to say **un(e)**)
– je travaille à ...
– j'aime / je n'aime pas ...
– je commence à ... heures

– je m'occupe de ...
– le patron / la patronne ...
– mes collègues ...
– je rentre à la maison à ...

When you have described your own working day, Marie-Thérèse will talk about hers as a journalist on a newspaper. (Vocabulary: **rédacteur/ rédactrice en chef**, editor.)

21 You are preparing for an interview at an employment agency in France. Figure out how you will answer the questions which the interviewer is likely to put to you (vocab. **genre** (m.), type):

– Quel âge avez-vous?
– Quel genre de travail recherchez-vous?
– Est-ce votre première situation en France?
– Pourquoi voulez-vous travailler en France?
– Savez-vous taper à la machine?
  conduire?
  faire la cuisine?
– Avez-vous des connaissances en anglais?
  allemand?
  informatique?
– Quand voulez-vous commencer?

When you have decided on answers relevant to the job you are applying for, listen to the tape to hear Yves being interviewed for a job as a computer programmer.

7 Vivement le week-end!

What you will learn

- describing your weekend
- talking about your leisure activities
- something about the game of **pétanque**

... what an 'oil refinery' is doing in the middle of Paris

Study guide

		Page
	Dialogue 1 + Travaux pratiques	104–105
	Dialogue 2 + Travaux pratiques	106–107
	Dialogue 3 + Travaux pratiques	108–109
	Dialogue 4 + Travaux pratiques	110–111
	Expressions importantes	112
	Grammaire	113–114
	A lire	115–116
	Radio	117–118
	A vous de parler	118

Dialogue 1
Une maison de campagne

Dominique As-tu passé un bon week-end?

Hélène Délicieux. Je suis allée à la campagne, tu sais, chez mes amis, pas très loin de Paris...

Dominique Oui, tu m'en avais parlé.

Hélène C'est une, c'est une grande maison. Il faisait pas très beau – on a fait du feu dans les cheminées. On était dix. Ce sont les hommes qui ont fait la cuisine. On a joué au ping-pong la plupart du temps, et je me suis fait battre par mes neveux.

Dominique Tu as vraiment de la chance, parce que moi j'ai passé le week-end à faire le ménage, à faire la cuisine, à couvrir les livres de ma fille – j'en ai vraiment assez de rester à Paris en fin de semaine. J'ai décidé de chercher une maison de campagne – j'ai acheté les journaux, j'ai feuilleté les petites annonces et je commence mes recherches cette semaine.

Hélène Eh ben, tu as bien raison. Je t'aiderai.

Maisons rurales Ventes

EURE
7 km Pont-Audemer, petite maison normande, 4 P., terrain 2.500 m2, px 158.000 F. Tél. : (32) 41-16-7.

Part., je vds 500.000 F dans joli bourg NORMANDIE près forêt s/1.500 m2 terrain agrément, beaux arbres, splendide maison 5 P. dont 2 dans combles, bains, cuis., cft, gar. Tél. (1) 236-00-1.

HONFLEUR
Urgent, moulin 350 m2 restauré. Rivière, chute d'eau, piscine. - Tél. 745-01-4.

Du plus petit ...

... au plus grand

- **faire beau** be fine (of weather)
- **faire du feu** (m.) light a fire
  cheminée (f.) fireplace (also:
- chimney)
  plupart (f.) here: most
  couvrir cover

journal (m.) newspaper (also: magazine, journal)
feuilleter leaf through
petite annonce (f.) small ad.
aider help

tu m'en avais parlé you had spoken to me about them.

- **On était dix** There were ten of us.

- **Ce sont les hommes ...** It was the men ...
  Ce sont is the plural of **c'est**, but it is never used with **nous** or **vous** – i.e. you have to say **c'est nous** and **c'est vous**.

- **je me suis fait battre par mes neveux** I got myself beaten by my nephews

- **Tu as vraiment de la chance** You really are lucky. Note also **Bonne chance!** Good luck!

- **j'en ai vraiment assez de rester à Paris en fin de semaine** I am really fed up with staying in Paris at weekends.

- **tu as bien raison** you are quite right. The opposite of **avoir raison** (to be
- right) is **avoir tort** (to be wrong).

Travaux pratiques

1 Without looking back at the text, use the tape to help you fill in the spaces to translate the following: (Answers on p.205.)

a. to be fine (of weather) **faire** ....

b. to light a fire **faire** ....

c. to do the cooking **faire** ....

d. to do the housework **faire** ....

e. to be lucky **avoir** ....

f. to be fed up **en avoir** ....

g. to be right **avoir** ....

2 After the weekend spent in the country with Madeleine and Jacques, Hélène writes a thank-you letter to her friends. See if you can translate her letter. **Mes plus amicales pensées** is roughly equivalent to 'My best wishes'. (Translation on p.205.)

Chère Madeleine,
 Cher Jacques, Je vous remercie beaucoup du week-end que j'ai passé avec vous dans votre maison de campagne. C'était vraiment délicieux. J'ai beaucoup aimé jouer au ping-pong avec les enfants. Mais vous, vous avez passé votre temps à faire la cuisine – vous devez être fatigués! J'ai décidé d'acheter une maison de campagne, alors j'espère que vous viendrez un jour passer un week-end chez moi.
 Mes plus amicales pensées à toute la famille,
   Hélène

---

3 Yves will ask you about the weekend you have just spent. To answer each of his questions, use the information below, since there won't be any prompts. Marie-Thérèse uses **on** for 'we', but you could just as well use **nous**. Adult = **adulte** (m. or f.).

– You were staying with (**chez**) some friends.
– They live in a big house in the (**à la**) country.
– The weather was not very good.
– There were ten of you: four adults and six children.
– You lit a fire in the fireplace(s) and played ping-pong.
– The men did the cooking.

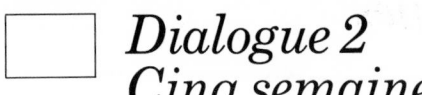

Dialogue 2
Cinq semaines de congé

Patrick   Dites-moi, Jean-François, combien de semaines de congé avez-vous en France?

Jean-François   Eh bien, nous avons cinq semaines de congé et une dizaine de jours fériés que nous pouvons allonger avec des ponts, c'est-à-dire si, par exemple, le onze novembre, qui est une fête nationale, tombe un jeudi, bien souvent nous bénéficions du vendredi comme jour de congé.

Patrick   Et pour ce qui est des vacances d'été, on m'a dit que presque tous les Français partaient au mois d'août – c'est vrai?

Jean-François   Euh, effectivement les vacances sont peu étalées en France et la majorité des gens partent en juillet et en août.

▶ **congé** (m.) time off, holiday, vacation

▶ **jour férié** (m.) public holiday
allonger extend

▶ **c'est-à-dire** that is to say, i.e.

▶ **fête nationale** (f.) national holiday

bénéficier de here: have, get (lit. benefit from)

une dizaine about ten. Note that in **une dizaine** the **x** of **dix** changes to a **z**. **Une douzaine**, a dozen, is a word you'll hear quite often.

des ponts extra days off (lit. bridges) taken between a public holiday and a
▶ weekend, long weekend. Note also **faire le pont**, to take a long weekend.

▶ **le onze novembre** November 11th, Armistice Day, is a national holiday. Note that it is **le onze**.

▶ **tombe un jeudi** falls *on* a Thursday. Note that the 'on' is never translated with a day of the week, e.g. **je vous verrai lundi**, I'll see you on Monday.

pour ce qui est des vacances d'été as far as the summer holidays are concerned.

on m'a dit que presque tous les Français partaient au mois d'août
I was told that nearly all French people went away in the month of August.

peu étalées not very spread out.

▶ **la majorité des gens** most people.

Une fête nationale

Travaux pratiques

4 Some words in the text below are different from those in the recorded dialogue. Without looking at the transcript, use the recording to help you identify the words which have been changed. Underline them as well as the words in the transcript for which they were substituted.

Patrick   Dis-moi. Jean-François, combien de semaines de vacances avez-vous en France?

Jean-François   Eh bien, on a cinq semaines de congé et une dizaine de fêtes nationales que nous pouvons allonger avec des ponts, c'est-à-dire si, par exemple, le quinze août, qui est un jour férié, tombe un mardi, bien souvent nous bénéficions du lundi comme jour de congé.

5 Foreigners frequently confuse the nasal sounds, which makes it difficult for the French to understand them. Listen once more to the dialogue looking at the transcript, stop the tape and repeat after Jean-François each of the following words:

a. The nasal sound **en/em/an/am**

ex<u>em</u>ple, nov<u>em</u>bre, souv<u>ent</u>, v<u>en</u>dredi, effectivem<u>ent</u>, vac<u>an</u>ces, Fr<u>an</u>ce, g<u>en</u>s, <u>en</u>.

b. The nasal sound **on/om**

av<u>on</u>s, c<u>on</u>gé, pouv<u>on</u>s, all<u>on</u>ger, p<u>on</u>ts, <u>on</u>ze, t<u>om</u>be, bénéfici<u>on</u>s, s<u>on</u>t.

6 **Impossible!** Business will have to be postponed till the end of summer. Choose the appropriate word for each of the sentences below. (Answers on p.205)

pont   semaines   jour férié   fête nationale   septembre en vacances   congé

Le 14 juillet?   Désolée, c'est une ....!

Et le 15?   Ah non, c'est un vendredi.

C'est un........................?   Non, mais nous faisons le...........................

Alors, le 5 août?   Eh bien, je pars...............au mois d'août.

Et vous avez combien   Quatre..............., alors, je vous verrai

de semaines de ....? en...............!

7 You are phoning from your office to make an appointment with a French client played by Marie-Thérèse. As usual, Paul will prompt you. Your first question will be **Puis-je venir jeudi, le onze novembre?** (**Puis-je?** is the question-form of **je peux**; if you prefer, you can use **Est-ce que je peux...?**)

Dialogue 3
Une raffinerie de pétrole?

Why does the **Centre Pompidou** *attract so many visitors?*

M. de Pindray   Parce qu'ils sont attirés par la nouveauté. Toutes les façades des maisons de Paris sont grises et tristes, et tout d'un coup, il y a comme un gros jouet d'enfant qui est tombé du ciel: le Centre Beaubourg, qui nous attire comme si on était des enfants. Cela dit, les gens qui habitent le quartier n'y vont pas – les voisins trouvent ça épouvantable.

On appelle ça la raffinerie de pétrole – ce qui est parfaitement injuste. C'est vrai, le dos du Centre Pompidou fait penser à une raffinerie de pétrole, mais, si vous regardez devant, on a quelque chose de formidablement aérien, musical – c'est complètement transparent, c'est, c'est un anti-bâtiment.

attirer attract	**quartier** (m.) area, neighbourhood
▶ **nouveauté** (f.) novelty	▶ **voisin(e)** neighbour
▶ **façade** (f.) front, façade	**épouvantable** awful, horrible
gris grey	**injuste** unfair
triste sad	**dos** (m.) back
tout d'un coup suddenly	**devant** here: at the front
jouet (m.) toy	**aérien** light, airy
cela dit that having been said	**bâtiment** (m.) building

Centre Pompidou, the Cultural Centre in Paris, also known as the **Centre Beaubourg** because it is in the **Rue Beaubourg**.

▶ **la raffinerie de pétrole** the oil refinery. The word **pétrole** is used for crude oil or kerosene/paraffin, whereas you fill your car with **essence** (f.).

▶ **fait penser à** makes (you) think of.

un peu partout almost everywhere.

Travaux pratiques

8 La liberté des opinions! Listen to the tape again and list all the positive and negative reactions to the Pompidou Centre that M. de Pindray mentions. (Answers on p.205.)

Pour

a. Les visiteurs sont ....

....

b. La façade a quelque chose....

....

c. Le Centre est complètement

....

Contre

a. Les gens du quartier ....

....

b. Les voisins pensent que c'est

....

c. Ils appellent ça ....

....

9 If you want to know more about the Centre study the following information sheet and answer the questions. (Answers on p.205.)

Centre National d'Art et de Culture Georges-Pompidou

Construction métallique avec façade de verre.
Architectes : Piano (italien) et Rogers (anglais).
Inauguration : le 31 janvier 1977

Ouvert de 12h à 22h en semaine et de 10h à 22h les samedis et dimanches.
Fermé le mardi, le 1er mai et le 25 décembre.

Les visiteurs y trouveront:
- Bibliothèque publique d'information avec 1800 œuvres audiovisuelles (diapositives, bandes vidéo etc.)
- Musée d'art contemporain
- Bibliothèque et atelier pour enfants
- Cinémathèque
- Centre de création industrielle (CCI)
- Institut de recherche et de coordination acoustique et musical (IRCAM) (on ne visite pas).

---

bibliothèque (f.) library
diapositive (f.) slide, transparency
bande (f.) tape

a. Can you get into the Centre at 10 a.m. on weekdays? ....

b. Was it built by French architects? ....

c. What will you find in the library besides books? ....

d. What has been set up for children? ....

e. What building materials were used? ....

10 You are visiting Paris with friends. Yves wants to know what they thought of the **Centre Pompidou**. Paul will prompt you as usual.

Dialogue 4
Des mordus de la pétanque

M. Vuittenez J'étais descendu sur la Côte d'Azur – et là-bas, ce sont des mordus de la pétanque. Et ... ils sont un petit peu des comédiens. Ce qui est bien d'ailleurs, c'est de voir l'acharnement qu'ils mettaient. Et alors, des disputes, des disputes, mais sérieuses, hein? Parce que chacun voulait avoir raison, puis – en fait – ils n'avaient pas plus raison les uns que les autres, hein?

Stephanie Est-ce surtout un jeu d'hommes?

M. Vuittenez Non. Non, non, les dames jouent aussi mais quand même moins. Vous verrez, à la Poterne des Peupliers – vous avez une femme, elle est là presque tous les jours. Elle joue, elle joue même très bien, d'ailleurs. Evidemment, elle est taquinée par tout le monde, parce que ... une seule femme dans toute l'équipe, hein ...

- **là-bas** (down/over) there
  acharnement (m.) fierceness, determination
- **chacun(e)** each one
- **quand même** all the same

- **taquiner** tease
  même even
- **d'ailleurs** moreover
  évidemment obviously
- **équipe** (f.) team

J'étais descendu I had gone down.

des mordus fanatics, fans (lit. people who have been bitten).

la pétanque, also known as **boules**, the game of bowls which is particularly popular in the south of France. Note that 'to play pétanque' is **jouer à la pétanque**; and in Dialogue 1 you met **jouer au ping-pong**.

des comédiens actors, here: 'show-offs'.

ils n'avaient pas plus raison les uns que les autres none of them were any more right than the others.

la Poterne des Peupliers the name of a Paris street (in the 13th **arrondissement**) where **pétanque** is played.

11 Without looking back at the text, listen to the dialogue again to discover the missing words. Write them in the grid below. The framed letters will say something about **pétanque** players. Note that the phrases are not in the same order as on the tape. (Answers on p.205.)

a. J'étais .... sur la Côte d'Azur.

b. Chacun voulait avoir ....

c. Les .... jouent aussi.

d. Là-bas, ce sont des mordus de la ....

e. Et alors, des ...., mais sérieuses.

f. Une seule femme dans toute l'.........

g. Est-ce surtout un .... d'hommes?

h. Elle est .... par tout le monde.

i. Elle est là .... tous les jours.

12 What did M. Vuittenez say? Listen to the dialogue once more and make a choice. There is only one correct version for each of these statements. (Answers on p.205.)

a. M. Vuittenez était descendu
- [ ] la Côte d'Azur
- [ ] sur la Côte d'Azur
- [ ] là-bas

b. Ce qui est bien, c'est
- [ ] l'acharnement des joueurs
- [ ] les disputes sérieuses
- [ ] que chacun voulait avoir raison

c. Ils avaient raison
- [ ] les uns et les autres
- [ ] les uns plus que les autres
- [ ] ni les uns ni les autres

d. Les femmes jouent
- [ ] aussi bien
- [ ] moins souvent
- [ ] tous les jours

e. A la Poterne des Peupliers on taquine
- [ ] la seule femme
- [ ] tout le monde
- [ ] toute l'équipe

13 You arrive at a **pétanque** game to find two players engaged in a fierce argument. You ask a bystander (Yves) what is going on (**Qu'est-ce qui se passe?**). As usual, Paul will prompt your questions.

Expressions importantes

faire beau · be fine (of weather)
faire du feu · light a fire
faire penser à · make (one) think of
faire le pont · have a long weekend

avoir de la chance · be lucky
avoir raison · be right
avoir tort · be wrong
en avoir assez · be fed up

Le onze novembre
  tombe un jeudi.
The 11th of November
  falls on a Thursday.

C'est-à-dire · That is to say/i.e.
  c'est ·   it is
    un jour ⌠ de congé. ·   a day off.
        ⌡ férié. ·   a public holiday.
    une fête nationale. ·   a national holiday.
    là-bas. ·   over there.

D'ailleurs · Moreover
  ce sont les hommes qui jouent. ·   it is the men who play.

Ça fait penser à · It makes (you) think of
  une raffinerie de pétrole. ·   an oil refinery.

Quand même, · All the same,
  les visiteurs sont attirés ·   the visitors are attracted
  par la nouveauté. ·   by the novelty.

On était dix. · There were ten of us.

L'équipe/chacun/tout le monde
  joue à la pétanque.
The team/each person/everybody
  plays **pétanque**.

La majorité/la plupart
  des Français/gens
  partent en août.
The majority of/most
  French/people
  go away in August.

Grammaire

qui and que

- **Les gens qui habitent ici ...** The people who live here ...
  Who live here? The people. 'People' is the subject.

  Qui refers to the subject of the verb, whether that subject is a person or a thing, singular or plural. It can mean either 'who' or 'which' depending on the subject:

  > **Le Centre Beaubourg qui nous attire ...** The Beaubourg Centre which attracts us ...

- **Les gens que j'ai invités ...** The people (whom) I have invited ...
  Whom have I invited? The people. 'People' is the object.

  Que refers to the object of the verb, whether that object is a person or a thing, singular or plural. **Que** can mean 'who', 'whom', 'which' or 'that'. Note that in French you always have to use **que**, whereas it is often omitted in English:

  > **La maison que nous avons louée ...** The house (which) we rented ...

  Que followed by a vowel becomes **qu'** (**qui**, however, doesn't):

  > **La musique qu'on entend ...** The music (which) one can hear ...

14 Subject or object? Fill in **qui**, **que** or **qu'**. (Answers on p.205.)

a. Les gens .... habitent près du Centre Beaubourg ne l'aiment pas.

b. Le musée, ... est le plus grand musée d'art moderne du monde, est fermé le mardi.

c. J'ai feuilleté le journal .... j'ai acheté.

d. Le onze novembre, ... est une fête nationale, tombe un vendredi.

e. On taquine la seule femme .... joue à la pétanque.

f. La dame .... on voit à la Poterne des Peupliers joue très bien.

g. J'ai beaucoup aimé le week-end .... j'ai passé chez vous.

h. Ce sont les hommes .... ont fait la cuisine.

More about the perfect and the imperfect

Events (perfect)   Description (imperfect)

Je suis allée à la campagne.   **Il ne faisait pas très beau.**
On a fait du feu dans les   **On était dix.**
cheminées.
On a joué au ping-pong.   **C'était délicieux.**

Notice how the imperfect and the perfect tenses are used in these
examples: the imperfect for general description and the perfect to record
events. The perfect therefore, answers the question 'what happened
next'? It may help to visualise the imperfect as a continuous wavy line
sketching in the general background, thus:

J'étais en vacances dans le Midi

You can then imagine the perfect as sharp lines cutting across this
background:

J'étais en vacances dans le Midi

① Je me suis levé(e) à huit heures ② Je suis allé(e) à la plage ③ J'ai joué à la pétanque

15 Dominique tells how she went about choosing a house in the country. Put
the verbs in brackets into either the perfect or the imperfect. Watch out for
je becoming **j'**. (Answers on p.205.)

'J'en (avoir) .... vraiment assez de rester à Paris

en fin de semaine, alors je (décider) .... de chercher

une maison de campagne. Je (acheter) .... les

journaux et je (feuilleter) .... les petites

annonces. Puis samedi je (aller) .... voir une

maison qui (se trouver) .... à une trentaine de

kilomètres de Paris. C'(être) .... charmant.

Devant la maison, des enfants (jouer) ....

dans un beau petit jardin. A l'intérieur, il y (avoir)

.... du feu dans la cheminée. Je (décider)

.... tout de suite d'acheter la maison.'

A lire

The **Jeunesses musicales de France (J.M.F.)** has set up a plan to interest children in classical music.

L'invitation au concert

Voici une bonne idée pour occuper leurs loisirs: les Jeunesses Musicales de France reprennent, à partir de novembre, leur formule des concerts du mercredi après-midi, abandonnée depuis trois ans. Les J.M.F. se proposent de former vos enfants à l'écoute, de leur révéler le monde de la musique. Les concerts d'autrefois étaient peut-être un peu trop éducatifs et de ce fait rébarbatifs. Aujourd'hui, on a choisi des programmes plus prestigieux. A l'honneur le 9 novembre: l'orchestre de Paris. Toutefois, le petit abonné recevra avant chaque concert une documentation qui lui présentera l'œuvre du jour, lui expliquera la place des différents musiciens de l'orchestre, et lui proposera une discographie pour mieux appréhender la musique et son auteur. Ce sera à vous, parents, de les aider à bien utiliser cette documentation. Le jour même, avant le lever de rideau, une courte présentation remettra définitivement les idées au clair! L'abonnement aux 6 concerts de l'année vaut environ 80 F. Vous pouvez vous inscrire dès maintenant.

E.G.

---

rébarbatif off-putting, forbidding
abonné(e) subscriber, member
œuvre (f.) work (here: of music)
discographie (f.) list of records
ce sera à vous it will be up to you

le jour même on the day itself
lever (m.) **du rideau** curtain-up, curtain time
dès starting from, beginning with

16 You are writing to the child of a friend in France to tell him that you are going to pay his subscription to the J.M.F. Here is what you want to tell him. Translate it into French, using the article and the notes below to help you. (Translation on p.205.)

> *Note:* **J'aime la musique.** I like music.
> 'To pay your subscription': use **t'abonner**.
> 'Some literature': here **une documentation**.
> 'It's not': here **ce n'est pas**.
> 'On the day': you do not translate the 'on'.

Dear Pierre,

I know that you like music and I'd like to pay your subscription to the Jeunesses Musicales de France. Before each concert you will receive some literature which will explain the music of the day – it's not 'too educational'! Then, on the day of the concert, there will be a short presentation before the curtain goes up.

Bored in Caen? Not if you study this extract from a list of leisure activities:

OCTOBRE

Mardi 4 oct. Dîner. Tournoi de bridge.

Jeudi 6 oct. Visites d'ateliers de peinture à Honfleur (promenade de la journée).

Vendredi 14 oct. 14h30 à 17h portes ouvertes à l'Accueil avec exposition de photos.

Samedi 15 oct. Visite de la ville.

Jeudi 20 oct. Démonstration de maquillage par une esthéticienne.

NOVEMBRE

Mardi 8 nov. Conférence sur la fabrication des parfums.

Jeudi 10 nov. 17h Conférence par un artiste peintre, suivie par un dîner.

Jeudi 17 nov. 10h Visite des studios de la radio locale.

Vendredi 25 nov. Pot d'amitié, suivi d'un dîner au restaurant.

Mardi 29 nov. Réunion amicale avec goûter.

---

tournoi (m.) tournament
atelier (m.) studio
promenade (f.) here: outing
Accueil (m.) reception office, welcome (the name of the organisers of these activities)
exposition (f.) exhibition

maquillage (m.) make-up
esthéticienne (f.) beautician
parfum (m.) perfume
pot (m.) **d'amitié** friendly drink
réunion (f.) meeting
goûter (m.) tea(-party), snacks

17 Note down all the days on which the following people who picked up the list of activities will find something to suit their tastes. (Answers on p.206.)

a. ....

b. ....

c. ....

d. ....

e. ....

f. ....

Radio

What's on in Paris? You'll find out by listening to the four radio announcements which give information about various leisure activities in the capital. (All transcripts are on p.215/216.)

18 The first item on the programme is about a charity concert in aid of research into cell disease (**les recherches sur les maladies cellulaires**). The orchestra will be conducted (**dirigé**) by Zubin Mehta. Work out the following points: (Answers on p.206.)

    a. Where will it be held? ....

    b. Whose works will be played? ....

    c. Which orchestra will be playing? ....

    d. Which arrondissement is the theatre in? ....

    e. What is the number for telephone bookings? ....

19 Or perhaps you prefer something more demanding? In this case the Summer University of Paris may have the right thing for you. Can you identify the subjects of the lectures and the venue at which each takes place? (Answers on p.206.)

Venue	Subject of lecture
L'Université René-Descartes	
L'Université Pierre et Marie Curie	

20 If you just want to have fun, try the **Fête** (festival or fair) which takes place every autumn in the suburb of **La Villette**. Listen several times, then fill in the missing words. Refer to the vocabulary at the back of the book for words you do not know. When you have finished, check against the transcript on p.216.

C'est .... à .... que Monsieur

Jack Lang, Ministre Délégué à la ...., inaugurera

la Grande Fête d'Automne de La Villette. Bien entendu, les travaux

.... dans le .... de La Villette, et

cela jusqu'en ...., mais à partir de

.... vous pourrez .... évoluer des

artisans forains, des cracheurs de feu, des jongleurs, ou bien

.... place dans des manèges futuristes, participer à

des concours de tir et tenter − .... pas? − votre

.... aux loteries.

21 Feeling out of condition? Here is a chance to do something for your body. Listen to the announcement again and complete this information sheet. (Answers on p.206.)

cours (m.) class, course
fond (m.) background
dispensés here: held

séance (f.) session
frais (m.pl.) fee

Club Omnisport (.............th arrondissement)

Class: Gymnastics for women

Starting date: ....

Days of classes:	Times:
a.	....
b.	....

Enrolment dates:	Times:
a.	....
b.	....

and at the start of each session.

Fee for the entire school year: ....

Number of hours per week: ....

Telephone number: ....

A vous de parler

22 You have just spent a long weekend away. Describe to a friend what you did each day. When you have done so, listen to Marie-Thérèse who spent her weekend in Rouen, Normandy, where among other things she went to the art museum (**le musée des beaux-arts**). Remember that you translate 'on Friday' as just **vendredi**.

23 Give a short account of some sports event you attended or watched on television. Keep the language simple and perhaps use some of the phrases from Dialogue 4. The names for most sports are the same in French as in English, e.g. **le rugby, le football, le tennis** and **le squash**. They are virtually all masculine except the word for 'race': **la course cycliste, la course d'automobiles, la course de lévriers** (dog race) etc. 'Horse racing' is just called **les courses**. And on the tape, Yves talks about the rugby match he went to see at St. Etienne. Guess who won (**qui a gagné**)?

8 *Que faire ce soir?*

What you will learn

- discussing where to go for a drink
- finding out what's on in the evenings
- talking about good and bad restaurant experiences

... and what you can do in Paris all night

Les Champs-Elysées

Study guide

Dialogue 1
Tu connais un bon spectacle?

Jean-Pierre Tiens, je suis allé au café-théâtre hier soir – il y avait très longtemps que je n'y étais pas allé.

Hélène Eh bien moi, j'y suis jamais allée – et je pense que je dois être la seule Parisienne dans ce cas!

Jean-Pierre Je pense, oui. Tu devrais – c'est amusant, de temps en temps.

Hélène Mais comment ça se passe?

Jean-Pierre Oh, d'abord ce sont toujours des spectacles humoristiques – ça dure une heure, une heure et demie – puis on s'assied comme dans un café, on boit, on fume pendant le spectacle, et ce qui est très fascinant, c'est qu'on a les acteurs tout près de soi: ils jouent à cinquante centimètres devant vous.

Hélène Il y a beaucoup de monde? C'est grand?

Jean-Pierre Une trentaine de personnes, cinquante personnes dans la salle – c'est une atmosphère de café.

Hélène J'ai pas besoin de réserver?

Jean-Pierre Non, en général on entre comme ça, sauf quand il y a un spectacle qui a un très grand succès.

Hélène Alors, tu paies ton billet . . .

Jean-Pierre Tu paies en deux fois: tu paies d'abord à l'entrée et ensuite, à la fin du spectacle, les acteurs font la quête.

Hélène Et tu connais un bon spectacle en ce moment à Paris?

Jean-Pierre Celui que j'ai vu hier, mais je pense qu'il y en a d'autres. On pourra y aller, si tu veux!

Hélène Ah, mais ça me fera très plaisir!

- **hier soir** last night, yesterday evening
- **de temps en temps** from time to time
- **se passer** happen
- **spectacle** (m.) **humoristique** comedy show
- **durer** last
- **fumer** smoke
  en deux fois twice

Tiens equivalent to a fairly meaningless 'oh' or 'Listen'.

- **café-théâtre** small theatre often with satirical entertainment, where spectators sit at café tables.

il y avait très longtemps que je n'y étais pas allé It was a very long time since I had been to one. See **Grammaire**, p.129, for the use of **il y a**.

- **on s'assied** one sits down, from the verb **s'asseoir**, which will be explained in the **Grammaire** section, p.130.

ce qui est très fascinant, c'est qu'on a les acteurs tout près de soi what is very fascinating is that you (lit. one) have the actors very close. For **soi**, see **Grammaire**, p.129.

- **Il y a beaucoup de monde?** Are there a lot of people? Which is stronger than **Il y a du monde?** Are there many people? You have already met **tout le monde**, everybody.

on entre comme ça you just go in.

les acteurs font la quête the actors take up a collection.

- **il y en a d'autres** there are others (of them).

- **ça me fera très plaisir** I'll enjoy that (lit. that will make me much pleasure).

Travaux pratiques

1 What makes a **café-théâtre** different from a conventional theatre? Listen to the dialogue again and fill in the information requested. New words are **genre** (m.) 'kind' and **spectateur** (m.) 'spectator'. In some cases there are several correct answers. (Answers on p.206.)

a. Genre de spectacle? ....

b. Ça dure combien de temps?
- ☐ ½–1 heure
- ☐ 1½ heures
- ☐ 1–1½ heures

c. Les spectateurs peuvent
- ☐ fumer
- ☐ boire

d. Le théâtre est
- ☐ petit
- ☐ grand

e. Combien de spectateurs y a-t-il?
- ☐ 20–30
- ☐ 30–40
- ☐ 40–50

f. Il y a une ambiance
- ☐ de cinéma
- ☐ de café
- ☐ de théâtre

g. Faut-il réserver?
- ☐ jamais
- ☐ toujours
- ☐ pour certains spectacles

h. On paye
- ☐ en arrivant
- ☐ pendant le spectacle
- ☐ après le spectacle

2 **Vous connaissez un bon spectacle?** Summarize each show in English. Words to know are **chatouilleux** (ticklish), **abri** (m.) (shelter), **irradié** (exposed to radiation) and **aïe!** (ouch!). (Possible versions on p.206.)

AU CAFE D'EDGAR, 322-11-02 - 320-85-11 M° Edgar-Quinet. Réservation uniquement par téléphone, 14h30 à 19h30. Relâche dimanche.
A 21h30: «Le chromosome chatouilleux», de C. Dob avec Th. Benoit et Ch. Dob (après la bombe, que faire dans un abri anti-atomique, si l'on ne veut pas mourir d'ennui ? à défaut de mourir irradié, on pourra toujours venir mourir de rire).

LE BEAUBOURGEOIS, 19, rue Sainte-Croix-de-la-Bretonnerie, 272-08-51, M° Hôtel-de-Ville. Prix: 35 F (avec 1 consommation maison).
Soir 19h (sauf dimanche). «Service non compris», apéritif comédie de M. Barrier, J.-M. Proslier et J.-F. Guillet. (Un client de restaurant, trop servile pour être bien servi, provoque des catastrophes tragicomiques).

SPLENDID SAINT-MARTIN, 48, r. du Fg-St-Martin, 208-21-93. M° Strasbourg-St-Denis. Loc. par tél. uniquement de 15h à 19h30.
Jusqu'au 24 septembre à 20h30: Jean-Marie Cornille dans **«Aïe ... Love You».** Tous les soirs sauf dimanche et lundi. Pl.: 60 F. Etud.: 30 F (sauf samedi). «Après la nouvelle cuisine, les nouveaux philosophes, le vin nouveau, voici le ‹nouvel amour› et c'est pas triste. C'est un ‹nouvel homme› qui nous le dit.»

DIX-HEURES, 36, bd de Clichy, 606-07-48. Relâche dimanche. Loc. à partir de 14h.
A 20h30: «Le gîte et le couvert» de et par A. Vuillemeier. (C'est pas facile de naître de mère italienne, de père égyptien, d'être accueilli par une famille suisse, de vivre au Québec et d'être français! Une autobiographie délirante.)

---

a. 'Le chromosome chatouilleux' ....

b. 'Service non compris' ....

c. 'Aïe ... Love You' ....

d. 'Le gîte et le couvert' ....

3 Tell Marie-Thérèse about your evening at the **Café de la Gare** (a **café-théâtre** in Paris). Listen to her questions and answer them, taking your cues from Paul.

Dialogue 2
C'est toi qui nous invites?

Hélène	François, j'ai des amis allemands qui viennent dîner ce soir à la maison. Où est-ce que je pourrais les emmener prendre un verre vers onze heures et demie?
François	Oh, il y a plusieurs points intéressants dans Paris. Tu as les lieux traditionnels: *Folies-Bergère* ...
Hélène	Non, ça c'est trop cher ...
François	*Lido* ...
Hélène	C'est moi qui paye!
François	*Régine, Castel*, des endroits ultra-snobs où il faut des cartes ...
Hélène	Non.
François	Qu'est-ce que tu veux comme endroit?
Hélène	Non, quelque chose de plus ...
François	Chaleureux? Sympathique?
Hélène	Oui.
François	Plus intime?
Hélène	Oui.
François	Ça c'est ... ça devient plus compliqué, alors, à ce moment-là ... Ou alors, ou alors tu as *La Lumière*, tu as, tu as également *Le Mouvement*, et puis – c'est très parisien – les Champs-Elysées.
Hélène	Ah ben, écoute, ça c'est une bonne idée – ils sont jamais venus à Paris.
François	Parce que ... écoute ... de toute façon, à ce moment-là on peut très bien sortir ensemble et puis sur les Champs on va trouver un très joli bistro.
Hélène	Ah, c'est toi qui nous invites?
François	Absolument!

vers about, around
point (m.) spot, place
lieu (m.) ⎫
◆ **endroit** (m.) ⎬ place
trop cher too expensive

carte (f.) here: membership card
intime intimate, cosy
◆ **de toute façon** in any case
à ce moment-là here: in that case

◆ **allemands** German. When they are adjectives or refer to a language, **allemand, français, anglais, américain, espagnol**, etc. are written with a small initial letter. They take a capital when they mean a German/French/etc. *person*; e.g. **un Allemand**, a German; **les Français**, the French.

à la maison at home. Used even in referring to a flat.

◆ **emmener** take. Do not use **prendre** for taking people to a place.

◆ **prendre un verre** to have a drink (lit. to take a glass). You may also hear the more colloquial **prendre un pot**.

Lido ... Régine, Castel ... la Lumière ... le Mouvement names of night-clubs.

◆ **quelque chose de plus ... chaleureux?** something ... warmer/cosier? Note the **de**. Also: **quelque chose de bien** something nice, etc.

sur les Champs on the Champs(-Elysées). Notice that in this case as with **boulevard** it is **sur**, but it is __dans__ la rue.

◆ **c'est toi qui nous invites?** are you (lit. is it you who) inviting us? (i.e. are you going to pay?). **C'est ... qui** is used for stress. The verb always agrees
◆ with the pronoun, *not* with **qui**, e.g. **c'est moi qui paye'**, **c'est vous qui payez**, etc.

Travaux pratiques

4 Now you know something about the night-life of Paris, match up the descriptions on the left with the names of night-spots on the right. Try to do this by listening to the dialogue without looking back at the transcript. Write the letters in the appropriate boxes. (Answers on p.206.)

1. ☐ endroit ultra-snob
2. ☐ lieu traditionnel
3. ☐ il faut des cartes
4. ☐ intime, sympathique
5. ☐ très parisien
6. ☐ trop cher

a. La Lumière, Le Mouvement
b. Castel, Régine
c. les Champs-Elysées
d. Folies-Bergère, Lido

5 Now listen to the dialogue again and try to spot the French version of the following phrases, then write them down. (Answers on p.206.)

a. to have a drink around 11.30 p.m. ....

b. it's too expensive ....

c. I'm the one who's paying ....

d. something warmer ....

e. that's getting more complicated ....

f. it's a good idea ....

g. are you inviting us? ....

6 You are in Paris and want to take some German colleagues out for a drink this evening but don't know where to go. Ask Yves for some advice. Paul will suggest what you should say.

Dialogue 3
Le soir à Caen

Bernadette	Bonjour, Madame...
Hôtesse	Bonjour.
Bernadette	... euh, je viens vous voir pour savoir ce qu'il est possible de faire le soir à Caen et dans les environs.
Hôtesse	Oui, bien sûr. Je vais vous donner une petite documentation sur la ville – je vais d'abord vous donner un plan de Caen avec les rues piétonnes – principalement vous avez des restaurants...
Bernadette	Oui.
Hôtesse	... des bars d'ambiance, des soirées de jazz, piano. Et vous avez également une liste de restaurants sur ce fascicule.
Bernadette	D'accord.
Hôtesse	Euh voici. Euh, sur le dépliant, également, vous avez tous les monuments qu'on peut visiter, si vous êtes intéressée par une visite l'après-midi, si vous avez du temps devant vous...
Bernadette	Oui.
Hôtesse	Et puis ce petit dépliant donc qu'on appelle le Quatorze-Poche, où vous avez le programme des cinémas – vous avez plusieurs cinémas à Caen, dont le grand cinéma le Gaumont, qui a sept salles, donc là vous avez tout un programme, hein, c'est assez varié, hein...
Bernadette	D'accord.
Hôtesse	Les loisirs, les manifestations, donc le programme du théâtre... les discothèques sont indiquées également et puis de la publicité pour toute... les restaurants, les crêperies, et cetera.
Bernadette	D'accord. Je vous remercie beaucoup.

environs (m.pl.) area, neighbourhood
rues (f.pl.) **piétonnes** pedestrian streets
ambiance (f.) atmosphere
soirée (f.) evening
fascicule (m.) here: leaflet
dépliant (m.) leaflet
dont here: among them
salle (f.) here: auditorium
varié varied
manifestation (f.) event
publicité (f.) advertising, advertisement

le Quatorze-Poche lit. Fourteen-Pocket, the name of the local 'what's on' magazine. 14 is the number of the **département** of le **Calvados** in which Caen is situated.

Les rues piétonnes

7 Overheard conversations: these people are all referring to attractions mentioned by the **hôtesse**. Decide which they are by listening to the dialogue again. (Answers on p.206.)

Nous avons vu 'Diva'. C'est un film extra! Mais les salles sont très petites depuis qu'il y en a sept.

a. ....

Tu viens prendre un verre? Il y a une bonne ambiance et les cocktails au calvados sont fameux!

b. ....

J'ai mangé un poulet Vallée d'Auge qui était excellent!

c. ....

Nous sommes sortis samedi soir et nous avons dansé toute la nuit.

d. ....

Il y avait le pianiste Joe Turner. C'était une soirée fantastique!

e. ....

Tiens, j'ai des billets pour leur nouveau spectacle. Tu as envie d'y aller?

f. ....

8 There are quite a few advantages for subscribers (**abonnés**) to the Caen theatre and prices are generally reduced for schoolchildren (**scolaires**), unemployed people (**chômeurs**) and those with a senior-citizen card (**carte vermeil**). Study the details and answer the questions. (Answers on p.206.)

Les avantages de l'abonnement	Abonnés	Abonnment minimum	Par spectacle supplémentaire
L'abonnement de la Comédie de Caen vous donne droit à:	Individuels	160 F	40 F
Une réduction importante sur tous les spectacles (voir tarif).	Etudiants, – de 20 ans	140 F	35F
La priorité de réservation. Vous pouvez réserver dans le mois qui précède le spectacle (une semaine seulement pour les non-abonnés).	Scolaires	104 F	26 F
	Non-abonnés par spectacle		50 F
Des réductions au cinéma Lux.	**Non-abonnés** scolaires, étudiants, chômeurs, carte vermeil		45 F
Spectacle(s) gratuit(s): si vous choisissez au moins 6 spectacles dans votre abonnement, vous bénéficiez d'1 spectacle gratuit.			

a. How much in advance can subscribers book? ....

b. Which other venue will also charge them less? ....

c. What advantage is there in subscribing to at least six shows? ....

d. What is the price difference per show for a school child who subscribes and one who doesn't? ....

e. Who pays 140 F for a subscription? ....

 9 You are at the tourist office in Nice, asking Marie-Thérèse what there is to do in the evening. As usual, Paul will suggest what you should say.

Dialogue 4
Une mauvaise expérience . . . ?

Did you ever have a bad experience in a restaurant?

Caroline Euh non, j'ai pas trop de mauvais souvenirs, non, non – peut-être parce que je sais les choisir, je sais pas.

M. Hélie Euh, comme je vais assez rarement au restaurant, disons que cela m'arrive presque jamais.

Brigitte La plus mauvaise expérience a été une tranche de foie de veau parfaitement saignante.

Mme Coste Oh oui, un jour nous étions dans une auberge en province, nous avions fait un très bon déjeuner, mais après je suis allée aux toilettes et j'ai vu deux cadavres de rats.

Alain Un soir en allant dîner au restaurant avec un ami, nous avons vu un serveur qui mangeait dans les plats qu'il allait nous servir.

Claude J'avais commandé une fois un truc terrible, des escargots avec des champignons très, très spéciaux, et il y avait pas de champignons spéciaux du tout, il y avait des champignons de conserve – c'était très mauvais et très, très cher.

- **souvenir** (m.) here: memory
  tranche (f.) slice
  veau (m.) veal, calf
  parfaitement here: completely
  auberge (f.) inn
  cadavre (m.) corpse
  en allant going
- **serveur** (m.) waiter
- **commander** order (food)
  une fois once (lit. one time)
- **truc** (m.) thing (coll.)
  escargot (m.) snail
  spécial, m.pl.: **spéciaux** special
  de conserve tinned, canned

- **je sais les choisir** I know how to choose them. Note the absence of **comment** 'how': **elle sait faire plaisir** she knows how to please.

- **cela m'arrive presque jamais** that (i.e. a bad experience in a restaurant) almost never happens to me. Note also **Cela m'arrive d'aller à Paris.** I sometimes go to Paris (lit. It happens to me to go to Paris).

- **La plus mauvaise** the worst. Note also the opposite **la meilleure** the best. Both forms given here are in the feminine.

  foie liver. Note that this word is masculine and is to be distinguished from **fois**, time (as in **trois fois**, three times) and **foi**, faith, both of which are feminine. All three of them are pronounced the same.

  saignante rare (lit. bleeding), in the feminine to agree with **tranche**. Usually used for a 'rare' steak. Here it means 'raw'.

- **aux toilettes** to the lavatory. Almost always used in the plural, even when there is only one.

- **qui mangeait dans les plats** who was eating from the dishes. (**Plats** refers to the food rather than the plates.) Note the **dans** in this phrase – you also say <u>**dans**</u> **mon assiette** when talking about what you have <u>on</u> your plate.

- **terrible** here: terrible, but in colloquial speech it often means 'fantastic'.

Travaux pratiques

10 Without looking back at the text, listen to each speaker individually and choose the statement which is the equivalent of what he or she said. (Answers on p.206.)

a. *Caroline*

☐ Je ne me souviens pas.

☐ Je sais où il faut aller.

b. *M. Hélie*

☐ Cela m'arrive d'aller au restaurant.

☐ Je ne mange jamais au restaurant.

c. *Brigitte*

☐ Le foie de veau n'était pas assez cuit.

☐ Le foie de veau était parfaitement cuit.

d. *Mme Coste*

☐ Quand je suis allée aux toilettes, j'ai vu deux rats.

☐ Après le dîner, j'ai vu deux rats.

e. *Alain*

☐ Le serveur mangeait dans les assiettes avant de les servir.

☐ Le serveur mangeait ce que les clients avaient laissé.

f. *Claude*

☐ Les champignons étaient très ordinaires.

☐ Il n'y avait pas de champignons du tout.

11 You have had a terrible experience at a restaurant and are writing to one of the food guides about it. Translate the draft of the letter into French: (Translation on p.206.)

```
(Dear) Sirs,
In general I know how to choose restaurants,
but I (have) had a bad experience last night
at the 'Good Inn' in ......... The waiters
were not at all (pas du tout) friendly
(aimables) and we saw one waiter who was
eating from the dishes that he was going to
serve us. The meal was very bad and very
expensive!
         Yours faithfully
```

 12 You are displeased with a meal in a restaurant, so you ask to see **le patron**. Paul will suggest what you should say.

Expressions importantes

Hier soir	Last night
je suis allé	I went
au café-théâtre.	to a **café-théâtre**.
J'y vais de temps en temps.	I go from time to time.
Ça me fait plaisir.	It gives me pleasure, I like it.
Comment ça se passe?	What happens? (lit. How does it happen?)
Il y a du monde?	Are there many people?
On s'assied/fume/boit.	You sit down/smoke/drink.
C'est trop cher.	It's too expensive.
De toute façon	In any case
c'est moi qui paye.	I am the one who is paying.
Ce spectacle dure une heure.	This show lasts an hour.
Il y en a d'autres.	There are others.
Où est-ce que je pourrais	Where could I
emmener	take
des amis allemands	some German friends
prendre un verre?	to have a drink?
Quelque chose de plus chaleureux.	Something warmer/cosier.
Vous avez une liste d'endroits sur ce dépliant.	You have a list of places in this leaflet.
Cela m'arrive rarement parce que je sais choisir des restaurants agréables.	It happens to me rarely because I know how to choose pleasant restaurants.
Le plus mauvais souvenir:	The worst memory:
j'avais commandé	I had ordered
un truc terrible	a terrible/fantastic thing
dans une auberge.	at an inn.

Grammaire

il y a

You have now met, many times, **il y a** meaning 'there is' or 'there are':

Il y a un spectacle. There is a show.
Il y a des spectacles. There are shows.
Il n'y a pas beaucoup de monde. There aren't a lot of people.

Remember also
Il y en a cinq. There are five (of them).
Il y en a d'autres. There are others (of them).
and the question
Qu'est-ce qu'il y a? What's the matter?

There is another important use of **il y a**. It corresponds to the English use of 'ago':

Il y a dix ans. Ten years ago.
Il y a un mois, je suis allé à Caen. A month ago, I went to Caen.

To say 'there was' or 'there were' you use **il y avait**:

Il y avait très longtemps que je n'y étais pas allé.
I hadn't been there for a long time.

13 Using **il y a**, translate the following. (Translation on p.207.)

a. There are **café-théâtres** in (à) Paris.

....

b. I like the Café de la Gare, but there are others (of them).

....

c. We (have) paid for the tickets three weeks ago.

....

d. I went (have gone) to Paris fifteen years ago.

....

e. You have not eaten anything! What's the matter?

....

f. There were a lot of people on the beach.

....

on *and* soi

On is generally used where in English we say 'you' (=one):

On boit, on fume. You drink, you smoke.
On entre comme ça. You just go in.

When you are using **on**, the word for 'oneself' is **soi**, e.g.

On travaille pour soi. You work for yourself.
On a les acteurs tout près de soi. You have the actors very near you.

You may also come across **soi** in phrases like **Chacun pour soi.** Each (man) for himself.

s'asseoir and *être assis*

There is an important distinction in French between
→ **s'asseoir**
je m'assieds　　　　　　I sit down (i.e. I am in the act of sitting down)

and

→ **être assis**
je suis assis(e)　　　　　I am sitting (i.e. I am already seated)

In other words, when you have to translate the word 'sitting', decide whether it means 'in the act of sitting down' (a part of **s'asseoir**) or 'already seated' (**assis(e)** with a part of **être**).

The verb **s'asseoir**, to sit down, goes as follows:

je m'assieds	**nous nous asseyons**
tu t'assieds	**vous vous asseyez**
il/elle s'assied	**ils/elles s'assoient** or **s'asseyent**

Further examples:
Assieds-toi. Sit down.
Asseyez-vous. Sit down.
Il ne s'assoient pas. They don't sit down.
Nous allons nous asseoir. We are going to sit down.

The perfect of **je m'assieds** is **je <u>me</u> suis assis(e)**, I sat down. Distinguish between this and **je suis assis(e)**, I am seated. The past of **je suis assis(e)** is **j'étais assis**.

14 Translate the following sentences: (Translation on p.207.)

a. Sit down next to your sister. (to a child) ....

b. He is going to sit down. ....

c. She is sitting in front of you. ....

d. They don't sit down at our table. ....

e. Do you want to sit down? (polite) ....

A lire

Where would you like to eat out in Paris? Choose the style of food, the atmosphere and the price bracket to suit your mood. All you need to understand these listings are a few abbreviations.

T.T.C. toutes taxes comprises
t.l.j. tous les jours

mat. matin
P.M.R. prix moyen du repas

★ RESTAURANTS ★

★ **LA CASITA,** 9, rue Washington. 561-00-38. Fermé samedi et dimanche.

★ **AU COCHON DE LAIT,** 7, rue Corneille (6e). 326-03-65. Tous les jours déjeuner, dîner jusqu'à 23 h 30. Crotin chaud, magret au cassis, mousse au chocolat blanc. P.m.r. 150 F. **Fermeture annuelle jusqu'au 21 septembre.**

AUX 5 PAINS D'ORGE
29, rue Surcouf - 705-86-31
MENUS à 60 F et 100 F
Vin et service en sus
Salade fantaisie avec foie gras : 56 F
*Homard, langoustes ttes formes, grillades,
soupe de fruits flambés, etc.*
On sert jusq. 24 h. F. mercredi

★ LA BELLE FRANCE
Restaurant au 1er étage de la Tour Eiffel. Réservation : 555-20-04. Vue panoramique, parking gratuit sous la Tour. (Prix moyen 120 F T.T.C.).

★ **LA BELLE EPOQUE,** 36, rue des Petits-Champs. 296-33-33. Tous les soirs dîner-spectacle dansant.

★ **BERKELEY,** 7, av. Matignon (8e). 225-47-79. Ouvert t.l.j. jusq. 2 h mat. Ambiance musicale.

★ **LE B'ŒUF,** 96, rue La Boétie. 225-37-19. L'œuf et le bœuf bien traités. P.M.R. 80 F. Fermé dimanche.

★ **LA BONNE FOURCHETTE,** 320, rue Saint-Honoré. 260-45-27. F. samedi et dimanche midi.

★ LE DAUPHIN
44, rue du Bac
(7e) 548-21-30
(Bistrot). Ambiance musicale. Menu : 69 F service compris. Ouvert tous les jours jusqu'à 2 h du matin. Cuisine traditionnelle. Foie gras. Spécialités de Magret de canard.

La Calvados
40, av. Pierre-1er-de-Serbie
Corner avenue George-V
720-21-16 - 720-31-39
Joe Turner, Los Latinos, Song and guitar
OUVERT TOUS LES JOURS — JOUR ET NUIT — AIR CONDITIONNE
En cuisine : le Chef Jean BOUDSOCQ

15a. Which restaurants will serve meals after midnight?

....

  b. Where can you have dinner but not lunch on a Sunday?

....

  c. What are the two specialities of LE B'ŒUF reflected in its name?

....

  d. Where is the restaurant that offers free parking and a great view?

....

  e. Where can you watch a show and also dance?

....

  f. Which restaurant has white chocolate mousse as a speciality?

....

  g. Which restaurant is particularly proud of its chef?

....

(Answers on p.207.)

Whether you need pickles at midnight, some aspirin at 2 a.m. or a bus at 4 a.m. – nothing is impossible in Paris, as this extract from **Paris mon amour** shows:

Courses de Nuit

SUPERMARCHES

AS ECO, *11, rue Brantôme, 3ᵉ (274-30-19).* Non stop, du lundi 9h au samedi 21h, parking gratuit.
Depuis deux ans, As Eco tente au cœur de Paris l'expérience d'un supermarché ouvert jour et nuit. Le jour, pas de problème. Mais après 22h, loubards et clochards envahissent les lieux. La direction paie donc neuf vigiles (cinq à l'entrée et quatre dans les rayons) et interdit l'accès aux personnes non-titulaires d'une «carte de fidélité» (sic), avec photo d'identité, entre 22h et 7h. Pour avoir la carte, il faut venir dans la journée avec une pièce d'identité! Et en fait, la nuit, l'entrée se fait «à la tête du client», selon l'humeur des vigiles, comme dans les boîtes de nuit. Charmant. De plus, par arrêté préfectoral, la vente d'alcool (bière comprise) est interdite après minuit.

VINIPRIX: *102-104, av. du Général-Leclerc, 14ᵉ (541-78-54). Jusqu'à 22h, sauf dim.*

EPICERIES

A L'AN 2000, *82, bd des Batignolles, 17ᵉ (387-24-67).* De tout, t.l.j. de 17h à 1h.
LIBRE SERVICE: *33, bd de Clichy, 9ᵉ (285-16-38).* De tout, de 14h à 5h sauf mercredi.
Sans oublier les
DRUGSTORES, ouverts jusqu'à 2 heures. On y trouve journaux, livres, cadeaux, vidéo, hi-fi, parfums, pharmacies, comestibles, etc.
CHAMPS-ELYSEES: *133, Champs-Elysées, 8ᵉ (720-94-40).*
OPERA: *6, bd des Capucines, 9ᵉ (266-90-27).*
ST-GERMAIN: *149, bd St-Germain, 6ᵉ (222-92-50).*

PHARMACIES

PHARMACIE DHERY: *Galerie des Champs-Elysées, 84, Champs-Elysées, 8ᵉ (542-02-41).* La seule ouverte 24h sur 24, 365 jours par an. Ils vendent forcément des somnifères. Et les **DRUGSTORES:** jusqu'à 2h.

Omnuit-bus

Il fait nuit noire à Paris. Trop tard pour le métro. Le taxi? Trop cher. Une solution: les bus de nuit.
A force de retrouver les mêmes têtes, le bus fait salon: on y parle sport, tiercé, politique et revendications . . .
Dix lignes assurent la liaison entre Châtelet et les principales portes de Paris. Ils se rangent en «L», toutes les demies des heures (de 1h30 à 5h30), à l'angle de l'avenue Victoria et de la rue de la Tacherie et dans l'autre sens toutes les heures aux principales portes de Paris. Les bus de nuit circulent depuis décembre 1955 et pourtant ils sont méconnus: 800 à 1000 personnes empruntent chaque nuit . . . contre 1,5 million dans la journée!

courses (f.pl.) **de nuit** late-night shopping
loubard (m.) yobbo
clochard (m.) tramp
vigile (m.) watchman
rayon (m.) counter, shelf, department
titulaire holder
pièce (f.) **d'identité** identification (document)
'à la tête du client' according to what the customer looks like
boîte (f.) **de nuit** night-club
comestibles (m.pl.) foods
omnuit-bus a coined expression (**omnibus** + **nuit**)
à force de by dint of
revendication (f.) claim, demand (e.g. for more pay)
méconnu not well known

16a. When is the supermarket As Eco closed?

....

b. What is the problem with being open all night?

....

c. How can you get a membership card?

....

d. What can't you buy after midnight?

....

e. What can you buy in a late-night drugstore?

....

f. Why is the atmosphere on the late-night buses so friendly?

....

g. How many buses leave from Châtelet on the half-hour?

....

(Answers on p.207.)

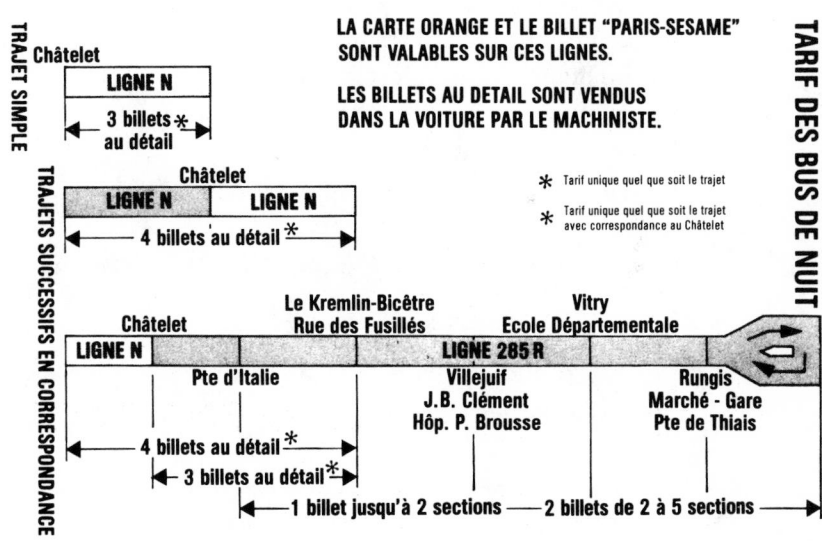

Radio

Both radio extracts are restaurant reviews. In the first, Philippe Couderc describes what he calls a 'para-American' restaurant, the *Hollywood Canteen* in Deauville. In the second, he introduces a new Parisian restaurant with French cuisine *La Gitane*. (Transcripts on p.216.)

Hollywood Canteen:
resignaler point out again
la une number one
si j'ose dire if I may say so

La Gitane
quasiment almost
propriétaire (m. or f.) owner
dommage (m.) pity
restaurateur (m.) restaurant-owner
monter une affaire start up a business
prendre la peine take the trouble

17a. Below are some references to the two restaurants. Identify the restaurant referred to by writing **H** for *Hollywood Canteen* or **G** for *La Gitane* into the boxes. (Answers on p.207.)

Restaurant
Code

- [ ] nouveau à Deauville
- [ ] cuisine comme à la maison
- [ ] adresse: avenue de la Motte-Picquet
- [ ] décoré avec des photos de films
- [ ] coûte environ cent francs
- [ ] ambiance franco-américaine
- [ ] mêmes propriétaires que *La Gauloise*
- [ ] coûte moins de cent francs
- [ ] cuisine faite avec des produits frais et bons
- [ ] comme un bistro à New York

b. What does Philippe Couderc find hard to understand? ....

....

c. Why does the speaker believe that new restaurants should close on a

day other than Sunday? ....

....

A vous de parler

18 Tell a French friend as much as you can about the night-life in your town or area. Then listen to the tape, where you will hear Yves talking about the village he lives in.

19 Now tell your friend about your favourite (or your least favourite) restaurant. Then listen to Marie-Thérèse talking about her choice, *L'Hysope* in Paris, where they invent new dishes.

9 A votre santé!

What you will learn

- describing what's wrong with you
- something about pharmacies, medicine and the **pompiers**
- telling how you keep fit

... and the French attitude to alcohol and smoking

Study guide

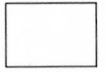

Dialogue 1
Des douleurs un peu partout

Pharmacien	Bonjour, Madame.
Mme Coste	Bonjour, Madame. Madame, je viens vous voir car mon mari est souffrant. Il a des douleurs un peu partout et il a très mal au ventre, il a un peu de diarrhée. Alors, que pourriez-vous me conseiller comme médicament?
Pharmacien	A-t-il de la température?
Mme Coste	Il a un peu de température – il fait 37,8.
Pharmacien	Oh, je pense que c'est un petit peu de grippe intestinale. Je vais vous donner un antiseptique pour l'intestin, sous forme de gélules – deux à trois par jour – et de *l'Aspégic* pour lui calmer ses, ses douleurs réparties un petit peu partout et le début de température.

▶ **souffrant** ill (lit. suffering)
▶ **douleur** (f.) pain
▶ **un peu partout** more or less everywhere
▶ **grippe** (f.) flu
diarrhée (f.) diarrhoea
▶ **médicament** (m.) medicine
répartir spread out

▶ **il a très mal au ventre** he has a bad stomach ache. Note also **J'ai mal à la tête/à la gorge**, I have a headache/sore throat but **J'ai mal au cœur**, I feel
▶ sick. A headache is **un mal** (m.) **de tête**.

il fait 37,8 he has (a temperature of) 37.8°C.

▶ **que pourriez-vous me conseiller comme médicament?** what could you advise me (to get) in the way of medicine? Note that **un médecin** is a doctor.

sous forme de gélules in capsule form. It may not make any difference to you whether the medicine you buy comes in capsule or tablet form, **sous forme de comprimés**, but you ought to ask whether or not it is, like many French medicines, **sous forme de suppositoires**, in suppository form.
▶ Note also the word **posologie** (f.) dosage.

Aspégic trade name of aspirin-based medicine.

Travaux pratiques

1 Listen to the dialogue again and complete Monsieur Coste's medical record card. (Answers on p.207.)

> Patient complains of:
> **a.** General aches and pains   **b.** Worst pain in   **c.** Suffers from
>   ☐ yes   ☐ head   ☐ diarrhoea
>   ☐ no   ☐ stomach   ☐ nausea
> **d.** Temperature .... **e.** Diagnosis ....
> **g.** Treatment
>   for intestines .... in .... form
>   dosage ....
>   for aches and pains/temperature ....

2 Study the following advertisement for a flu medicine, then translate the conversation below between a customer and a pharmacist. It should be based on phrases from the advertisement. Check your version with the one on p.207.

Bien passer l'hiver

Vous pensez avoir pris froid.
Vous vous sentez fatigué. Peut-être avez-vous mal à la tête, des frissons, des courbatures . . .?
Vous couvez quelque chose.
Vous avez peur d'attraper la grippe.

La réponse Oscillococcinum®

Il est conseillé de prendre 1 dose, matin et soir, pendant 1 à 3 jours (laisser fondre le contenu de la dose entière dans la bouche).

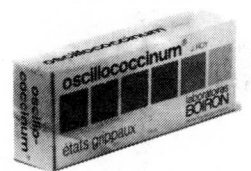

---

frisson (m.) shiver   **attraper** catch
courbatures (f.pl.) aches and pains   **fondre** melt, dissolve
couver here: come down with something

Customer   I think I am coming down with something: I feel very tired and I have aches and pains.

Pharmacist   Do you have a headache and shivers?

Customer   Yes – I'm afraid of catching the flu.

Pharmacist   You have simply caught cold. Take this medicine morning and evening, for one week.

3 Describe your own (we hope imaginary) symptoms to Marie-Thérèse who will play the pharmacist. As usual, take your cues from Paul.

Dialogue 2
L'aspirine sans contrôle médical?

Sœur Marie Le médicament que l'on rencontre le plus souvent lorsque les personnes arrivent, c'est l'aspirine, parce que les personnes âgées ont ... des rhumatismes, des épisodes douloureux, et elles ont l'habitude de prendre de l'aspirine sans contrôle médical, sans surveillance. Et on les met en garde: l'aspirine est un très bon médicament, mais ... il faut une surveillance médicale. Prise à grosses doses, elle risque de donner des ulcères gastriques ou des hémorragies ... Alors c'est comme tout médicament – il ne faut pas le prendre de façon habituelle sans contrôle médical.

Michel Et on peut le prendre à n'importe quel moment?

Sœur Marie Alors, je crois qu'il est préférable de le prendre au cours du repas, de façon à ce que le médicament se trouve mélangé aux aliments. Ainsi la paroi gastrique n'est pas, est moins atteinte. De même il est recommandé de ne pas ... prendre d'alcool, enfin, tout au moins de ne pas en abuser, à cause, justement, des effets sur la paroi gastrique.

● **rencontrer** meet
　épisode (m.) bout
● **contrôle** (m.), **surveillance** (f.) supervision
　hémorragie (f.) haemorrhage
● **au cours de** during
● **mélanger** mix
　paroi (f.) **gastrique** stomach wall
　atteindre affect
　justement precisely
　effet (m.) effect

● **elles ont l'habitude de** they are used to, they have the habit of. **Elles** refers to **les personnes âgées**, which is feminine. (The hospital where Sœur Marie works cares mainly for the elderly.)

on les met en garde we alert them, we warn them.

à n'importe quel moment at any time.
See **Grammaire** p.145 for various expressions with **n'importe**.

de façon à ce que in such a way that.

● **tout au moins de ne pas en abuser** or at least not in excess.

Travaux pratiques

4 The answers to all the following clues are in the dialogue, as is the remedy which will appear in the highlighted boxes. (Answers on p.207.)

a. Ça soulage vos douleurs.

b. Posologie.

c. La __ gastrique.

d. Les personnes âgées en souffrent.

e. Maladie gastrique.

f. Nourriture.

g. Surveillance.

h. Les rhumatismes sont __.

5 Study these instructions from a packet of tablets and work out a rough translation. It doesn't have to be word-perfect, but should cover all the information that someone taking the tablets needs to know. Then check your version against the one on p.207.

Posologie

Se conformer strictement à la prescription du médecin.
Posologie usuelle: un comprimé deux fois par jour, matin et soir.

Effets indésirables

Très rares troubles digestifs, maux de tête.

Précautions d'emploi

L'attention est appelée, notamment chez les conducteurs de véhicules et les utilisateurs de machines, sur les risques de somnolence attachés à l'emploi de ce médicament.

L'absorption simultanée d'alcool est formellement déconseillée.

---

6 Yves will interview you about the effect of aspirin. Stop the tape after each of the questions and refer to the facts below for information, but do not translate. You should do this exercise two or three times, until you can answer without stopping the tape.

- Aspirin taken in large doses can cause gastric ulcers or haemorrhages.
- It is best taken during meals.
- The stomach wall will be less affected.
- You should not drink alcohol when taking aspirins.

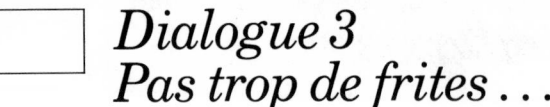

Dialogue 3
Pas trop de frites ...

Danielle   Ah! je suis fatiguée! Toi, tu as toujours bonne mine, tu es en forme, tu es pleine d'énergie – comment tu fais?

Chantal   Ben, j'ai tout un programme. Je fais des exercices, par exemple. Trois fois par semaine, je fais de la gymnastique. Ma sœur m'a donné un disque d'aérobic et trois fois par semaine j'écoute le disque et je fais les exercices.

Danielle   Toute seule?

Chantal   Oh non, non, je suis pas toute seule – c'est difficile toute seule – mais j'ai des copines qui viennent à la maison et puis on fait ça ensemble. Et je t'assure à la fin de la semaine on est vraiment en forme, on se sent vraiment mieux.

Danielle   Et tu suis un régime particulier?

Chantal   Pas vraiment un régime, m'enfin ... je fais attention à ce qu'on mange. Euh, je fais attention à pas manger des, trop de graisse, et puis pas trop de gâteaux, de choses comme ça. Euh, puis je fais attention à ce que les enfants mangent aussi. Je leur donne pas trop de frites, par exemple – ils rouspètent, ils en voudraient davantage, mais enfin, je sais bien que c'est bon pour eux!

> **disque** (m.) record
> **copain** (m.), **copine** (f.) friend
>   (colloquial)
> **graisse** (f.) fat, grease
> **rouspéter** grumble, moan

◗ **tu as toujours bonne mine** you always look well.

◗ **tu es en forme, tu es pleine d'énergie** you are in great shape, you are full of energy.

◗ **comment tu fais?** how do you manage it?

◗ **on se sent vraiment mieux** we really feel better (one really feels better). From **se sentir**. Note also **Je me sens mieux maintenant**, I feel better now.

◗ **tu suis un régime particulier?** are you on (lit. follow) a special diet. From **suivre**, follow.

m'enfin abbreviation of **mais enfin**, but well.

◗ **je fais attention** I am careful.

pas trop de gâteaux, de choses comme ça not too many cakes (biscuits) and things like that. Note the use of **de** rather than **des** after a negative (see **Grammaire**, p.145). A useful expression if you don't know the exact
◗ word for something is **quelque chose comme ça**, something like that.

ils en voudraient davantage they would like more (of them).

je sais bien que c'est bon pour eux! I know well that it is good for them (i.e. not to eat too many chips)!

Travaux pratiques

7 After her conversation with Danielle, Chantal wrote to her sister. Complete the letter using the words below. Listen to the recording again if necessary, but don't look at the text. **Je t'embrasse** is equivalent to 'Love' (lit. I kiss you). (Answers on p.207.)

exercices   disque   bonne mine   se sent   maison
en forme   par semaine   comment   copines

> ... D'ailleurs, tu te souviens de Danielle? Elle m'a dit aujourd'hui que j'avais toujours _____ _____ et que j'étais toujours _____ _____. Elle m'a demandé _____ je faisais. Je lui ai dit que c'était à cause du _____ que tu m'as donné. Trois fois _____ _____, je l'écoute et je fais les _____. J'ai des _____ qui viennent à la _____ et on fait ça ensemble. À la fin de la semaine, on _____ _____ vraiment mieux. Alors, encore une fois, merci pour le disque!
> Je t'embrasse.   Chantal

Fromages allégés Sylphide. La forme, pas les formes.

8 Que faire pour être en forme?
Complete each advice with
un, de, de la, du or **des**.
(Answers on p. 208.)

Pour être en forme, il faut . . .
a. faire.........sport
b. faire.........gymnastique
c. suivre.........régime
d. faire.........exercices
et il ne faut pas manger . . .
e. beaucoup.........gâteaux
f. trop.........graisse
g. trop.........frites

9 A friend (Yves) you haven't seen for some time is struck by how well you look. See if you can carry on a conversation with him, following Paul's lead. Remember to watch out for adjective endings, e.g. **je suis plein** (or **pleine**) **d'énergie**.

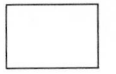

Dialogue 4
Les pompiers au bout du fil

Brigitte	Lieutenant, que doit-on faire en France pour obtenir des secours en cas d'accident?
Lieutenant Richepain	Ben, alors écoutez: pour ce qui concerne la ville de Paris et la proche banlieue, il vous suffit d'entrer dans une cabine téléphonique, de chiffrer le 18, et vous avez immédiatement les pompiers au bout du fil. Vous expliquez donc ce qu'il vous arrive et dans la minute qui suit vous avez des pompiers sur place qui sont à même de traiter tous les problèmes concernant les accidentés.
Brigitte	Quelles sortes d'accidents avez-vous en général?
Lieutenant Richepain	Ben écoutez, le ... c'est un éventail assez vaste, mais il y a les accidents de circulation, les asphyxiés, les tentatives de suicide de toutes sortes: les noyés, les asphyxiés, les électrisés, électrocutés; ça représente 25 à 30 pour cent de nos interventions, alors que le feu, lui, ne représente que 10 à 12 pour cent.

- **obtenir** obtain
- **secours** (m.) help
  proche banlieue (f.) inner suburbs
  traiter treat
  accidenté person who has had an accident
  éventail (m.) range (lit. fan)
  asphyxié (m.) person who has suffocated
  tentative (f.) attempt
  noyé (m.) person who has drowned
  intervention (f.) intervention, call-out

- **il vous suffit de** all you have to do is. (See **Grammaire**, p.146)

- **chiffrer le 18** dial 18. The more frequently used expression for 'dial' is **composer**.

- **pompiers** usually translated as 'firemen', but, as Lieutenant Richepain goes on to explain, dealing with fires is only one part of their work.

- **au bout du fil** at the other end of the line.

- **ce qu'il vous arrive** what is happening to you. **Il arrive**, lit. there happens, is here used as an impersonal verb, like **il reste**, there remain(s).

  dans la minute qui suit within the following minute.

  qui sont à même de traiter who are able to deal with.

  les électrisés, électrocutés people who have been electrified, electrocuted (he corrects himself).

  alors que le feu, lui, ne représente que... whereas fire represents only.... **Lui** is used to stress **le feu**. Another word for fire is **un incendie**.

Travaux pratiques

10 What happens in an emergency? Find out which of these statements are true or false by listening to the tape. (Answers on p.208.)

	vrai	faux
a. Dans la proche banlieue parisienne, on compose le 19 pour appeler les pompiers.	☐	☐
b. Les pompiers arrivent dans la minute qui suit un appel.	☐	☐
c. On appelle les pompiers quand il y a un accident de voiture.	☐	☐
d. On ne doit pas appeler les pompiers quand il y a une tentative de suicide.	☐	☐
e. Les pompiers s'occupent de toutes sortes d'accidents.	☐	☐
f. Le feu représente 25 à 30% des interventions des pompiers.	☐	☐

11 Lieutenant Richepain talked a bit more about the **pompiers de Paris** in general, and his own station (the Colombier Emergency Centre) in particular. Note down in English three facts for each. (Answers on p.208.)

Les pompiers de Paris sont les seuls pompiers militaires du monde (sauf les pompiers marins de Marseille). Nous n'avons pas le droit de grève. La moyenne d'âge des pompiers de Paris est de 20 à 22 ans – partout ailleurs c'est de 40 à 45. Il faut avoir la foi pour faire ce métier. Ici, au Centre de secours de Colombier, il y a deux lieutenants. Nous sommes les seuls officiers du Centre, et l'un ou l'autre de nous doit être là tout le temps. Alors, pendant les vacances de l'un, l'autre doit être là, 24 heures sur 24, pendant un mois entier.

Pompiers de Paris

a. ....

....

b. ....

....

c. ....

....

Centre de secours de Colombier

a. ....

....

b. ....

....

c. ....

....

12 Marie-Thérèse wants to know what to do in an emergency in Paris. Refer back to the dialogue for your answers and write down the details. Try to do this exercise more than once – the second time preferably without stopping the tape.

Expressions importantes

J'ai mal au ventre/à la tête. — I have a stomach-ache/headache.
J'ai des douleurs
  un peu partout. — I have pains
  more or less everywhere.
J'ai de la diarrhée/des maux de
tête. — I have diarrhoea/headaches.
Que pourriez-vous me conseiller
comme médicament? — What could you advise me (to get)
  in the way of medicine?
C'est sous forme de gélules/
  comprimés/suppositoires. — It is in capsule/tablet/suppository
  form.
Voilà la posologie. — There is the dosage.
C'est une grippe. — It is flu.

Les personnes âgées
  ont l'habitude de
  prendre de l'aspirine
  sans contrôle médical. — Elderly people
  are used to
  taking aspirin
  without medical supervision.
Il faut prendre le médicament
  au cours du repas. — You should take the medicine
  during the meal.
Comme ça, il se trouve
  mélangé aux aliments. — That way, it is
  mixed with the food.
Il ne faut pas prendre d'alcool;
  tout au moins
  il ne faut pas en abuser. — You shouldn't have any alcohol;
  at the very least
  you shouldn't have it in excess.

Tu as toujours bonne mine. — You always look well.
Tu es en forme. — You are in shape.
Tu es plein(e) d'énergie. — You are full of energy.
Comment tu fais? — How do you manage it?
Tu suis un régime? — Are you on a diet?
Je fais attention. — I am careful.
Je me sens mieux. — I feel better.
Quelque chose comme ça. — Something like that.

Pour obtenir des secours
  il vous suffit de
  composer le 18. — To get help
  all you have to do is
  dial 18.
Vous avez les pompiers
  au bout du fil. — You have the firemen
  on the end of the line.
Vous expliquez
  ce qu'il vous arrive. — You explain
  what is happening to you.

Grammaire

de after a negative

One of the basic grammar rules is that after a negative, **du**, **de la**, **des**, **un** and **une** all change to **de**. (This applies only when **du**, **de la** and **des** mean 'some', not when they mean 'of the'.)

... ne pas prendre d'alcool.
... not to drink any alcohol.

... pas trop de graisse, et puis pas trop de gâteaux, de choses comme ça.
... not too much fat and not too many cakes, things like that.

If you study the following list of examples it should become clear. Try to remember the rule when you are speaking and writing, but don't be disheartened if you forget – French people themselves sometimes make mistakes over this rule.

Avez-vous pris du fromage?   **As-tu acheté des comprimés?**
Non, je n'ai pas pris de fromage. **Non, je n'ai pas acheté de comprimés.**

As-tu fait de la soupe?   **Tu as un magnétophone?**
Non, je n'ai pas fait de soupe.   **Non, je n'ai pas de magnétophone.**

But, in the following examples, where **du** means 'of (the)' and **un** 'a/one' rather than 'some', they do *not* change to **de** after a negative:

Avez-vous parlé du problème?   Have you spoken of the problem?
Non, je n'ai pas parlé du   No, I haven't spoken of the problem.
  problème.

Tu suis un régime particulier?   Are you on a particular diet?
Pas vraiment un régime   Not really a particular diet ...
  particulier ...

n'importe

This is a useful expression found in a variety of contexts which means 'no matter' or 'any'.

J'ai oublié de poster cette lettre. – Oh, n'importe.
I forgot to post this letter. – Oh, it doesn't matter.

Vous trouverez ce médicament dans n'importe quelle pharmacie.
You'll find this medicine in any pharmacy.

On peut le prendre à n'importe quel moment?
Can you take it at any time (lit. at no matter which moment)?

It is used to refer to people and objects (anybody/one, anything) with **qui** and **quoi**.

Ça peut arriver à n'importe qui. It can happen to anyone.
Il dit n'importe quoi. He says any old thing (i.e. he talks nonsense).

When referring to time, manner and place (anytime, anyhow, anywhere), it is followed by **quand**, **comment** and **où**:

Vous pouvez m'appeler n'importe quand.
You can call me anytime.

Elle s'habille n'importe comment.
She dresses any old way.

Est-ce que les places sont numérotées? – Non, vous pouvez vous asseoir n'importe où.
Are the seats numbered? – No, you can sit down anywhere.

13 Which word goes in which space? (Answers on p.208.)

quoi **où** **quand** **quelle**

Tu préfères aller au cinéma ou au restaurant? – Oh, n'importe ....**a.**

b. C'est ridicule! Tu racontes n'importe ....!

c. Vous pouvez me téléphoner à n'importe .... heure.

d. Cette lettre n'est pas urgente, tu peux la poster n'importe ....

And how would you say these in French? (Answers on p.208.)

e. These dishes have been prepared any old way.

....

f. The children eat anything!

....

g. You can buy aspirin at any pharmacy.

....

Impersonal verbs

To refresh your memory, here is a list of impersonal verbs you have met so far:

il faut (+noun or infinitive) it is necessary
il suffit de it is sufficient to
il arrive (**que**) it happens (that)
il paraît (**que**) it appears (that)
il reste there remain(s)

14 Using the five verbs above, translate these sentences. (Answers on p.208.)

a. It appears that the pharmacy is closed. ....

....

b. There are two capsules left. ....

....

c. All you have to do is (It is sufficient) to consult a doctor. ....

....

d. You must (It is necessary to) take your medicine now. ....

....

e. It often happens that I forget to take my medicine. ....

....

A lire

Since another flu epidemic is forecast, there is a campaign to encourage people to be vaccinated. The new vaccine has been modified to combat the latest form of the virus.

Grippe : Nouveaux vaccins contre nouveaux virus

L'automne approche, et le nouveau vaccin contre la grippe est arrivé. Suivant les conseils de l'Organisation mondiale de la santé, les Instituts Mérieux, Pasteur et Ronchèse, c'est-à-dire les trois fabricants français de vaccin antigrippal, ont modifié le «cocktail» de virus qu'ils proposent pour l'hiver prochain.

PAR LE Dʳ MONIQUE VIGY

Durant l'épidémie observée en France l'hiver dernier un fait nouveau est intervenu: l'apparition d'un virus grippal différent de ceux qui sévissaient depuis plusieurs années. L'an dernier, un de ces variants est apparu sur notre territoire.

Fumeurs, attention!

C'est aux Philippines qu'il avait été isolé pour la première fois. On l'a retrouvé quelques mois plus tard dans plusieurs autres pays, aux Etats-Unis et en Grande-Bretagne notamment.

L'O.M.S. a donc décidé de demander son introduction dans les vaccins.

Autre «nouveauté»: l'accent mis sur la plus grande sensibilité des fumeurs au virus grippal. Plusieurs études menées aux Etats-Unis, en Israël, en Finlande, en Australie ont montré que le fait de fumer représente un facteur d'accroissement du risque de grippe – les fumeurs l'«attrapent» plus facilement que les autres – et du risque de complications sévères.

Du point de vue biologique, cependant, les fumeurs s'immunisent bien, et ils peuvent donc bénéficier de la vaccination mais chez eux l'immunité persiste moins longtemps que chez les non-fumeurs.

Rappelons que la vaccination contre la grippe est particulièrement recommandée aux malades chroniques – cardiaques et pulmonaires en particulier – et aux personnes âgées. Or, un tiers seulement de la population à risque s'est fait vacciner l'an passé, ce qui est largement insuffisant.

Organisation mondiale de la santé (O.M.S.) World Health Organisation (W.H.O.)
vaccin (m.) **antigrippal** (anti)flu vaccine

intervenir here: come up	**attraper** catch
sévir rage, go around	**malade** (m. or f.) sick person
fumeur (m.) smoker	**or** now
étude (f.) study	**tiers** (m.) third
mener here: conduct	**largement** more than, by a long way
accroissement (m.) increase	**insuffisant** insufficient

15 Which of the following statements about the flu vaccine are correct? (Answers on p.208.)

a. ☐ Cet automne, les trois fabricants ont pris un cocktail ensemble.

b. ☐ L'hiver dernier, un nouveau virus grippal est apparu en France.

c. ☐ Les non-fumeurs attrapent la grippe plus facilement que les fumeurs.

d. ☐ L'immunité des non-fumeurs persiste plus longtemps que celle des fumeurs.

e. ☐ Il est dangereux pour les malades chroniques de se faire vacciner.

f. ☐ La vaccination n'est pas recommandée aux personnes âgées.

g. ☐ Deux tiers de la population à risque ne se sont pas fait vacciner.

The second item is an extract from an article on migraines – by a journalist who found an unusual cure for hers.

Migraine: causes et remèdes

Je suis une migraineuse guérie, ou presque. Mais depuis cinq ans seulement. Pas de quoi se vanter, pour une journaliste qui navigue depuis vingt ans dans les milieux médicaux! Je croyais que c'était une fatalité, ces crises qui, périodiquement, me jetaient sur mon lit pour trois jours, tête enfouie dans l'oreiller.

Le hasard seul est venu à mon secours. Le hasard, c'est le fait de m'être excusée pour un dîner chez un ami rhumatologue. *«Je suis alitée ... migraine.»* Quand je le revois,

il questionne: *«Vos migraines ... à ce point? J'ai entendu dire qu'un produit normalement prescrit pour tout autre chose est parfois efficace en traitement de fond.»* Ordonnance. Je m'exécute. Les migraines ont cessé.

Au bout d'un an, j'ai osé stopper le traitement. Je n'ai plus de crises qu'exceptionnelles. Le produit: un antiépileptique. Non, je ne suis pas épileptique. Il n'est pas rare qu'un médicament prévu pour une affection se révèle par hasard efficace dans un autre domaine ...

guérir cure
se vanter boast
enfouir bury
hasard (m.) chance, coincidence
rhumatologue (m. or f.) rheumatologist
alité in bed
à ce point here: that bad
prescrit prescribed
traitement (m.) **de fond** in-depth treatment
  (i.e. treatment of the cause, not the symptoms)
ordonnance (f.) prescription
s'exécuter comply
oser dare
affection (f.) here: ailment

16a. Depuis combien de temps est-ce que la journaliste est (presque) guérie? ....

b. Quand elle avait une migraine, pendant combien de temps était-elle alitée? ....

c. Chez qui est-ce que la journaliste devait dîner? ....

d. Quel genre de produit lui a-t-il prescrit? ....

e. Qu'est-ce qui se révèle parfois par hasard? ....

(Answers on p.208.)

Radio

To a French person, **l'alcool** means spirits – but not necessarily wines, beers, etc. This is why Radio France's campaign against drunken driving had to remind people of a few facts . . . Listen to Denis Poirier. (Transcript on p.217.)

ayez have (command)
verre (m.) glass
s'additionner add up

17 Faites une liste de toutes les boissons alcooliques mentionnées par Denis Poirier. (Answers on p.208.)

a. ....**b.** ....

c. ....**d.** ....

The second radio spot from the campaign stresses the dangers of drinking and driving and points out that the only really safe blood alcohol level (**alcoolémie**) is zero. (Transcript on p.217.)

volant (m.) steering wheel
fausser falsify, distort
votre propre juge (m.) your own judge
amende (f.) fine
automobiliste (m. or f.) driver

18 Ecoutez Denis Poirier et complétez les phrases suivantes. (Answers on p.208.)

a. Il est dangereux de prendre le volant après avoir absorbé

....

b. L'alcool fausse votre ....

c. La sensibilité à l'alcool varie selon ....,

..................................., la boisson absorbée.

d. L'automobiliste qui a trop bu risque de passer ....

en prison.

e. Il risque également une amende de ....

f. Les automobilistes qui ont trop bu risquent leur ....

et celle ....

The third radio extract is from a programme
that looks at smoking among children. (Transcript on p.217.)

désormais from now on
dégueulasse foul, nauseating (slang)
s'habituer get used to it
pour faire bien to look good

19a. A quel âge est-ce qu'on commençait à fumer il y a quinze ans? ....

....

b. Quel pourcentage des enfants de 12 à 14 ans sont aujourd'hui des

consommateurs de tabac? ....

c. Pourquoi est-ce qu'ils commencent à fumer? ....

....

d. A quel âge est-ce que la jeune fille a fumé sa première cigarette? ....

....

(Answers on p.208.)

A vous de parler

 20 You were on holiday in France when a member of your party was taken ill
or was involved in an accident. What did you do? Give as full an account as
you can about what happened, the people you contacted, the symptoms,
treatment etc. Marie-Thérèse has her own story to tell on this subject.

21 This time, tell a colleague at some length how well you feel (**Je me sens en
plein(e) forme**) and what you do to keep in shape. Then listen to Yves
talking about his own fitness programme.

10 Au courant de la technologie

What you will learn

- how new technology changes our home and working life
- how the working conditions of Parisian sewage workers have improved
- that Télétel informs you at the push of a button

... and how a home computer could start a nuclear war

Télétel.
Les renseignements administratifs en direct.

Study guide

Dialogue 1
Produits blancs – produits bruns

M. Sélignan Notre société vend tous les produits qui servent à équiper un foyer, aussi bien dans la cuisine que dans le salon que dans la chambre à coucher.

Et nous vendons, d'une part des produits électroménagers, dits produits blancs – type machine à laver, lave-vaisselle, réfrigérateur ou cuisinière – et d'autre part, tout ce que nous appelons les produits bruns, c'est-à-dire les téléviseurs, la hi-fi et tous les nouveaux produits électroniques tels que le magnétoscope, qui en général sont des produits qui vont plutôt dans le salon que dans la cuisine.

Alors, les produits dans lesquels il y a la plus forte évolution technologique sont évidemment les produits bruns, parce que là nous sommes devant des familles de produits qui sont beaucoup moins mûres que celles des produits blancs.

foyer (m.) household, home
◗ **électroménager** (-ère) (household) electrical
type here: of the ... type
◗ **machine** (f.) **à laver** washing machine

◗ **lave-vaisselle** (m.) dishwasher
◗ **cuisinière** (f.) stove (also: fem. cook)
◗ **magnétoscope** (m.) video recorder
mûr developed (lit. ripe, mature)

◗ **d'une part ... et d'autre part** on the one hand ... and on the other hand.

dits produits blancs called white products (because they tend to be white); **les produits bruns** brown products.

◗ **les téléviseurs** the correct word for television *sets* as opposed to television in general, though people normally use the word **télévision** (f.) or just **télé**.

◗ **tels que** such as (see **Grammaire**, p.161).

◗ **dans lesquels il y a la plus forte évolution technologique** in which there is the greatest technological evolution. **Lesquels** will be covered in the **Grammaire** section on p.162.

Travaux pratiques

1 M. Sélignan talks about white and brown products. What does he mean?
Just listen to the recording again and list all the items he mentions under
the appropriate heading, then indicate where they are used in the house.
(Answers on p.208.)

a. Produits blancs   **Produits bruns**

....

....

....

....

Endroit d'utilisation: **Endroit d'utilisation:**

....

b. L'évolution technologique est plus avancée

☐ pour les produits blancs   ☐ pour les produits bruns

2 See if you can find the answers to the following clues – all of them are words
which occurred in the dialogue. (Answers on p.208.)

a. Développement.

b. Il lave les assiettes.

c. D'une technologie moderne.

d. Elle prépare les repas.

e. Un _____ couleur

f. Il tient au froid.

g. La chambre à _____.

h. Il enregistre des films.

i. Qui servent à _____ un foyer.

j. Pas anciens.

k. Salle de séjour.

l. Normalement: en _____.

m. Bien sûr.

n. Choses qu'on vend.

(Crossword grid with starting letters: E, L, E, C, T, R, O, M, E, N, A, G, E, R)

3 A friend (Yves) who has just moved is showing you around his newly
equipped flat. Follow Paul's lead and remember that **de** is used for **un** or
une after a negative (**pas de machine à laver**).

Dialogue 2
Les machines, c'est sensationnel!

Danielle   Voilà tes photocopies, Chantal.

Chantal   Ah merci, Danielle. Qu'est-ce qu'on ferait sans ces machines?

Danielle   Oh oui, les machines, c'est sensationnel! Moi, ce que je préfère, remarque, c'est le magnétophone.

Chantal   Le magnétophone? Oh, moi, ce que j'aime bien c'est le rétroprojecteur.

Danielle   Ah oui? Tu utilises ça souvent?

Chantal   Oh oui, c'est vraiment formidable. J'aime bien pouvoir rester devant les élèves et pouvoir en même temps écrire ce qu'ils doivent regarder au tableau – c'est vraiment pratique.

Danielle   Oui, oui. Et le magnétoscope – tu utilises ça de temps en temps, ou...?

Chantal   Ah oui, oui, oui. Pour un cours de langue c'est vraiment primordial.

Danielle   Oui, mais enfin ça c'est quand même pour les images seulement. Il me semble que pour la voix, pour la leçon, il faut peut-être mieux un laboratoire de langues – tu aimes ça, toi, les laboratoires de langues?

Chantal   Oui, oui, c'est ... c'est bien utile aussi.

Danielle   Oui. Et le magnétophone, moi, alors c'est vraiment mon préféré.

Chantal   Tu l'utilises souvent?

Danielle   Oui, ben, tous les jours, toutes les leçons, vraiment, je crois que c'est essentiel.

Chantal   Tu enregistres les élèves?

Danielle   Oui, on a fait ça, on a fait des petites cassettes et puis alors ils s'écoutent les uns les autres – ils aiment bien ça, tu vois, ça ... arrange leur accent et des choses comme ça.

◆ **magnétophone** (m.) tape recorder

rétroprojecteur (m.) overhead projector

◆ **utiliser** use

◆ **élève** (m. or f.) pupil, young student

tableau (m.) here: board

primordial essential

image (f.) picture

leçon (f.) lesson

laboratoire (m.) **de langues** language laboratory

◆ **utile** useful

◆ **enregistrer** record

arranger sort out

◆ **Qu'est-ce qu'on ferait sans ces machines?** What would we do without these machines?

remarque mind you.

J'aime bien pouvoir rester devant les élèves.
I like to be able to face (lit. stay in front of) the students.

ils s'écoutent les uns les autres they listen to each other. (**Ils s'écoutent** on its own could mean either 'they listen to each other' or 'they listen to themselves'.)

Travaux pratiques

4 Can you identify all the machines referred to by the two teachers? Listen to the dialogue again and number the boxes in the order in which the items are mentioned. (Answers on p.208.)

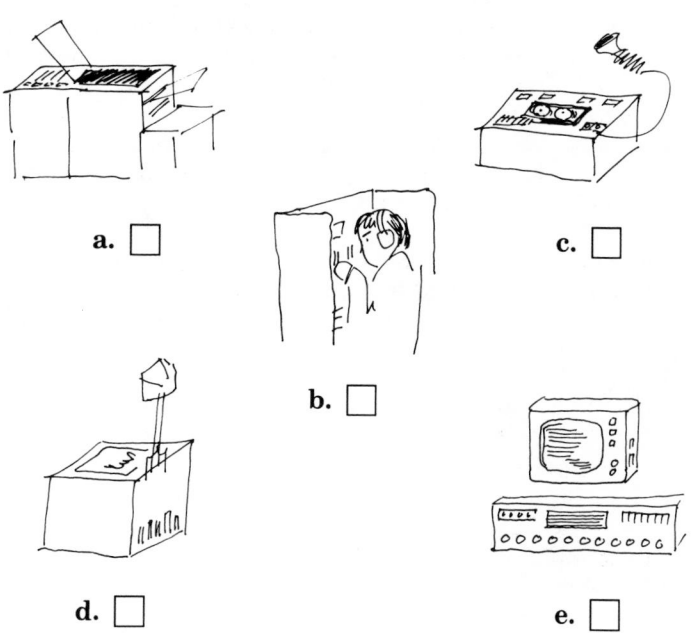

a. ☐

b. ☐

c. ☐

d. ☐

e. ☐

5 Snippets of teachers' conversation overheard at school. To what kind of machine is each of the teachers referring? Write down the answers in French. (Answers on p.208.)

a. 'Ça leur permet de regarder la télé pendant les cours, alors, tu comprends, ils adorent ça!'

....

b. 'Moi j'aime bien ça – ça me permet de regarder les élèves pendant que j'écris au tableau, et dans certaines classes c'est bien utile!'

....

c. 'Oui, ça aussi, c'est très utile dans un cours de langues – les élèves peuvent s'enregistrer ou faire leurs propres émissions de radio. Ils aiment bien ça et puis ça arrange leur accent.'

....

d. 'Non, ça je n'aime pas du tout. D'abord, très souvent ça ne fonctionne pas et puis, les élèves n'ont pas vraiment de contact humain – ils sont seuls dans leurs cabines et ils ne parlent qu'à une machine.

....

6 Now ask Marie-Thérèse whether she has a tape recorder, and follow Paul's lead in asking how she uses it. Then listen to Yves's version. The way he asks questions in this conversation is the simplest way of all – just putting a questioning tone into his voice.

Dialogue 3
La technologie, ça vous fait peur?

François   Alors, de plus en plus on parle de robotique, télématique, on parle de bureautique – d'abord, ça vous fait peur?

Christine   Non, pas du tout, j'ai suivi un stage de trois jours justement pour me mettre au courant de cette nouvelle technologie. Ça ne me fait pas peur. Je pense que ça peut énormément changer le travail d'une secrétaire en la débarrassant de toutes les tâches fastidieuses et répétitives que l'on est obligé de faire avec une machine à écrire électrique classique.

François   Et ces machines sont impressionnantes?

Christine   Non, pas du tout, ça se présente sous la forme d'un écran, comme un écran d'informatique – et d'un clavier – comme une machine à écrire.

François   Donc, vous êtes contente?

Christine   Oui, parfaitement, j'ai trouvé que c'était très intéressant. Il y a une mémoire centrale qui permet de … de mémoriser toutes les informations que l'on rentre sur l'écran, et cela permet de corriger tout un tas de textes, d'opérer des calculs. Il y a également des imprimantes qui sont … dépendantes de cette machine et qui permettent d'imprimer un certain nombre de lettres dans un temps record.

- **stage** (m.) (training) course
- **débarrasser** rid, free
- **tâche** (f.) task
  fastidieux tedious
- **machine** (f.) **à écrire** typewriter
  impressionnant here: intimidating
  clavier (m.) keyboard
- **corriger** correct
  tas (m.) pile, heap
  opérer carry out
  calcul (m.) calculation
  imprimante (f.) printer
  imprimer print

  robotique robotics.
  télématique data transmission.
- **bureautique** office technology.
  French people themselves are often unsure of the exact meaning of the many new words ending in **-ique** which have been coined on the model of
- **informatique** (computing).

- **ça vous fait peur?** does it frighten you?

- **pour me mettre au courant de** to bring myself up to date with.

- **ça se présente sous la forme d'un écran** it comes in the form of a screen.
- She is talking about **une machine à traitement de texte**, a word-processor.

  qui permet de … mémoriser toutes les informations que l'on rentre which allows you to store all the information which you enter.

- **dans un temps record** in record time.

Travaux pratiques

7 Can you label the items in the illustration in French? Use the dialogue for reference. (Answers on p.209.)

a.

b.

c.

d.

e.

a. .... c. .... e. ....

b. .... d. ....

8 Christine mentioned the training course in a letter to an American friend. Translate this passage into French and check it against the version on p.209.

```
... In April I went on a three-day course to bring
myself up to date with office technology.  It was
very interesting.  I think that this new technology
can change our work enormously.  My colleagues ask
me if that frightens me.  Not at all!  With a
typewriter, one has tedious and repetitive tasks to
do.  A word-processor frees you from these tasks.
I'd be very happy to have one (of them)!
```

9 Yves seems to be sceptical of new technology in general and word-processors in particular. It turns out that he knows very little about them. Answer his questions, following Paul's lead.

Dialogue 4
Vous êtes plus mécanisés?

Interviewer	Alors, Monsieur Sylvestre, comment devient-on égoutier?
M. Sylvestre	Euh ... on devient égoutier souvent ... de père en fils. Le fils apprend par son père ce qu'est le métier d'égoutier, ça l'intéresse et il vient.
Interviewer	Et vous, Monsieur Guillot?
M. Guillot	On ne venait pas en disant demain je serai égoutier, comme on peut dire que demain je vais être docteur ou avocat. Moi, je me rappelle, quand j'ai dit à ma femme j'ai trouvé un emploi d'égoutier, elle était aux cent coups. Elle m'a dit: 'Tu te rends compte, descendre là-dedans, et tout!' J'ai dit: 'Bon, ben, je vais faire un essai, je vais bien voir, hein!'
Interviewer	Attention, attention, attention! Est-ce qu'elle pensait que c'était un métier dur, ou est-ce qu'elle pensait que c'était un métier dont elle pourrait pas dire à ses petites copines: 'Mon métier, mon, mon mari est égoutier'?
M. Guillot	C'est ça aussi. Voilà! Moi ... je ... connais des collègues qui veulent pas dire qu'ils sont égoutiers. Ça ..., alors que moi, ça me gêne absolument pas. Il y a pas de sot métier, hein?
Interviewer	Monsieur Sylvestre, quand vous êtes rentré dans les égouts il y a vingt-cinq ans – vous êtes rentré en qualité de quoi?
M. Sylvestre	Ben, on curait les égouts, mais avec des ... avec des engins relativement ... difficiles ... alors que maintenant on a du matériel beaucoup plus sophistiqué.
Interviewer	Et vous êtes plus mécanisés, quoi?
M. Sylvestre	Voilà. Si vous voulez.

♦ **égoutier** (m.) sewage worker
avocat (m.) lawyer
là-dedans down in there
essai (m.) trial, attempt
dur hard
dont of which
♦ **gêner** embarrass, bother
curer clean out
égout (m.) sewer
matériel (m.) equipment

♦ **de père en fils** from father to son.

en disant saying.

♦ **aux cent coups** hopping mad.

♦ **tu te rends compte?** do you realise?
(From **se rendre compte**)

♦ **Il (n')y a pas de sot métier, hein?**
there's no (such thing as a) stupid
trade, right?

en qualité de quoi? in what capacity?

des engins relativement difficiles
instruments (equipment) that were
relatively difficult (to operate).

♦ **vous êtes plus mécanisés** you are
more mechanised.

10 The word **égoutier(s)** occurs seven times in this dialogue. Without looking back at the text, use the tape to help you complete the different phrases in which this word is used. (Answers on p.209.)

a. comment ....-............ égoutier?

b. on .... égoutier ....

c. Ce qu'est .... égoutier

d. demain .... égoutier

e. j'ai .... égoutier

f. mon .... égoutier

g. qui ....,.......... .... égoutiers

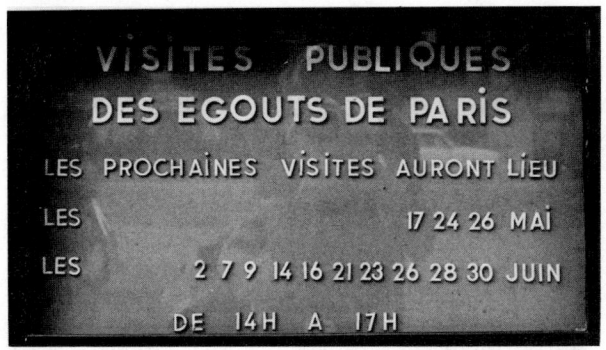

VISITES PUBLIQUES
DES EGOUTS DE PARIS
LES PROCHAINES VISITES AURONT LIEU
LES   17 24 26 MAI
LES   2 7 9 14 16 21 23 26 28 30 JUIN
DE 14H A 17H

11 Paul Binot, after several months of unemployment, has found himself a job. He comes home to tell his wife Yvette. What they say to each other is written out below, but the sentences are all in the wrong order. With the help of the dialogue, re-arrange the sentences by numbering them from 1 to 7. (Answers on p.209.)

Paul ☐ Pas si dur que ça – il paraît que le travail est beaucoup plus mécanisé.

Paul ☐ Un emploi d'égoutier.

Paul ☐ Tu dis ça parce que tu ne veux pas dire à tes amies que ton mari est égoutier.

Yvette ☐ Formidable! Quelle sorte d'emploi?

Yvette ☐ Un emploi d'égoutier! Mais Paul, c'est trop dur comme travail!

Paul ☐ Bonsoir, Yvette. J'ai enfin trouvé un emploi.

Yvette ☐ Oui, mais tu te rends compte, descendre là-dedans!

12 You will be interviewed by Marie-Thérèse about your job as a printer (**imprimeur**) which has become much more mechanised since you first started working. Paul will suggest what you should answer.

Expressions importantes

Dans les produits	In electrical household appliances
électroménagers	
nous avons d'une part	we have on the one hand
la cuisinière,	the stove,
la machine à laver,	the washing machine,
le lave-vaisselle,	the dishwasher,
et d'autre part	and on the other hand
le téléviseur,	the television set,
la hi-fi, etc.	hi-fi, etc.
Les produits dans lesquels	The products in which
il y a la plus forte	there is the greatest
évolution technologique	technological evolution
sont les produits électroniques	are electronic products
tels que le magnétoscope.	such as the video recorder.
Qu'est-ce qu'on ferait	What would we do
sans ces machines?	without these machines?
J'utilise le magnétophone	I use the tape recorder
pour enregistrer	to record
les élèves,	the students,
c'est bien utile.	it's very useful.
Ça vous fait peur?	Does it frighten you?
Non, j'ai suivi un stage	No, I have been on a course
pour me mettre au courant	to bring myself up to date
de la bureautique.	with office technology.
La machine à traitement de texte	The word-processor
se présente sous la forme	comes in the form
d'une machine à écrire	of a typewriter
et d'un écran.	and a screen.
Ça débarrasse la secrétaire	It frees the secretary
de ses tâches répétitives.	from her repetitive tasks.
Ça permet de corriger des textes	It allows you to correct texts
dans un temps record.	in record time.
On fait ce métier	One does this job
de père en fils.	from father to son.
Vous vous rendez compte?	Do you realize?
Ça ne me gêne pas.	It doesn't bother (embarrass) me.
Notre travail est plus mécanisé.	Our work is more mechanised.

Grammaire

The present participle

En passant par le parc on arrive plus vite à la maison.
By passing through the park you get to the house more quickly.

You have met the present participle (which in English ends in **-ing**) a number of times during the course. It is not difficult to identify: it always ends in **-ant** and quite often (as in the example shown) has the word **en** before it, conveying the idea of 'by or while ...-ing'.

Ça peut changer le travail d'une secrétaire en la <u>débarrassant</u> de toutes les tâches répétitives ...
It can change the work of a secretary by freeing her from all the repetitive tasks ...

You form a present participle by adding the **-ant** to the stem of the verb, the stem being the first part of the **nous** form of the present tense. So you have:

dire	(nous <u>dis</u>ons)	(en) **disant**	(by) saying
finir	(nous <u>finiss</u>ons)	(en) **finissant**	(by) finishing
vendre	(nous <u>vend</u>ons)	(en) **vendant**	(by) selling
prendre	(nous <u>pren</u>ons)	(en) **prenant**	(by) taking
venir	(nous <u>ven</u>ons)	(en) **venant**	(by) coming
aller	(nous <u>all</u>ons)	(en) **allant**	(by) going

The formation of present participles is surprisingly regular, with the predictable exceptions of **être** (present participle **étant**) and **avoir** (**ayant**).

The only 'danger' attached to the use of this participle is that English speakers tend to use it in contexts where a French person would use an infinitive. Remember, when you have two verbs together, the second one must be an infinitive (see the **Grammaire** section on p.82 if you have forgotten):

J'aime <u>regarder</u> les nouveaux produits électroniques.
I like looking at new electronic products.

And, of course, you *never* use a present participle in French when you want to translate 'to be + -ing'. So 'I am looking' has to be translated as 'I look': **je regarde** or 'he was playing' as 'he played': **il jouait**.

tel, telle, tels, telles

Tel que is used in the same way as we use 'such as' in English. The only difference is that, in writing, you have to remember to make it agree with the noun it refers to, as you do with any other adjective.

... les nouveaux produits électroniques, tels que le magnétoscope.
... new electronic products, such as the video recorder.

... les nouvelles machines, telles que l'ordinateur.
... new machines, such as the computer.

Tel is sometimes used without **que** to mean 'such a', e.g. **Un tel homme/ une telle femme** such a man/woman (i.e. a man/woman such as you describe). From this comes the colloquial use of **Monsieur/Madame Untel**, Mr/Mrs So-and-So.

lequel, laquelle, lesquels, lesquelles

Lequel, **laquelle**, **lesquels** and **lesquelles** correspond to 'which (one)' in English. They are pronouns – i.e. they stand alone instead of a noun:

... la machine avec laquelle il travaillait
... the machine with which he was working

... les produits dans lesquels il y a la plus forte évolution
... the products in which there is the greatest evolution

In English, 'which' can be either a pronoun (as it is in the examples above) or an adjective – i.e. it can be linked directly with a noun, as in 'which machine' or 'which products'. French, however, distinguishes between the two and uses **lequel** (etc.) for the pronoun 'which (one)' and **quel** (etc.) for the adjective. Here are some examples:

Pronoun: Which (one)	*Adjective: Which*
Lequel veux-tu?	**Quel magnétophone veux-tu?**
Which one do you want?	Which tape-recorder do you want?
Voici nos imprimantes.	**Quelle imprimante préférez-**
Laquelle préférez-vous?	**vous?**
Here are our printers.	Which printer do you prefer?
Which (one) do you prefer?	

13 Joëlle seems rather vague about her musical preferences. Fill in the spaces below with **tel, telle, quel, quelle, lequel** or **laquelle**, as required. However, not all these words will be needed, and some may occur more than once. (Answers on p.209.)

Anne Qu'est-ce que tu veux pour ton anniversaire?

Joëlle Oh, j'aimerais bien une cassette.

Anne .... cassette?

Joëlle Oh, je ne sais pas.

Anne Mais .... genre de musique préfères-tu?

Joëlle Oh, des groupes anglais .... que *Pink Floyd*

ou les *Rolling Stones* – quelque chose comme ça.

Anne Et .... des deux préférerais-tu?

Joëlle N'importe ....

A lire

Télétel is a teletext system, the French equivalent of Prestel in the U.K., an information service based on a telephone, a small computer terminal and a screen for displaying the information.

Télétel.
Les renseignements administratifs en direct.

Télétel, c'est un nouveau moyen de communication des PTT qui utilise la ligne téléphonique pour transmettre des informations clairement lisibles sur l'écran d'un terminal: renseignements administratifs, programmes de loisirs, horaires de transports et réservations, consultations de votre compte bancaire, etc.

L'un de ces services, mis au point par les Télécommunications, est le service 'annuaire électronique' qui donne le nom, l'adresse et le numéro de téléphone de tous vos correspondants,

Pour permettre l'accès à ce service, les Télécommunications proposent progressivement aux abonnés au téléphone, région par région, de disposer d'un terminal

Télétel simple et pratique: le Minitel.
Télétel, chez soi, tout un monde de services en direct.

Télétel chez vous, ce sera l'écran du terminal, le clavier de commande et la ligne téléphonique. C'est simple, il suffit de savoir se servir du téléphone.

PTT (Poste, Télégraphe, Téléphone)
Post Office and Telecommunication Services
lisible readable, legible

compte (m.) account
mettre au point develop, perfect
annuaire (m.) directory

14a. Le système Télétel, qu'est-ce que c'est? ....

....

b. Où est-ce qu'on lit les informations? ....

c. Comment s'appelle le service par lequel on peut trouver le numéro

de téléphone d'un correspondant? ....

d. Comment s'appelle le terminal Télétel? ....
(Answers on p.209.)

Pick your favourite electronic toy and answer the questions below in French. (Answers on p.209.)

15a. What gives 'great listening comfort'? ....

b. What is accurate to a tenth of a second? ....

c. What can you see in the dark? ....

d. What is the 'complete alarm' meant to protect? ....

e. What can you pay for in six monthly instalments interest-free and how much is the down payment? .... /.........................

Radio

The first radio extract is an account of the film *War Games*, in which a young computer whizz kid nearly sets off a nuclear war. (Transcript on p.217.)

surdoué excessively gifted
bricoler tinker with
(micro-)ordinateur (m.) (micro-)computer
ainsi peut-il se faire attribuer thus he is able to get himself credited with
petite amie girlfriend
pirater to pirate
compagnie aérienne (f.) airline company

se corser hot up, heat up
mise (f.) **à feu** firing
manière de s'amuser by way of amusing himself
gosse (m. or f.) kid
vidéomanie (f.) videomania
manquer de nearly . . . (lit. to miss (doing something))
pour de vrai for real

16 Did you follow the story? Use the tape to help you find the answers to the following questions. (Answers on p.209.)

a. Comment s'appelle l'adolescent? ....

b. Qu'est-ce qu'il bricole? ....

c. Comment se fait-il attribuer de bonnes notes scolaires? ....

d. Qu'est-ce qu'il se fait réserver en connectant la machine d'une compagnie aérienne? ....

e. Quels missiles sont contrôlés par le NORAD? ....

f. Qu'est-ce que David 'manque de provoquer pour de vrai'? ....

David et sa petite amie piratent l'ordinateur de leur école

17 What is the discrepancy between the account on tape and this report on *War Games*, taken from a French magazine? (Answers on p.209.)

> **Réalisation** : John Badham. **Production** : Harold Schneider en association avec Sherwood Production. **Distribution** : C.I.C. **Attachés de presse** : Michèle Abitbol. **Durée** : 1 h 54, couleurs, 1982.
>
> **Interprètes** : Matthew Broderick, Dabney Coleman, John Wood, Ally Sheedy. **Sujet** : Un garçon de seize ans, passionné d'informatique déclenche accidentellement une alerte nucléaire.

Rosemonde Pujol talks about the noise (**le bruit**) of household appliances – in particular the vacuum cleaner (**l'aspirateur**), which has a decibel-rating nearly as high as a pneumatic hammer (**un marteau pneumatique**)! (Transcript on p.218.)

ronronner purr
vrombir hum, **vrombissement** (m.) hum, humming
seuil (m.) threshold
insupportable unbearable
oreille (f.) ear
bien-portant healthy person
déprimé depressed

18 Listen to Rosemonde Pujol again and write down the answers to these questions in French as you go along. (Answers on p.209.)

a. What would give the following decibel-ratings?

25 dB ....

30 dB ....

80–90 dB ....

100 dB ....

b. What do the specialists call a level of 120 dB?

....

c. Which groups of people have a much lower noise tolerance?

....

A vous de parler

19 What electrical appliances do you have in your home? What others would you like to have and why? When you have given your answer aloud in French, listen to the tape to hear Marie-Thérèse giving hers.

20 Do you have / would you like a home computer? What do you / would you use it for? Or are you perhaps afraid of this new technology? Answer as completely as you can, before listening to what Yves has to say on the subject.

11 *Tout un programme!*

What you will learn

- talking about your TV viewing habits
- something about French newspapers and magazines
- understanding programmes and film reviews

. . . and how Radio France and a local radio station operate

Study guide

Dialogue 1
Se détendre avec un bon film

Jean-François   Tu regardes souvent la télévision, Brigitte?

Brigitte   Très rarement, très rarement – sauf le soir, je suis fidèle au, au journal télévisé pour les nouvelles et surtout pour la météo. Et toi?

Jean-François   Moi j'avoue que je regarde très souvent . . . principalement les spectacles de variétés, les compétitions sportives et puis les films. J'avoue que c'est très détendant après une journée de travail.

Brigitte   Ça moi aussi, j'aime beaucoup regarder les films, surtout si ce sont des films étrangers, des films anglais, des films allemands, je, j'aime beaucoup me détendre moi aussi avec un bon film.

◗ **avouer** admit
◗ **détendant** relaxing

◗ **étranger (ère)** foreign
◗ **se détendre** relax

◗ **journal télévisé** television news. 'The news' can also be **les nouvelles** or **les informations**.
◗ **après une journée de travail** after a day's work.

	B	J-F		B	J-F
12.Informations et météo	☐	☐	**20.Journal**	☐	☐

12.15 Le relais de dimanche   ☐ ☐

Sports et variétés.

14.25 Les aventures de Tom Sawyer   ☐ ☐

Feuilleton allemand en treize épisodes. Rediffusion.
Le mystère de la grotte. Tom est retourné à l'école. Un jour qu'il participe à une excursion avec sa classe, Tom disparaît en compagnie de Becky. Toute la petite ville s'inquiète. En fait, les deux enfants sont au fond de la grotte Mac Duff dont ils ne trouvent pas la sortie . . .

15.50 Sports été   ☐ ☐

Auto: l'homme le plus rapide du monde?

Art Arfons, pilote automobile, espère bien l'être prochainement, à l'occasion de la course annuelle qui se tient sur la piste parfaitement plane du lac Salé, aux Etats-Unis.

19.15 Actualités régionales   ☐ ☐

20.35 Roméo et Juliette   ☐ ☐

Tragédie en cinq actes de Shakespeare, en version originale sous-titrée. Production de la TV britannique.
Précédente diffusion: 27-1-80.
Patrick Ryecart: Roméo
Rebecca Saire: Juliette
John Gielgud: Le chœur
La réalisation est remarquable de nervosité et de vie, et l'idée de sous-titrer plutôt que doubler la langue anglaise, fluide et ondulante, est excellente.

23.10 Audrey Rose   ☐ ☐

Film américain de Robert Wise (1977), en version française.
L'histoire. Janice Templeton découvre avec inquiétude que sa fille, Ivy, est surveillée par un mystérieux personnage. Il se nomme Elliot Hoover, et il est persuadé qu'Ivy est la réincarnation de sa propre fille, Audrey Rose, brûlée vive dans un accident de voiture.

Travaux pratiques

1 Brigitte and Jean-François are studying the day's TV menu. Which of the programmes on p.168 would interest each of them? Mark the appropriate boxes, using the recording but not the transcript to help you. (Answers on p.209.)

Don't expect to understand all the vocabulary, but the following will help:

version (f.) **originale** original (language) version
sous-titré subtitled

doublé dubbed
diffusion (f.) broadcast
feuilleton (m.) series

Roméo (Patrick Ryecart) et Juliette (Rebecca Saire), cœur à cœur. Et le chœur: John Gielgud.

2 Have you made a choice? Study the programme selection again and write down the answers to these questions. (Answers on p.209.)

a. Which programmes have been broadcast before? ....

b. Which of them have been dubbed into French? ....

c. What is Elliot Hoover convinced of? ....

d. Which programmes are foreign TV productions? ....

e. Why are Tom Sawyer and Becky stuck in a cave? ....

f. What does Art Arfons hope for? ....

g. The title of this cartoon (**dessin animé**) is quite a mouthful. Can you pronounce it? (Be warned that if you pronounce **coup** to rhyme with **tu**, a French person would hear it as **cul**, which means 'backside'!). If in doubt, listen to Marie-Thérèse's version on the tape.

15.40 Dessin animé
Woody Woodpecker: «Le coup du coucou».

---

 3 Tell Marie-Thérèse about the kinds of television programmes you like. Paul will suggest in English what you should say.

Dialogue 2
Ça va, Coco?

Hélène Ça se passait au Luxembourg, et un monsieur, qui est naturellement un complice, arrive en tenant par la main une cage avec un perroquet dedans. Et il va s'asseoir sur un des bancs à côté d'un vieux monsieur. Et puis, au bout de quelques secondes, il s'adresse au vieux monsieur et il lui demande de garder son perroquet pendant qu'il va acheter des cigarettes.

Et naturellement le vieux monsieur fait ce que fait tout le monde quand il y a un perroquet: il dit "Ça va, Coco?". Et le perroquet lui répond "Moi, ça va". Et il y a tout un dialogue qui s'engage entre le vieux monsieur et le perroquet, car le perroquet était muni d'un émetteur-récepteur, si bien qu'il a tenu pendant une dizaine de minutes une vraie conversation.

Et quand le propriétaire du perroquet revient, le vieux monsieur n'a jamais osé lui dire qu'il avait parlé pendant dix minutes avec un perroquet.

perroquet (m.) parrot
dedans in it, inside
complice (m.) accomplice
banc (m.) bench

◗ **s'adresser à** speak to
propriétaire (m. or f.) owner
◗ **oser** dare

en tenant par la main means 'holding someone by the hand': **Elle tient son enfant par la main.** Here it should have been **en tenant à la main** holding in his hand.

au Luxembourg i.e. in the **Jardin du Luxembourg** in Paris.

Coco equivalent to 'Polly'!

◗ **tout un dialogue qui s'engage** a whole dialogue which starts up.

muni d'un émetteur-récepteur equipped with a transmitter-receiver.

si bien qu'il a tenu ... une vraie conversation. so that he (the parrot) held a real conversation.

4 Summarize the TV episode in four sentences by listening to the recording again and choosing the correct statements from the following list. (Answers on p.209.)

a. ☐ Un monsieur arrive avec son complice.
☐ Le complice tient une cage avec un perroquet.
☐ Un homme arrive avec son perroquet.

b. ☐ L'homme demande une adresse au vieux monsieur.
☐ Il demande au vieux monsieur de s'occuper du perroquet.
☐ Il demande au vieux monsieur de lui acheter des cigarettes.

c. ☐ Tout le monde commence à parler au perroquet.
☐ L'homme et le vieux monsieur parlent pendant dix minutes.
☐ Le vieux monsieur et le perroquet tiennent une vraie conversation.

d. ☐ Le vieux monsieur ne veut pas dire qu'il a parlé au perroquet.
☐ Le propriétaire ne croit pas ce que dit le vieux monsieur.
☐ Le perroquet n'ose pas parler à son propriétaire.

5 Try to write down the phrases from the dialogue which mean the same as each of the following. (Answers on p.210.)

a. bien sûr ....

b. quelques instants plus tard ....

c. lui demande de faire attention à ....

d. n'importe qui ....

e. à peu près dix minutes ....

f. n'a jamais eu le courage ....

6 Ask Yves whether he saw the **Caméra invisible** episode last night (**Tu as vu** ....?), then answer his questions about the events, following Paul's lead.

Dialogue 3
Les grands quotidiens

François Je ne parlerai pas de la presse de province, qui est pourtant très importante. Je parlerai simplement des, de la dizaine des grands quotidiens français. Et bizarrement c'est vrai qu'il y a bipolarisation: d'un côté on voit des quotidiens de droite et de l'autre côté des quotidiens de gauche.

Alors, parmi les quotidiens de droite on peut citer *le Figaro*, *l'Aurore*, *le Parisien*, *France-Soir*, *le Quotidien de Paris*. A gauche, on retrouve *le Matin*, *Libération*, *l'Humanité* et *le Monde* – encore que *le Monde* ne se veuille pas politique. Les Français disent que c'est un journal sérieux, c'est un journal indépendant qui doit simplement informer.

◆ **quotidien** (m.) daily newspaper **citer** mention, cite
  pourtant nevertheless **retrouver** find
  bipolarisation (f.) polarisation

◆ **d'un côté ... de l'autre côté** on one side ... on the other side.

◆ **de droite ... de gauche** right-wing ... left-wing.

encore que *le Monde* ne se veuille pas politique even though *le Monde* claims not to be political. **Veuille** is from the subjunctive of **vouloir** (correctly used after **encore que**). Remember instead the statement form: *Le Monde* **ne se veut pas politique.**

Travaux pratiques

7 The newspapers in the photograph were both printed on the same day and their headlines refer to the same television appearance by François Mitterand. Without looking back at the transcript, listen to the recording again to determine:

a. Which paper would be most likely to agree with *Libération*?

☐ le Matin

☐ France-Soir

☐ le Parisien

b. Which would be most likely to agree with *le Figaro*?

☐ le Monde

☐ le Quotidien de Paris

☐ l'Humanité

(Answers on p.210.)

8 What do the labels 'right-wing' and 'left-wing' mean? Indicate the categories into which the following statements fall. (Answers on p.210.)

	droite	gauche
a. On devrait arrêter l'immigration.	☐	☐
b. Il faut nous débarrasser de tous nos missiles sans attendre les autres pays.	☐	☐
c. Je suis pour l'égalité. Les super-riches doivent payer d'énormes impôts – jusqu'à 98% – et les pauvres doivent être aidés par l'état.	☐	☐
d. Ce sont les patients qui doivent payer les médecins, les médicaments et les hôpitaux. Sinon, les gens en abusent.	☐	☐
e. La Sécurité sociale coûte trop cher – j'aimerais voir des réductions dans les services de la Sécurité sociale si on pouvait en même temps réduire les impôts.	☐	☐

9 Marie-Thérèse will play a foreigner asking you about *le Monde* (which she at first thinks is a magazine). Answer each of her questions with help from Paul.

Dialogue 4
De plus en plus de magazines

François Depuis quelques années, on s'aperçoit que les Français lisent de plus en plus des magazines. Alors, pêle-mêle je vais en citer plusieurs magazines, des magazines par exemple de, d'actualité politique et économique comme *l'Express* ou *le Point*, des magazines beaucoup plus spécialistes en littérature comme *les Nouvelles Littéraires*, ou alors des magazines franchement photographiques comme *Paris-Match*. Alors, évidemment . . . maintenant chaque quotidien souhaite aussi avoir un supplément magazine. Ainsi on voit: *le Figaro* a son supplément. On voit aussi: *le Matin* a son supplément magazine. Ce qui fait que, avant, on n'avait pratiquement plus rien pour le week-end, et maintenant, de plus en plus on s'aperçoit que . . . on peut avoir une lecture abondante et trouver des magazines alors beaucoup plus spécialisés pour la femme, pour la voile, pour tout . . .

⧫ **s'apercevoir** notice, become aware
pêle-mêle at random

⧫ **lecture** (f.) reading
voile (f.) sailing

⧫ **de plus en plus** more and more.

⧫ **d'actualité politique et économique** of political and economic news.

⧫ **spécialistes en littérature** specialising in literature.

⧫ **franchement photographiques** frankly photographic (i.e. almost entirely photographic). *Paris-Match* is a glossy colour weekly giving extensive pictorial coverage to world events and gossip.

Travaux pratiques

10 Try to answer the following questions by listening to the recording again without looking back at the text. (Answers on p.210.)

a. Note down in French the kind of magazine that each of these is described as:

le Point ....

les Nouvelles Littéraires ....

Paris-Match ....

b. What expressions are used in the dialogue for:

more and more ....

at random ....

several ....

obviously ....

c. Which two daily papers are mentioned as having magazine supplements?

....

d. Only one of the magazines advertised in the photograph on p.174 is

mentioned in the dialogue. Which is it? ....

11 Now study the magazine display in more detail and answer in French. (Answers on p.210.)

a. List the names of all magazines that report on new technology.

....

....

....

b. What is the French 'weapon'? ....

c. In which field are there new jobs? ....

d. What unusual strike is threatening? ....

e. Which country experiences a succession of conflicts? ....

f. Which star sign seems to be entering a good year? ....

12 You will now have an opportunity to discuss magazine preferences with Yves. As usual, Paul will guide you.

Expressions importantes

Je regarde le journal télévisé/
   les nouvelles/les informations.
J'avoue que c'est détendant
   après une journée de travail.
Moi, je me détends
   en regardant des feuilletons.
Je préfère les films étrangers
   doublés/sous-titrés
   en version originale
   en version française.

Il s'adresse au monsieur.
Un dialogue s'engage.
Il n'a pas osé lui dire
   qu'il a tenu une conversation.

D'un côté on voit
   des quotidiens de droite
   et de l'autre côté
   des quotidiens de gauche.
Le Monde ne se veut pas
   politique.

De plus en plus
   on s'aperçoit
   qu'on peut avoir
   une lecture abondante
   pour le week-end:
des magazines
   d'actualité politique et
     économique
   spécialistes en littérature
   franchement
     photographiques.

I watch the television news.

I admit that it is relaxing
   after a day's work.
I relax
   by watching series/soap operas.
I prefer foreign films (that are)
   dubbed/subtitled
   in the original version
   in the French version.

He speaks to the gentleman.
A dialogue starts up.
He didn't dare tell him
   that he held a conversation.

On one side you see
   right-wing papers
   and on the other side
   left-wing papers.
Le Monde claims not to be political.

More and more
   you become aware
   that you can have
   abundant reading material
   for the weekend:
magazines (that cover)
   political and economic news

   specialise in literature
   (are) frankly photographic.

Grammaire

More about object pronouns

In Unit 3 we explained ways of saying 'me', 'you', 'it' etc. in sentences such as **il me voit** (he sees me) or **elle le comprend** (she understands him/it). Check back if you're not sure.

As well as these so-called *direct* pronouns, you'll also need *indirect* pronouns. In English indirect pronouns are usually linked with the word 'to': to me, to you, to him etc.

e.g. I give it to her. He showed it to us.

The pronouns **me**, **te**, **nous**, **vous** are the same whether they are used as direct or indirect pronouns:

Direct	*Indirect*
Il me comprend. He understands me.	**Il me dit ...** He says to me ...
Elle nous aime. She loves us.	**Elle nous explique ...** She explains to us ...

However, for the other pronouns you have to use **lui** (to him, to her, to it) or **leur** (to them):

Il lui dit merci.	He says thank you to her/him.
Elle leur donne la lettre.	She gives the letter to them.

In Dialogue 2 you met two verbs which are used with indirect pronouns in French but don't require 'to' in the English translation:

Il lui demande de garder son perroquet.	He asks him to look after his parrot.
Et le perroquet lui répond ...	And the parrot answers him ...

If their infinitives are **demander à quelqu'un**, **répondre à quelqu'un**, etc. they require an indirect pronoun:

Elle téléphone à son ami.	→	**Elle lui téléphone.**
Il parle au gens.	→	**Il leur parle.**

Word order

In more complex sentences such as 'He gives it to her' or 'They explain it to us' the object pronouns follow a set pattern:

me, te, nous vous
always precede
le, la, les
which always precede
lui, leur

So you get:

Le directeur me le donne.	The boss gives it to me.
Mon père le leur a dit.	My father told it to them.
Le guide nous l'a expliqué.	The guide explained it to us.

13 Translate the following sentences taking care to put the pronouns in the right order. (Translation on p.210.)

a. My sister told it to me. ....

b. I gave it to them. ....

c. The guide explained it to him. ....

d. He asked them to come. ....

ce qui and *ce que*

Literally meaning 'that which', **ce qui** and **ce que** are distinguished from each other in the same way as **qui** and **que**:

● **Ce qui** refers to a whole phrase or idea that is the *subject* of a verb:

On appelle ça la raffinerie de pétrole, ce qui est parfaitement injuste.
They call it the oil refinery, which (the whole idea) is totally unfair.

Ce qui est intéressant, c'est que chaque journal a son supplément.
What (a fact which) is interesting, is that each paper has its supplement.

● **Ce que** refers to the *object* of a verb:

Je ne comprends pas ce que vous dites.
I don't understand what (that which – the object of **dire**) you are saying.

Note that (just like **que**) **ce que** becomes **ce qu'** before a vowel.

Il ne sait pas ce qu'il faut faire.
He does not know what he has to do.

14 In the following sentences, fill in the spaces with **ce qui**, **ce que** or **ce qu'**. (Answers on p.210.)

a. Dites-moi .... vous voulez.

b. On fait du feu dans la cheminée, ... est agréable.

c. Il ne sait pas .... elle pense.

d. .... est bien, c'est qu'il y a de plus en plus de magazines.

e. C'est .... j'ai toujours dit!

f. On ne sait pas .... on va faire.

A lire

Do you like films? Find out how the reviewers of the magazine *Télérama* rated the following screen productions. **Faute de mieux** means 'if there's nothing better' and **heurter** 'shock'.

Télérama a vu pour vous	Bravo	Bien	Pas si mal	Faute de mieux	Hélas	Ah non!
A bout de souffle made in USA ADUL		●				
(L') Année de tous les dangers ADOL			●			
(L') Argent ADOL	●					
(La) Bête noire ADOL idh				●		
Caligula, la véritable histoire N						●
Derrière la porte ADUL idh et imh					●	
(L') Eté meurtrier ADUL imh		●		●		
(La) Femme du chef de gare ADUL		●				
(L') Homme blessé N		●		●		
Monty Python, le sens de la vie ADUL			●			
(Le) Roi des singes T	●					
Vie privée T			●			
Zombie N		●				

APPRECIATION DES FILMS
Nous publions en abrégé, dans les pages des films nouveaux, l'appréciation morale qui nous est communiquée par l'Office Catholique Français du Cinéma. Voici la signification de ces abréviations:
T: Pour tous. ADOL: Adolescents. ADUL: Adultes. idh: Des idées peuvent heurter. imh: Des images peuvent heurter. N: Non.

15 And now decide ... (Answers on p.210.)

a. Selon Télérama, quels films sont

les meilleurs? ....

les pires? ....

b. Selon l'Office Catholique Français du Cinéma, quels films contiennent *et* des idées *et* des images qui peuvent heurter?

....

c. Comment s'appellent ces films en français?

The remake of 'Breathless'..

'The meaning of life' ....

'One deadly summer' ....

'The year of living dangerously' ....

Discover the motive behind Albert's quest by studying the summary of the film **L'Ami de Vincent.**

Enquête sur un ami au-dessus de tout soupçon

L'ami de Vincent

Deux amis. Amis musiciens.
Deux musiciens de variétés
dans un music-hall parisien,
Albert est chef d'orchestre,
Vincent trompettiste.
Meilleurs amis du monde . . .
deux amis qui ne devraient
rien se cacher.

Et pourtant un soir, une jeune femme les surprend dans leur loge au music-hall. Elle est armée d'un revolver, tire des coups de feu, blesse Vincent, annonce calmement à Albert que son ami Vincent est un monstre. 'Il a détruit ma sœur' dit-elle avant de s'en aller. Une folle? Une inconnue?

Vincent prétend d'abord qu'il ne la connaît pas, puis hésite, ne sait plus, prend peur. Vincent décide de se cacher chez lui, ne vient même plus au music-hall. Commence alors l'incroyable enquête d'Albert dans la vie de Vincent, les femmes de Vincent qu'il retrouve l'une après l'autre: Marion, Claude, Éléonore, Irène la petite habilleuse de l'Opéra de Strasbourg, Milène . . . tant d'autres encore. Chacune parlant d'un Vincent différent, amant parfait, ou impuissant pervers, doux ou brutal, généreux et lâche. Plusieurs hommes en un. Ont-elles toutes connu le même Vincent? Vincent est-il coupable? Au terme de son enquête, Albert découvrira-t-il ce qu'il souhaitait vraiment? Tel est le secret de cette histoire.

---

soupçon (m.) suspicion	**incroyable** incredible
se cacher hide (oneself)	**intéressé** person concerned
surprendre take by surprise	**habilleur (-euse)** dresser
loge (f.) dressing room (also box in theatre)	**impuissant** impotent (man)
détruire destroy	**pervers** pervert, perverted
fou, folle mad, crazy (person)	**lâche** cowardly
inconnu(e) unknown (person)	**coupable** guilty
prétendre claim	

16 Supply the missing words in Vincent's account of the shooting incident. (Answers on p.210.)

Albert et moi, nous sommes .... de variétés dans un

.... parisien. Albert est chef d'orchestre, moi je suis ....

Nous étions l'autre jour dans notre .... Une ....

femme est entrée; elle était..................d'un revolver. Elle a ....

sur moi et .... a blessé. Puis elle a dit très ....

à Albert que j'avais détruit sa.................... Mais qui était-ce?

Radio

Radio France explained. Mme Battistelli (Chef du Département des Affaires Commerciales) talks about the different stations run by France's national network and the audience they are aimed at. (Transcript on p.218.)

La Société Nationale de Radio diffusion The National Broadcasting Corporation
chaîne (f.) station
dit(es) called
diffuser broadcast
ancien old (also former)
grand-public for a mass audience
24 heures sur 24 24 hours a day
recherchant seeking
émission (f.) broadcast, programme
créer create
thématique thematic, for a specific audience
le troisième et le quatrième âge old age and extreme old age
émettre transmit

Maison de Radio France

17 Working from the recording, try to list in English as many facts as possible about the programming policy of each of the stations mentioned below. (Answers on p.210.)

Station	Programming policy
France Inter	
France Culture	
France Musique	
Radio Sept	
Radio Bleue	
Radio France Internationale	

Radio Service Tour Eiffel is an independent local radio station in Paris. André Serfati, the **rédacteur en chef** (chief editor), explains why the Mayor of Paris, Jacques Chirac, set up the station. (Transcript on p.218.)

accéder à have access to
qu'il s'agisse (de) whether it concerns
kermesse (f.) fête, bazaar
ignorer not know about

18 Listen to André Serfati again and work out what he said. (Answers on p.210.)

a. Why was **Radio Service Tour Eiffel** set up?

....

....

b. Which does the speaker say has

a few regional pages:

☐ le Quotidien de Paris

☐ Libération

☐ Paris-Match

☐ le Parisien Libéré

c. Fill in the missing words:

... qu'il s'agisse du sport, d'associations culturelles ou de services

sociaux pour ....

...., par exemple, ou les handicapés.

d. What town has *la Dépêche du Midi* as its local newspaper?

....

A vous de parler

19 What kind of radio and television programmes do you like? Do you listen/watch often? Do you prefer national or local radio stations? See how much you can say on these subjects before you listen to Yves talking about his preferences.

20 Which newspaper(s) and/or magazine(s) do you buy and why? How would you describe their content and their political leanings, if any? Answer aloud, as fully as you can, before listening to Marie-Thérèse talking about her choice among the French press.

12 Quoi de nouveau?

What you will learn

- understanding and discussing current affairs
- something about a French invention: centralisation
- how France is run

. . . and how five air-travellers coped with four parachutes

Extrait d'un dessin de Jacques Faizant

© C. Charillon Paris

Study guide

Dialogue 1
Tu as vu ça dans le journal?

Catherine	Tu as vu ça dans le journal? 'Exaspéré par le bruit des enfants qui jouaient dans la rue, un homme de 35 ans a pris son fusil et a tiré sur eux, blessant légèrement un enfant.' C'est ... c'est horrible!
Stéphane	Oui, mais ça peut se comprendre. Prends l'exemple de ce qui se passe à la maison avec les enfants de Michèle qui galopent chez eux.
Catherine	Oui, mais enfin – tirer sur un enfant!
Stéphane	Oui, mais, de manière constante, regarde le bruit des motos dans la rue, je ne sais pas, prends ...
Catherine	Bon ...
Stéphane	... le piano du voisin ...
Catherine	Oui, la radio d'Anne-Marie ...
Stéphane	D'accord, mais ... ben tout ça, tu peux imaginer que la, la somme de tout ça, ça puisse exaspérer quelqu'un et qu'il en arrive à tirer sur quelqu'un.
Catherine	Je veux bien, mais – c'est tellement affreux.

fusil (m.) rifle
◗ **blesser** wound
légèrement slightly, lightly
galoper run about, run riot
manière (f.) way, manner
moto (f) motorbike
◗ **voisin** (e) neighbour
somme (f.) sum
affreux awful

◗ **ça peut se comprendre** it's understandable.

◗ **puisse** can. The subjunctive of **peut** from the verb **pouvoir**. This form is sometimes used to indicate uncertainty. **Ça <u>peut</u> exaspérer quelqu'un** would be a more useful phrase for you to remember.

il en arrive à tirer sur quelqu'un it drives him so far that he shoots at someone.

◗ **Je veux bien** I accept that. This is also a polite phrase to use if you are offered something at a meal, meaning 'Yes, please!'

Travaux pratiques

1 **De manière constante – le bruit . . .** Listening to the dialogue only, note (in French) the five sources of noise which Catherine and Stéphane mention. (Answers on p.210.)

a. ....

b. ....

c. ....

d. ....

e. ....

2 Did you read that in the paper? Match up each of these headlines with the right subtitle. SIDA = the disease AIDS. (Answers on p.211.)

Headlines:

Subtitles: Write the appropriate letters in the boxes above.

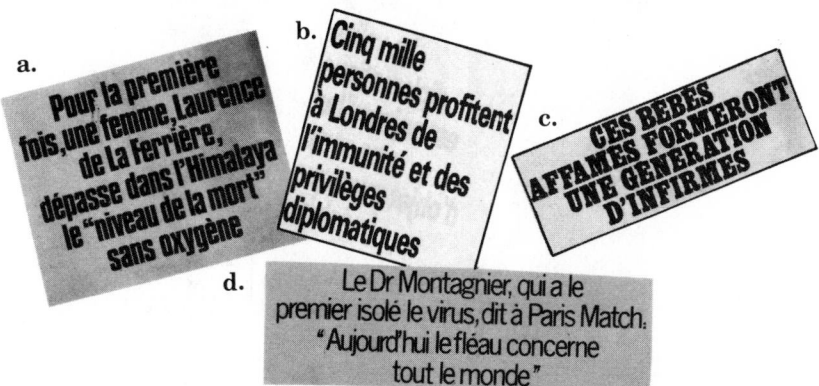

a. Pour la première fois, une femme, Laurence de La Ferrière, dépasse dans l'Himalaya le "niveau de la mort" sans oxygène

b. Cinq mille personnes profitent à Londres de l'immunité et des privilèges diplomatiques

c. CES BÉBÉS AFFAMÉS FORMERONT UNE GÉNÉRATION D'INFIRMES

d. Le Dr Montagnier, qui a le premier isolé le virus, dit à Paris Match: "Aujourd'hui le fléau concerne tout le monde"

3 Take part in a conversation similar to Catherine and Stéphane's. Since you are talking to a friend (Yves) you should use **tu** rather than **vous**. Paul will suggest what to say.

Dialogue 2
On parle de décentralisation

Jean-Pierre Oui, on parle beaucoup de décentralisation en France depuis une dizaine d'années. C'est un grand thème politique, et je pense que c'est un vrai miroir aux alouettes, comme on dit en français, parce que la centralisation est précisément notre génie national. C'est la France qui a inventé l'état centralisé.

Alors, imaginez maintenant une autre forme d'organisation du pouvoir politique, où les régions, les villes de province, auraient une partie du pouvoir, ce qui est donc contraire à notre tradition historique.

Mais, est-ce que les gens des petites villes et des campagnes ont vraiment intérêt à être tyrannisés par les grandes villes des régions ou par la capitale? Je ne suis pas sûr qu'ils vont gagner au change.

▶ **décentralisation** (f.)
   decentralisation
   génie (m.) genius
▶ **état** (m.) state

partie (f.) part, share
▶ **pouvoir** (m.) power
   contraire à contrary to

on parle . . . depuis une dizaine d'années people have been talking . . . for the last ten years or so. Remember to use the present tense with **depuis** when the action is still going on.

miroir aux alouettes lure (lit. mirror for larks) for the gullible.

ont vraiment intérêt à être tyrannisés? is it really in their interest to be tyrannised?

gagner au change to gain in the exchange.

Travaux pratiques

4 Spot the words in the dialogue which mean roughly the same as the ones listed here and write them down. This time, work from the *text*. (Answers on p.211.)

a. **environ 10 ans** ....   e. **opposé** ....

b. **véritable** ....   f. **personnes** ....

c. **glace** ....   g. **certain** ....

d. **justement** ....   h. **profiter** ....

5 Jean-Pierre's attitude to decentralisation is very different from that of many people in the provinces. Translate the following passage, which expresses an opposing view. Refer back to the dialogue as much as you like. (Translation on p.211.)

France is a centralised state, but now in the regions people (**on**) talk a great deal about decentralisation. People are asking for another form of organisation of political power. I understand the people of provincial towns – they do not like being (**être**) tyrannised by the capital and they would prefer to be the masters in their own homes (**chez eux**). But in Paris people don't understand – they say that decentralisation is contrary to our historical tradition.

6 Two of the most difficult French sounds for the English speaker are **R** and **U** (as in **rue**).

a. First, concentrate on the sound **R**. Play the dialogue through, reading the text and listening for the following phrases. Then stop the tape and repeat them after Jean-Pierre.

   ... on parle beaucoup de décentralisation en France ...
   ... contraire à notre tradition historique ...
   ... vraiment intérêt à être tyrannisées ...

b. Please repeat the phrases several times, then try the sound **R** in combination with **U**:

   ... une autre forme d'organisation du pouvoir politique
   où les régions, les villes de province auraient une partie du pouvoir ...

And now try this street name – and check it with the version on the tape.

7 This time you are on Jean-Pierre's side, **contre la décentralisation**. Yves, on the other hand, is **pour la décentralisation**. Try to argue it out with him, following Paul's lead.

Dialogue 3
Suffrage universel

François Nous sommes dans la Ve République. Depuis 1958, date à laquelle Charles de Gaulle a donc rédigé cette nouvelle Constitution, le président de la République est élu au suffrage universel, à deux tours. Pendant deux dimanches de suite, les Français viennent voter pour élire leur président de la République. Et ce président a d'énormes prérogatives. C'est-à-dire que c'est lui, en fin de compte, qui dirige la France. Et, pour l'aider, le président de la République nomme auprès de lui un Premier ministre, qui est chargé donc de former le gouvernement, et, en liaison avec le Sénat et avec l'Assemblée nationale, ce gouvernement va appliquer les grandes directives politiques établies par le président de la République française.

rédiger write, draw up
♦ diriger run, direct, be in charge of
♦ nommer appoint

auprès de close to, in the service
appliquer apply, put into practice
établir establish

la Ve (Cinquième) République the Fifth Republic. A change of constitution gives birth to a new republic.

♦ élu au suffrage universel elected by universal suffrage (i.e. by everyone eligible to vote). **Élu** is the past participle of **élire**, to elect.

à deux tours in two rounds.

en fin de compte when all's said and done.

♦ le Sénat et l'Assemblée nationale the Senate is the Upper and the Assembly the Lower House of Parliament.

Travaux pratiques

8 Do you know how France is run? Use the recording to help you answer the questions. (Answers on p.211.)

a. Which Republic is France now in? ....

b. In which year was the current constitution drawn up?.......................

c. What is the difference in the ways the President and the Prime

Minister are appointed? ....

....

d. Which of them has greater power? ....

e. What are the two Houses of Parliament called in France?.................

....

9 Now study the transcript carefully and complete the diagram which explains the structure of political power. (Answers on p.211.)

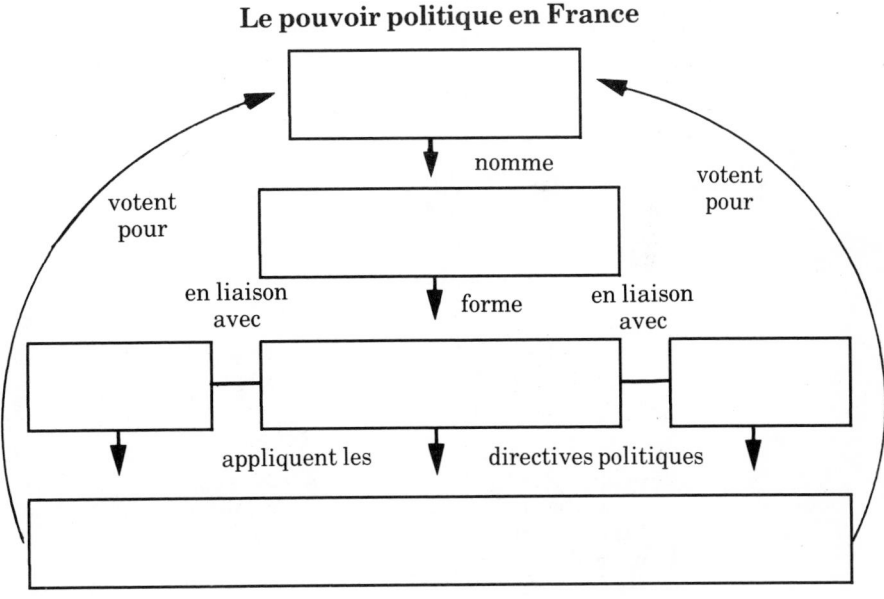

Le pouvoir politique en France

 10 Marie-Thérèse wants to know about the French system. Her questions are very similar to those in exercise 8. Be prepared to answer them in French, since there won't be any prompts.

Dialogue 4
Il n'y a que quatre parachutes . . .

Jean-Pierre Dans un avion se trouvent réunis le président des Etats-Unis, le président de l'Union Soviétique, le président de la République française, le pape et un hippy. Ils sont donc cinq. L'avion a un problème de moteur – ils vont s'écraser. Il n'y a que quatre parachutes.

Le président des Etats-Unis dit 'Je suis le président du plus grand état du monde – j'ai droit à un parachute'. Il prend un parachute et il saute.

Le président de l'Union Soviétique dit 'Je suis le président du pays qui porte l'avenir de tous les peuples – j'ai droit à un parachute' et il prend le parachute et il saute.

Le président de la République française dit 'Je suis le président le plus intelligent du monde, et président du peuple le plus intelligent du monde – j'ai droit à un parachute'. Il prend un parachute et il saute.

Restent le pape et le hippy. Le pape dit au hippy 'Jeune homme, vous êtes jeune, je suis vieux. Vous êtes l'avenir – c'est vous qui allez prendre le dernier parachute'. Et le hippy répond 'Mais non, très Saint-Père, il reste deux parachutes. Le Président le plus intelligent du monde a pris mon sac à dos'.

♦ **avion** (m.) plane   **sauter** jump
pape (m.) pope   **dernier (-ère)** last
♦ **s'écraser** crash   **Saint-Père** Holy Father
♦ **avoir droit à** have a right to   **sac à dos** (m.) rucksack

♦ **réunis** brought together. From the verb **réunir**.

♦ **du plus grand état du monde** of the biggest state in the world. Note that it is **du monde**.

le président du pays qui porte l'avenir de tous les peuples the President of the country which bears (responsibility for) the future of all peoples.

♦ **Restent** . . . There remain . . . Also **il reste**, which means both 'there remains/is . . . left' and 'there remain/are . . . left'.

11 Mots croisés. All the answers to this crossword puzzle have appeared in one of the dialogues of this unit. (Solution on p.211.)

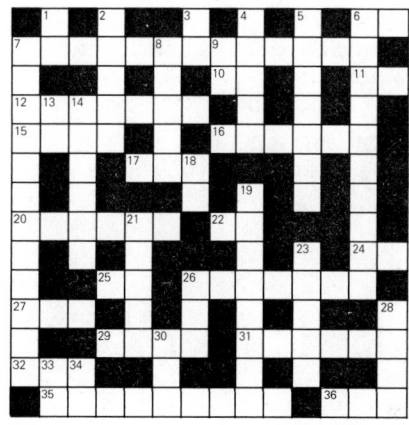

Horizontalement

6 L'exemple de ____ qui se passe à la maison. (2)
7 Il dirige la France. (2,9,2) continue au 7 (vert.) (2,10)
10 Comme on dit ____ français. (2)
11 Négatif. (2)
12 La décentralisation leur donnerait du pouvoir. (7)
15 La France l'a inventé. (4) continue au 6 (vert.) (10)
16 Mettre ensemble. (6)
17 Participe passé d'*être*. (3)
20 L'homme a tiré sur l'enfant et l'a _____. (6)
22 Tu as ____ ça dans le journal? (2)
24 Ça peut ____ comprendre. (2)
25 ____ peux imaginer? (2)
26 ___ ___ ___ compte. (2,3,2)
27 C'est le premier ministre ____ forme le gouvernement. (3)
29 L'élection du président se fait à combien de tours? (4)
31 Futur. (6)
32 Choisi par des votes. (3)
35 Continuation du 19 (vert.) (9)
36 Ce n'est pas un parachute, c'est un sac à ____. (3)

Verticalement

1 Est-ce *le* ou *la* pays? (2)
2 J'ai ____ à un parachute. (5)
3 Mais oui! (2)
4 La centralisation est notre _____ national. (5)
5 Pas normal, bizarre. (7)
6 Voir 15 (horiz.)
7 Continuation du 7 (horiz.) (2,10)
8 En liaison avec le _____ et l'Assemblée nationale. (5)
9 La somme ____ tout ça. (2)
13 Plus. (2)
14 Je ne suis pas sûr qu'ils vont ____ au change. (6)
18 Participe passé d'*avoir*. (2)
19 Tout le monde vote. (8) continue au 35 (horiz.) (9)
21 Ce qu'on fait avec un parachute. (5)
23 365 jours. (5)
26 Un homme de 35 ans a tiré sur ____. (3)
28 Il a ____ son fusil. (4)
30 Les 12 (horiz.) auraient ____ partie du pouvoir. (3)
33 Participe passé de *lire*. (2)
34 C'est ____ grand thème politique. (2)

12 Make sure you have the parachute story fresh in your mind before trying to answer Yves's questions about it. This is what you'll have to know.

– Who are the five people on the plane?
– What is wrong with the plane?
– Why does the American president think he is entitled to a parachute?
– Who takes the third parachute?
– Why should the hippy take the last one?
– Why are there two parachutes left?

Expressions importantes

Il a blessé son voisin.
He has wounded his neighbour.

Ça peut se comprendre.
It's understandable.

Ça peut exaspérer quelqu'un.
It can exasperate somebody.

Je veux bien.
I accept that (also: I'd like that).

La centralisation/décentralisation
est un grand
thème politique.
Centralisation/decentralisation
is a great
political issue.

Les régions veulent
une partie du pouvoir.
The regions want
a share in power.

Le président
est élu
au suffrage universel.
The president
is elected
by universal suffrage.

C'est lui
qui dirige la France.
It is he
who is in charge of France.

Il nomme le premier ministre.
He appoints the Prime Minister.

Il y a, en France,
un Sénat et
une Assemblée nationale.
There are, in France,
a Senate and
a National Assembly.

Ils sont réunis
dans un avion
qui va s'écraser.
They are (brought) together
in a plane
which is going to crash.

Le président
du plus grand état du monde.
The president
of the biggest state in the world.

Vous avez droit à
une explication.
You have a right/are entitled to
an explanation.

Il reste deux journaux.
There are two papers left.

Grammaire

The superlative

C'est le plus grand pays du monde.
It is the biggest country in the world.

To say that someone or something is the best, biggest and most beautiful (or worst, smallest and most hideous), use

le
la } **plus** and the appropriate adjective:
les

La chose la plus intéressante.
The most interesting thing.

Les enfants les plus bruyants.
The noisiest children.

Certain common adjectives like **beau, bon, mauvais, grand** etc. come before the noun:

Les plus belles femmes.
The most beautiful women.

In fact, the superlative ('the most . . .') is very similar to the comparative ('more . . .') – it simply has an additional **le/la/les**. You would probably find it helpful to look back at the **Grammaire** section of Unit 2, p.33 to refresh your memory on the subject of the comparative. The two irregular comparatives (**meilleur**, better, and **pire**, worse) carry directly over into the superlative: **le meilleur**, the best and **le pire**, the worst:

La meilleure façon.
The best way.

Le pire moment.
The worst moment.

13 See if you can translate the following. (Translation on p.211.)

a. The most intelligent woman. ....

b. The most beautiful things. ....

c. The biggest country. ....

d. The most interesting newspaper. ....

e. The best plane in the world. ....

f. The worst meal. ....

Past participles and the passive

You are by now familiar with the past participle form of the verb as used in the perfect tense:

Les Français ont _élu_ leur président.
The French have _elected_ their president.

Past participles can also be used passively, as they are in English, i.e. '_is_ elected' rather than '_has_ elected'. The passive, therefore, is always formed by part of the verb **être** plus the past participle:

Le président _est élu_ au suffrage universel.
The president _is elected_ by universal suffrage.

Further examples:

Active	_Passive_
Nos amis nous <u>invitent</u>.	**Nous <u>sommes invités</u> par nos amis.**
Our friends <u>are inviting</u> us.	We <u>are invited</u> by our friends.
Le bruit <u>a exaspéré</u> le voisin.	**Le voisin <u>était exaspéré</u> par le bruit.**
The noise <u>has exasperated</u> the neighbour.	The neighbour <u>was exasperated</u> by the noise.
Paris <u>a tyrannisé</u> les régions.	**Les régions <u>ont été tyrannisées</u> par Paris.**
Paris <u>has tyrannised</u> the regions.	The regions <u>have been tyrannised</u> by Paris.

As you see, the passive use of the past participle in French is similar to its use in English. You have to be careful to make it agree with the subject when it is being used with **être** (i.e. more or less as an adjective):

⟨Elle⟩ est invitée.

⟨Les villes⟩ ont été tyrannisées.

14 Change the following sentences into the passive. (Answers on p.211.)

a. La pianiste a donné un concert.

....

b. Nous avons invité une amie.

....

c. Le bruit exaspère les voisins.

....

d. Il a écrit une lettre.

....

A lire

The following article highlights certain aspects of a strike (**une grève**) in postal sorting offices (**les centres de tri postal**). The workers were objecting to the government's proposed reduction of services.

Tri postal: les conflits se développent

Les grèves des centres de tri postal se poursuivent de façon inégale. A Lille, samedi, le conflit touchait 100% des agents ainsi qu'à Nice. Dans la région parisienne, il y avait 90% de grévistes pour la brigade de nuit et les arrivées des camions postaux étaient bloquées.

En fait, depuis le 14 septembre, les centres de tri réagissent d'une façon très différente d'une région à une autre, d'un bureau à un autre. Ici le personnel décide de faire une heure de grève. Là, c'est toute une brigade qui arrête le travail toute une nuit ou toute une journée.

Mais pendant que les agents abandonnent leurs tables de tri, les sacs continuent à s'accumuler et c'est l'asphyxie d'un centre de tri qui commence.

Le monde des postiers est difficile. Beaucoup – bien que titulaires d'un baccalauréat ou même d'une licence universitaire – trient les lettres comme au temps de Louis-Philippe. Dans la poussière. Certes, on a acheté au fil des années de belles machines à indexer, des tables de travail plus modernes . . . «*Mais*, disent les agents, *on les équipe d'un compteur pour mieux nous surveiller.*»

Telle est l'ambiance des centres de tri . . . Chaque mesure prise par la direction pour améliorer les conditions de travail des agents est mal interprétée et se trouve à l'origine de nouveaux conflits. Le phénomène n'est pas uniquement français et on a assisté ces derniers temps à des grèves très dures dans les postes britanniques, canadiennes, américaines.

conflit (m.) conflict
inégal unequal
agent (m.) here: employee
brigade (f.) workteam, gang
réagir react
trier sort
au temps de Louis-Philippe
    in the days of King Louis-Philippe,
    i.e. the 1830s

poussière (f.) dust
au fil des années over the years
compteur (m.) counter
direction (f.) here: management
améliorer improve
assister à witness

15a. In which two towns does the strike have the support of all postal workers?

  b. How do the different sorting offices in the country react?

  c. What happens while workers leave their posts?

  d. Why is their 'world' difficult?

  e. What diplomas do postal workers have?

  f. Why do the employees object to the new equipment?

  g. What causes further conflicts?
    (Answers on p.211.)

On a shorter note, some **faits divers** (news in brief):

AFGHANISTAN
Deux diplomates américains expulsés

■Deux diplomates américains ont été expulsés jeudi d'Afghanistan pour espionnage, a annoncé Radio Kaboul; le gouvernement américain a qualifié 'd'absurdes' les accusations d'aide aux résistants islamiques portées à l'encontre des deux diplomates; en mai dernier un diplomate américain avait été expulsé pour 'vente de littérature pornographique'.

ULSTER
Trois policiers inculpés de meurtre

■Trois policiers nord-irlandais ont été suspendus jeudi et vont être inculpés du meurtre d'un homme abattu à un barrage routier le 11 novembre dernier, selon la police de Belfast. A l'époque, les policiers avaient affirmé que l'homme avait tenté de forcer un barrage routier près de Lurgan, et que sa voiture s'était écrasée dans un fossé.

VIETNAM
Un Britannique et un Américain emprisonnés

■Le Vietnam a reconnu détenir, dans une prison du Sud du pays, un Britannique et un Américain, partis en juillet de Thaïlande à la recherche d'un trésor près de l'île vietnamienne de Phu Quoc, au large du Cambodge. Richard Knight, quarante-trois ans, et Frederik Graham, dix-neuf ans, cherchaient le trésor enterré au XVIIe siècle par le pirate écossais William Kidd.

---

expulser expel
porté à l'encontre de brought against

inculper accuse
meurtre (m.) murder
abattre shoot down
barrage (m.) **routier** road-block
à l'époque (f.) at the time

selon according to
tenter try
fossé (m.) ditch

reconnaître admit
détenir hold
au large off-shore, at sea
enterrer bury
écossais Scottish

16 Studying the news items again, note down in English what happened on each of the following dates. (Answers on p.212.)

a. Thursday (2 answers)

....

....

b. November 11th

....

c. last May

....

d. July

....

e. 17th century

....

Radio

Georges Falconet, the Commercial Director of Citroën, is interviewed about a strike at the plant in Aulnay-sous-Bois near Paris. (Transcript on p.219.)

usine (f.) factory
à travers through
affronter meet

satisfassent (subj. from **satisfaire**) satisfy
se battre pour fight for

17 Which of these statements summarize what was said in the interview and which are wrong? (Answers on p.212.)

	vrai	faux
a. Aulnay est la première usine touchée par la grève.	☐	☐
b. Toute l'industrie automobile est en difficulté.	☐	☐
c. La situation à Aulnay est dramatique.	☐	☐
d. Presque tous les ouvriers font la grève.	☐	☐
e. Il semble que les négociations n'ont pas d'importance.	☐	☐
f. Pour satisfaire les clients il faut produire dans des conditions de qualité.	☐	☐
g. Tout le monde fait un effort pour normaliser la situation à l'usine.	☐	☐

The second radio extract is a news item on the change of rules at French traffic roundabouts (**les carrefours giratoires**). As in many other countries, vehicles already on the roundabout itself will now have right of way (**la priorité**) over those coming onto it. (Transcript on p.219.)

baisse (f.) drop
accident (m.) **corporel**
  accident with casualties
auparavant before

enregistrer record
entraîner entail
dégagement (m.) clearing
carburant (m.) fuel

18 You are filing a report on the Quimper roundabouts experiment. Fill in the missing data. (Answers on p.212.)

Quimper: Roundabouts experiment

Experiment started (year):...
No. of roundabouts:...
Previous no. of
accidents per annum: ....
Present number:...

Other factors:	increased/decreased	
Bottlenecks	☐	☐
Fuel consumption	☐	☐
Pollution	☐	☐

A vous de parler

Every country has its financial problems. Those mentioned in the cartoon below will probably sound very familiar!

quoi de nouveau? what's new?
le bruit court there is a rumour
tranche (f.) **d'impôt** rate of income tax (here: 70% of income)
plus qu'ils n'ont gagné more than they have earned

19 What about the situation in your country? Are there any problems similar to those in the cartoon? See how much you can say about them (but try to keep it simple) and then listen to Yves's version.

20 Talk about a newspaper article or a TV news item which you felt concerned about. This could be a local event/incident, a social problem at home or abroad or a political issue. First give a very simple summary (**J'ai lu un article sur . . ./J'ai vu une émission sur . . .**). Then say what you thought about it (**C'est tellement . . ./Je trouve ça . . .**). Marie Thérèse will then talk about something she felt strongly about.

Answers to exercises

Unit 1 Un temps fantastique

Exercise 1
Catherine était: **a.** Claude était: **b.** A la maison il y avait: **a.** Catherine et Claude: **c.**

Exercise 2
où; quand; pourquoi; qu'est-ce que

Exercise 4
non; dimanche; de 9h à 12h (midi); de 15h à 19h; non; une cinquantaine; 280 FF; 560 FF

Exercise 5
a. ne ... rien **b.** n' ... aucun **c.** n' ... que **d.** ne ... jamais **e.** ne ... personne

Exercise 7
a. false **b.** false **c.** true **d.** true **e.** false **f.** false

Exercise 8
a. mardi, le vingt-quatre octobre **b.** jeudi, le seize août **c.** samedi, le trente et un mai **d.** vendredi, le premier avril **e.** le vingt-quatre décembre **f.** le premier janvier **g.** le trente et un décembre

Exercise 10
Horizontalement: 3 étions 6 montagne 8 ami 9 altitude 12 sûre 13 suis parti 15 un 16 le 17 travaux 18 ai 19 ma 21 parents 23 en 24 été 26 toi 27 il 29 oh 31 nuit 32 était 33 dû 34 bleu 37 générale 38 sont
Verticalement: 1 vont 2 et 3 en 4 tes 5 nombreux 7 amusant 9 absolument 10 inscrire 11 extraordinaire 14 magnifiques 20 an 21 petit 22 ski 25 côté 28 loué 30 haute 32 elle 35 la 36 on

Exercise 12
a. chère; magnifique **b.** extraordinaires **c.** haute **d.** fantastiques; délicieuse

Exercise 13
a. suis partie **b.** sommes descendus **c.** avons trouvé

Exercise 14
a. avait **b.** faisait **c.** étions

Exercise 15

1 c.	2 f.	3 g.	4 d.	5 b.	6 h.	7 a.	8 e.

Exercise 16
a. no **b.** in a huge park **c.** you visit Blois instead of Chambord **d.** a view of the château **e.** from the 17th century **f.** about 8 p.m. **g.** until 31st March **h.** no

Exercise 17
a. 4 **b.** 2 **c.** 3 **d.** 1

Exercise 18
a. he is left to his own devices / he doesn't know the country / he speaks the language badly **b.** very well **c.** no

Unit 2 J'ai bien mangé, j'ai bien bu

Exercise 1
hypermarchés: **a. d. e. g. i. j.** petits magasins: **b. c. f. h.**

Exercise 2
a. 4 **b.** 2 **c.** 6 **d.** 3 **f.** 1

Exercise 4
a. Je voudrais savoir **b.** Qu'est-ce que **c.** allergique **d.** frites **e.** à point
f. le dessert

Exercise 5
A: Une cervelle de veau meunière purée, s'il vous plaît. **P:** Et vous,
Madame? **C:** Moi je prendrai du pâté et ensuite du poulet. **A:** Mais tu es
allergique à l'ail. **C:** Il y a de l'ail dans le pâté? **P:** Oui Madame, mais pas
dans le poulet. **C:** Alors, je prendrai seulement le poulet frites.

Exercise 7
a. c. e. f. g. h. i.

Exercise 8
a. grillées **b.** bœuf **c.** poulet **d.** sucreries **e.** crèmes **f.** pêches **g.** laitages
h. fruits cuits. The framed letters form the word: GOURMETS

Exercise 11
Horizontalement: 3 dans 5 fabrique 7 que 8 pâté 9 me 12 tête
13 qualité 15 dame 16 cave 17 le 18 fameuse 21 ni 23 ont 24 fût 26 en
27 qui 28 à la 29 cru 30 nos
Verticalement: 1 pratique 2 cuve 3 deux temps 4 sucreries 6 appellation
10 calvados 11 cidre 14 ta 19 un 20 enfin 22 égal 25 tes 26 et 27 qu'

Exercise 13
a. Le calvados est plus fort que le cidre. **b.** Le calvados est meilleur que le
cidre! **c.** La purée est moins difficile à mastiquer que les frites. **d.** Le poulet
est moins cher que le chateaubriand. **e.** Le veau est plus tendre que le
bœuf. **f.** Le vin anglais est moins bon que le vin français.

Exercise 14
a. tellement **b.** toujours **c.** ensuite **d.** bien **e.** évidemment **f.** vite

Exercise 15
Café calva **1.** Grog au calvados **4.** Long drink **2.** 'Trou normand' **5.** Vieux
calvados **3.**

Exercise 16
a. par personne **b.** se conserve mieux **c.** a des qualités médicales

Exercise 17
a. vrai **b.** faux **c.** vrai **d.** faux

Unit 3 Votre première visite?

Exercise 1
a. en vacances **b.** non **c.** près des Champs-Elysées **d.** Musée Rodin
e. Parce qu'il y a beaucoup de choses à visiter.

Exercise 2
a. va **b.** vais **c.** allons **d.** va **e.** vont **f.** vas

Exercise 4
évidemment; paraît; indispensable; également; inhabituel; ravissant;
propose; ensuite.

Exercise 7
a. penderie **b.** savon **c.** oreiller **d.** traversin **e.** couverture **f.** serviettes.
The framed letters form the word: PALACE

Exercise 8
a. Est-ce que tu es frileux? **b.** Ça me suffira largement. **c.** Est-ce que tu as
besoin d'autre chose? **d.** Je vais te montrer ta chambre. **e.** Voilà la penderie
pour mettre tes affaires.

Translation: a. Do you feel the cold? b. That will be plenty for me. c. Do you need anything else? d. I'll show you your room. e. Here's the wardrobe where you can put your things.

Exercise 10
Horizontalement: 2 histoire 6 se 8 lui 10 moi 11 guerre 12 façon 13 chien 14 côté de lui 15 rit 17 sur 19 préfère 21 la 22 ri 23 le 24 pleurer 25 n'avait
Verticalement: 1 peu 2 horreur 3 siège 4 imaginer 5 éloigne 6 si 7 mien 9 un 10 maître 13 cinéma 16 très 18 une 19 par 20 fin 21 le

Exercise 12
a. Alain les passe à Paris. b. Il va le visiter. c. Je l'ai oublié chez moi. d. Il ne l'a pas aimé. e. Jean-Pierre la raconte.

Exercise 13
passerons; prendrons; arriverons; descendrons; attendra; irons; serons; téléphonerai; proposerez; aurez; trouverons

Exercise 14
a. V b. F c. M d. M e. V f. F

Exercise 15
a. Hôtel de Beauvais b. the tenant c. in the courtyard of the Hôtel de Beauvais d. a young man of 18 e. she had the count's head chopped off f. at the Hôtel Carnavalet g. to have intiated Louis XIV into the secrets of love

Exercise 16
a. the square Jean XXIII b. at the apse of Notre-Dame c. in the big square in front of Notre-Dame d. the centre of Paris from which all distances are measured e. the metric system

Exercise 17

La météo				9°	18°
ce soir			✓		
cette nuit				✓	
demain	✓	✓	✓		✓

Unit 4 Quelle journée!

Exercise 1
Brigitte a l'embarras du choix parce que: a./c. En face du bureau il y a: c./d. Brigitte ne mange pas au restaurant d'entreprise parce que: b./c. Quand elle veut manger rapidement, Brigitte choisit: a./d.

Exercise 2
Brigitte n'a pas assez de temps pour aller tous les jours au restaurant d'entreprise, mais il y a plusieurs cafés très agréables en face du bureau. Elle va souvent manger un sandwich ou une crêpe.

Exercise 4
Catherine ... a. se lève b. prépare le déjeuner c. donne le biberon au bébé d. fait un peu de ménage e. fait la vaisselle

Exercise 6
a. Donne-moi des nouvelles du bébé. b. Qu'est-ce que tu fais toute la journée? c. Les journées passent à une vitesse effrayante. d. Je ne sais pas ce que je fais. e. Tu ne peux pas imaginer. f. Je fais un peu de ménage.

Translation: a. Give me some news of the baby. **b.** What do you do all day long? **c.** The days go by at a frightening speed. **d.** I don't know what I do. **e.** You can't imagine. **f.** I do a little housework.

Exercise 8
a. d. f.

Exercise 10
Cette année est très difficile pour Jacques parce que c'est l'année du baccalauréat. Il est un petit peu découragé parce qu'ils sont très nombreux dans sa classe. Mais il n'est mauvais en rien, il est bon en langues, et il est très consciencieux. Sa mère espère qu'il aura le bac.

Exercise 12
a. Marie **c.** Alain **d.** Brigitte **e.** Anne **f.** Claude **h.** Mme Coste
The odd one out: Madeleine who wants to pay her debts and the tax-man!

Exercise 13
prendrais; ferais; irais; achèterais; ferais; irais; partirais; prendrais; ferais; reviendrais; ferais

Exercise 15
payerions; prendrions; partirions; irions; dépenserions

Exercise 16
a. achèterait **b.** ira **c.** payez **d.** mettriez **e.** allais **f.** habiterait

Exercise 17
a. non **b.** Julie **c.** rue Gloriette

Exercise 18
Jeanne **e.** Thérèse **a.** jardinier **b./g.** Jean **h.** mère **c./f.** grand-père **d.**

Exercise 19
15 juin au 5 juillet; 844; 15 ans; satisfaits: 75%; souhaitent des améliorations: 78%; bus et métro: 67%; voiture: 59%; marche à pied: 6%; deux-roues: 1%; considèrent le développement . . . : 90%

Exercise 20
a. 14 **b.** whitish **c.** cellulose substances (wood, paper, fabric) and also plaster and cement **d.** damp and the presence of cellulose substances **e.** in the basement **f.** to the ground floor, the first floor etc. right up to the top of the building, and from there to adjacent buildings.

Unit 5 Partir sans problème

Exercise 1
a. faux **b.** vrai **c.** vrai **d.** vrai **e.** faux

Exercise 2
acheter; stations; bureaux; pouvez; montez; revient; d'avis; prenez; utiliser

Exercise 4
a. pour voir sa fille **b.** elle vient de déménager **c.** le train et l'avion **d.** le train **e.** environ cinq heures **f.** oui

Exercise 5

a. le train	**b.** le car	**c.** l'autobus
de la Gare du Nord	de Charles de Gaulle	de Charles de Gaulle
à Charles de Gaulle	à la Porte Maillot	à Nation
35 minutes	30 minutes	40 minutes

Exercise 7
a. une petite voiture **b.** une Renault 5 **c.** à Strasbourg **d.** 1553 FF

Exercise 8
Yves et Ginette Leblanc; Andreas Rombach

Exercise 10

a. Couleur des flèches: ◆jaunes et noires; Etage du parking: $\boxed{-2}$; Place numéro: $\boxed{353}$

b.

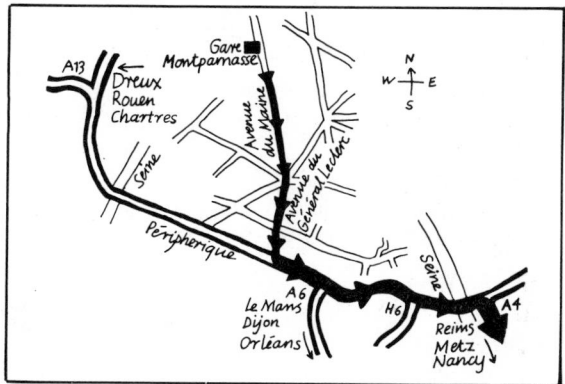

Exercise 11
l'avenue du Maine; Jusqu'au bout; Puis l'avenue du Général Leclerc; Oui, jusqu'au bout; Ensuite nous prenons le périphérique est; Nous sortons autoroute A4; La direction de Strasbourg

Exercise 13
a. se **b.** nous **c.** se **d.** t' **e.** vous **f.** se

Exercise 14
a. Il aime partir en vacances. **b.** Où est-ce que je peux acheter des tickets de métro? **c.** Pourriez-vous me donner les horaires? **d.** Je voudrais/désirerais/souhaiterais déménager. **e.** Je désire/souhaite louer une grande voiture. **f.** Je préférerais vous rendre la voiture à Strasbourg. **g.** Ma fille sait parler français. **h.** Elle ne peut pas venir ce soir.

Exercise 15
a. cost you more **b.** where you set off **c.** have to pay a 20% fine **d.** 120% of the ticket price

Excercise 16
a. dance **b.** have a conference **c.** watch films/tapes **d.** sleep **e.** send goods

Exercise 17
a. dès lundi matin **b.** blanc et crème **c.** 9 km **d.** 12 **e.** le Vieux Port et la Gare St-Charles **f.** la R.A.T.P. de Paris **g.** pneus **h.** 15 000

Exercise 18
a. 9% **b.** The drop in sales of certain models which were probably not the type of diesel cars customers expected. **c.** A general lack of interest in diesel cars as such. **d.** It is a pleasure to drive/ it is economical/ it performs well/ it is not heavy to drive

Exercise 19

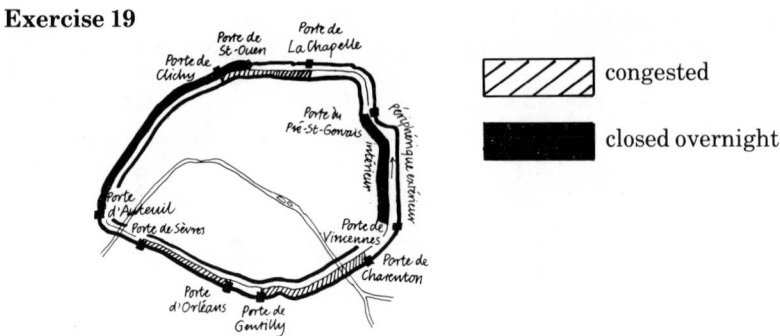

congested

closed overnight

Unit 6 Cherche emploi

Exercise 1
a. un vendeur **b.** le démarchage/ le porte-à-porte **c.** un emploi de bureau
d. une société **e.** un rendez-vous

Exercise 2
recherche; demander; proposer; sinon; conviendrait; période; serait

Exercise 6
a. Il va y avoir beaucoup de courrier à expédier. **b.** J'ai un grand bureau
avec une jolie fenêtre. **c.** Je vais pouvoir me mettre des plantes vertes.
d. J'ai une bonne machine à écrire. **e.** J'ai plein de bureaux de rangement.
f. Très gentilles./ Elles ont à peu près mon âge.

Exercise 8
a. he transformed and re-covered it **b.** embassies and aristocrats **c.** in the
avenue Foch

Exercise 9
a. installations **b.** clientèle d'aristocrates **c.** salon **d.** meubles
e. appartements **f.** boiseries

Exercise 10
Cet été nous avons fait décorer notre appartement. Mon mari a posé les
tapis et j'ai fait des rideaux et un beau dessus-de-lit pour notre chambre. Un
tapissier-décorateur a fait des travaux de menuiserie dans le salon et
maintenant il s'occupe de la plomberie et des installations sanitaires.
L'appartement est transformé!

Exercise 12
Horizontalement: 4 la 5 cuisinière 7 mise en place 9 tout 10 cuit 11 ne
12 repas 14 prêt 18 par 20 on 21 répétition
Verticalement: 1 fils 2 rideaux 3 si 4 le 5 comptoir 6 le 8 client 9 temps
10 cher 13 sept 14 part 15 en 16 an 17 le 19 ai 20 on

Exercise 14
a. fait **b.** installer **c.** sont; photographier **d.** réparer **e.** faites **f.** as; faire
g. faut; venir **h.** voulez; croire

Exercise 15
nous sommes-nous levés; nous sommes rendus; s'est-elle mariée; t'es occupé;
me souviens

Exercise 16
a. qualified/ competent/ thorough/ can work immediately **b.** J'ai besoin d'un
plombier./ Nous avons besoin d'un electricien./ Vous avez (avez-vous/
est-ce que vous avez) besoin de qualifications précises?

Exercise 17

De 4 à 7 points
La vente ne vous intéresse pas.
Essayez une carrière artistique!

De 8 à 11 points
Vous avez un bon potentiel, mais il
vous faut plus d'enthousiasme.

De 12 à 15 points
Vous êtes le candidat idéal pour ce
job. Demandez un gros salaire.

Au-dessus de 15 points
Vous êtes un génie. Fondez votre
propre entreprise!

Exercise 18
tomorrow; delicatessen; 2.30 p.m.; 17; second; 91 55

Exercise 19
a. 5 b. 2 c. 4 d. 1 e. 3 f. 6

Unit 7 Vivement le week-end!

Exercise 1
a. beau b. du feu c. la cuisine d. le ménage e. de la chance f. assez
g. raison

Exercise 2
Dear Madeleine and Jacques,
Thank you very much for the weekend that I spent with you in your country
house. It was really delightful. I very much enjoyed/liked playing ping-pong
with the children. But you spent your time doing the cooking – you must be
tired! I have decided to buy a country house, so I hope that you will come one
day and spend a weekend at my place.
My best wishes,
          Hélène

Exercise 6
fête nationale; jour férié; pont; en vacances; congé; semaines; septembre

Exercise 8
Pour: a. attirés par la nouveauté **b.** de formidablement aérien, musical
c. transparent
Contre: a. n'y vont pas **b.** épouvantable **c.** la raffinerie de pétrole

Exercise 9
a. no b. no, Italian and English c. audiovisual material d. a library and a
workshop e. metal and glass

Exercise 11
a. descendu b. raison c. dames d. pétanque e. disputes f. équipe g. jeu
h. taquinée i. presque. The framed letters form the word: COMEDIENS

Exercise 12
a. sur la Côte d'Azur b. l'acharnement des joueurs c. ni les uns ni les
autres d. moins souvent e. la seule femme

Exercise 14
a. qui b. qui c. que d. qui e. qui f. qu' g. que h. qui

Exercise 15
avais; j'ai décidé; J'ai acheté; j'ai feuilleté; suis allée; se trouvait; était;
jouaient; avait; J'ai décidé

Exercise 16
Cher Pierre,
Je sais que tu aimes la musique et je voudrais t'abonner aux Jeunesses
Musicales de France. Avant chaque concert tu recevras une documentation
qui expliquera la musique du jour – ce n'est pas trop 'éducatif'! Puis, le jour

du concert, il y aura aussi une courte présentation avant le lever de rideau.

Exercise 17
a. 6 oct./15 oct./10 nov. **b.** 20 oct./8 nov. **c.** 25 nov./29 nov.
d. 10 nov./25 nov./29 nov. **e.** 4 oct. **f.** 14 oct.

Exercise 18
a. at the Théâtre des Champs-Elysées **b.** Beethoven's works **c.** the Israel Philharmonic Orchestra **d.** in the eighth **e.** 723 47 47

Exercise 19
Université René-Descartes: 'The European Parliament'
Université Pierre et Marie Curie: 'Our heart and its history'

Exercise 21
15th arrondissement; Starting date: 19th September; Days of classes:
a. Mondays 5–6 p.m. **b.** Wednesdays 7–8 p.m.; Enrolment dates:
a. Wednesday 14th September 7–8 p.m. **b.** Thursday 15th September 7–8 p.m.; Fee: 400 FF; Number of hours: 2; Telephone: 734 89 92

Unit 8 Que faire ce soir?

Exercise 1
a. humoristique **b.** 1–1½ heures **c.** fumer/boire **d.** petit **e.** 30–40/40–50 **f.** de café/de théâtre **g.** pour certains spectacles **h.** en arrivant/après le spectacle

Exercise 2
a. How not to die of boredom in a nuclear shelter. **b.** A servile customer provokes disasters in a restaurant. **c.** 'New love' experienced by a 'new man'. **d.** Autobiography of a man with too many nationalities.

Exercise 4
1. **b.** 2. **d.** 3. **b** 4. **a.** 5. **c.** 6. **d.**

Exercise 5
a. prendre un verre vers onze heures et demie **b.** c'est trop cher **c.** c'est moi qui paye **d.** quelque chose de plus chaleureux **e.** ça devient plus compliqué **f.** c'est une bonne idée **g.** c'est toi qui nous invites?

Exercise 7
a. le Gaumont/cinéma **b.** bar d'ambiance **c.** restaurant **d.** discothèque **e.** soirée de jazz **f.** théâtre

Exercise 8
a. one month **b.** the Lux cinema **c.** you get one free show **d.** 19 francs **e.** students/under 20s

Exercise 10
a. Je sais où il faut aller. **b.** Cela m'arrive d'aller au restaurant. **c.** Le foie de veau n'était pas assez cuit. **d.** Quand je suis allée aux toilettes, j'ai vu deux rats. **e.** Le serveur mangeait dans les assiettes avant de les servir. **f.** Les champignons étaient très ordinaires.

Exercise 11
Messieurs,
En général je sais choisir les restaurants, mais j'ai eu une mauvaise expérience hier soir à la 'Bonne Auberge' à (Toulouse). Les serveurs n'étaient pas du tout aimables et nous avons vu un serveur qui mangeait dans les plats qu'il allait nous servir. Le repas était très mauvais et très cher!
Je vous prie, Messieurs, d'agréer mes salutations distinguées,

Exercise 13
a. Il y a des café-théâtres à Paris. **b.** J'aime le Café de la Gare, mais il y en a d'autres. **c.** Nous avons payé les billets il y a trois semaines. **d.** Je suis allé(e) à Paris il y a quinze ans. **e.** Vous n'avez rien mangé! Qu'est-ce qu'il y a? **f.** Il y avait beaucoup de monde sur la plage.

Exercise 14
a. Assieds-toi à côté de ta sœur. **b.** Il va s'asseoir. **c.** Elle est assise devant vous/toi. **d.** Ils ne s'assoient/asseyent pas à notre table. **e.** Voulez-vous vous asseoir?/Vous voulez vous asseoir?/Est-ce que vous voulez vous asseoir?

Exercise 15
a. Berkeley, Le Dauphin, La Calavados **b.** La Bonne Fourchette **c.** beef and egg **d.** on the first floor of the Eiffel Tower **e.** La Belle Epoque **f.** Au Cochon de Lait **g.** La Calavados

Exercise 16
a. 9 p.m. Saturday – 9 a.m. Monday **b.** tramps and yobbos invade the place **c.** by coming during the day with some form of identification **d.** alcohol (including beer) **e.** newspapers, books, presents, video and hi-fi equipment, perfumes, pharmaceutical products, and food **f.** because the same people see each other there quite often (A force de retrouver les mêmes têtes...) **g.** 10

Exercise 17
a. | H | G | G | H | G | H | G | H | H | H |
b. That young restaurant-owners who are bound to have some financial difficulties don't bother to stay open on Sundays. **c.** Because it is so difficult to find a restaurant which is open on a Sunday night.

Unit 9 A votre santé!

Exercise 1
a. yes **b.** stomach **c.** diarrhoea **d.** 37.8°C **e.** intestinal flu
f. antiseptic/capsule; 2–3 times a day; Aspégic

Exercise 2
C: Je pense que je couve quelque chose: je me sens fatigué(e) et j'ai des courbatures. **Ph:** Vous avez mal à la tête et des frissons? **C:** Oui—j'ai peur d'attraper la grippe. **Ph:** Vous avez simplement pris froid. Prenez ce médicament, matin et soir, pendant une semaine.

Exercise 4
a. médicament **b.** dose **c.** paroi **d.** rhumatismes **e.** ulcères **f.** aliments **g.** contrôle **h.** douloureux. The framed letters form the word: ASPIRINE

Exercise 5
Dosage
Follow the doctor's prescription exactly. Usual dosage: one tablet twice a day, morning and evening.
Undesirable effects
Very rare gastric upsets, headaches.
Precautions for use
Attention is drawn, particularly among drivers of vehicles and operators of machines, to the risks of drowsiness attached to the use of this medicine. You are strongly advised not to drink alcohol at the same time.

Exercise 7
bonne mine; en forme; comment; disque; par semaine; exercices; copines; maison; se sent

Exercise 8
a. du b. de la c. un d. des e. de f. de g. de

Exercise 10
a. faux b. vrai c. vrai d. faux e. vrai f. faux

Exercise 11
Pompiers de Paris: a. They are the only military firemen in the world.
b. They don't have the right to go on strike. **c.** The average age is 20 to 22.
Centre de secours de Colombier: a. There are two lieutenants. **b.** They
are the only officers at the centre. **c.** One or the other has to be at the centre
all the time.

Exercise 13
a. où b. quoi c. quelle d. quand
e. Ces plats ont été préparés n'importe comment.
f. Les enfants mangent n'importe quoi!
g. Vous pouvez acheter de l'aspirine dans n'importe quelle pharmacie.

Exercise 14
a. Il paraît que la pharmacie est fermée. b. Il reste deux gélules. c. Il (vous)
suffit de consulter un médecin. d. Il faut prendre votre médicament
maintenant. e. Il arrive souvent que j'oublie de prendre mon médicament.

Exercise 15
b. c. g.

Exercise 16
a. depuis cinq ans b. pendant trois jours c. chez un ami rhumatologue
d. un antiépileptique e. qu'un médicament se révèle efficace dans un autre
domaine

Exercise 17
a. le vin b. les apéritifs c. la bière d. le digestif

Exercise 18
a. une boisson alcoolique b. perception des distances c. les individus, le
moment d. un an e. 5000 francs f. vie/ des autres

Exercise 19
a. à 21 ans b. 26% c. pour faire bien d. à 10 ans

Unit 10 Au courant de la technologie

Exercise 1
a. **Produits blancs:** machine à laver; lave-vaisselle; réfrigérateur;
cuisinière;
Endroit d'utilisation: cuisine
Produits bruns: téléviseur; hi-fi; magnétoscope;
Endroit d'utilisation: salon
b. pour les produits bruns

Exercise 2
a. évolution b. lave-vaisselle c. électronique d. cuisinière e. téléviseur
f. réfrigérateur g. coucher h. magnétoscope i. équiper j. nouveaux
k. salon l. général m. évidemment n. produits

Exercise 4
a. 1 b. 5 c. 2 d. 3 e. 4

Exercise 5
a. magnétoscope b. rétroprojecteur c. magnétophone d. laboratoire de
langues

Exercise 7
a. machine à traitement de texte b. imprimante c. clavier d. mémoire centrale e. écran

Exercise 8
... En avril j'ai suivi un stage de trois jours pour me mettre au courant de la bureautique. C'était très intéressant. Je pense que cette nouvelle technologie peut énormement changer notre travail. Mes collègues me demandent si ça me fait peur. Pas du tout! Avec une machine à écrire, on a des tâches fastidieuses et répétitives à faire. Une machine à traitement de texte te débarrasse de ces tâches. Je serais très contente d'en avoir une!

Exercise 10
a. devient-on b. devient/ souvent de père en fils c. le métier d' d. je serai e. trouvé un emploi d' f. mari est g. veulent pas dire qu'ils sont

Exercise 11
5	3	7	2	4	1	6

Exercise 13
Quelle; quel; tels; lequel; lequel

Exercise 14
a. un nouveau moyen de communication b. sur l'écran d'un terminal c. l'annuaire électronique d. le Minitel

Exercise 15
a. the stereo headphones b. the watch (with alarm and chronometer) c. the display of the radio-alarm clock d. your car e. the micro-computer/ 999.20 FF

Exercise 16
a. David b. son micro-ordinateur domestique c. en piratant l'ordinateur de son école d. deux New York – Paris, en première classe, non fumeurs e. les missiles nucléaires intercontinentaux f. une guerre thermo-nucléaire

Exercise 17
David's age is given as 17 in the radio review and as 16 in the magazine cutting.

Exercise 18
a. **25dB:** une chambre à coucher, la nuit, quand on dort; **30dB:** un réfrigérateur; **80–90dB:** l'aspirateur; **100dB:** le bruit du marteau pneumatique b. le seuil de la douleur c. les personnes déprimées, malades, les nerveux

Unit 11 Tout un programme!

Exercise 1
Brigitte: 12. Informations et météo; 19.15 Actualités régionales; 20. Journal; 23.10 Audrey Rose
Jean-François: 12.15 Le relais de dimanche; 15.50 Sports été; 23.10 Audrey Rose

Exercise 2
a. Les aventures de Tom Sawyer; Romeo et Juliette. b. Les aventures de Tom Sawyer; Audrey Rose. c. That Ivy is the reincarnation of his own daughter who died in a car crash. d. Les aventures de Tom Sawyer; Romeo et Juliette. e. Because they can't find the way out. f. To be the world's fastest man.

Exercise 4
a. Un homme arrive avec son perroquet. b. Il demande au vieux monsieur de s'occuper du perroquet. c. Le vieux monsieur et le perroquet tiennent

une vraie conversation. **d.** Le vieux monsieur ne veut pas dire qu'il a parlé au perroquet.

Exercise 5
a. naturellement **b.** au bout de quelques secondes **c.** lui demande de garder **d.** tout le monde **e.** une dizaine de minutes **f.** n'a jamais osé

Exercise 7
a. le Matin **b.** le Quotidien de Paris

Exercise 8
a. droite **b.** gauche **c.** gauche **d.** droite **e.** droite

Exercise 10
a. le Point: un magazine d'actualité politique et économique;
les Nouvelles Littéraires: un magazine spécialiste en littérature;
Paris-Match: un magazine franchement photographique
b. de plus en plus; pêle-mêle; plusieurs; évidemment
c. le Figaro; le Matin **d.** l'Express

Exercise 11
a. L'Usine; Télé Ciné Vidéo; Décision Informatique; bureau gestion; Votre Ordinateur **b.** vidéotex **c.** en informatique **d.** une grève de l'impôt **e.** le Tchad **f.** la balance

Exercise 13
a. Ma sœur me l'a dit. **b.** Je le lui ai donné. **c.** Le guide le lui a expliqué. **d.** Il leur a demandé de venir.

Exercise 14
a. ce que **b.** ce qui **c.** ce qu' **d.** Ce qui **e.** ce que **f.** ce qu'

Exercise 15
a. les meilleurs: L'Argent; Le Roi des singes; **les pires:** Caligula, la véritable histoire; Zombie **b.** Derrière la porte **c.** A bout de souffle made in USA; Monty Python, le sens de la vie; L'Eté meurtrier; L'Année de tous les dangers

Exercise 16
musiciens; music-hall; trompettiste; loge; jeune; armée; tiré; elle m'; calmement; sœur

Exercise 17
France Inter: aimed at a mass audience; broadcasts 24 hours a day;
France Culture: aimed at people seeking cultural or educational programmes; **France Musique:** broadcasts essentially musical programmes (with presentation and commentary on the works); **Radio Sept:** aimed at the young; **Radio Bleue:** aimed at the elderly; **Radio France Internationale:** broadcasts in French throughout the world

Exercise 18
a. To supply Parisians with local information, because there is no local/regional press in the capital. **b.** le Parisien Libéré **c.** les personnes âgées **d.** Toulouse

Unit 12 Quoi de nouveau?

Exercise 1
a. Le bruit des enfants qui jouaient dans la rue. **b.** Les enfants de Michèle qui galopent chez eux. **c.** Le bruit des motos dans la rue. **d.** Le piano du voisin. **e.** La radio d'Anne-Marie.

Exercise 2

SIDA 'Un début d'épidémie': d.   **Le camp de la faim: c.**
L'exploit à bout de souffle: a.   **Les diplomates délinquants: b.**

Exercise 4

a. une dizaine d'années **b.** vrai **c.** miroir **d.** précisément **e.** contraire
f. gens **g.** sûr **h.** gagner

Exercise 5

La France est un état centralisé, mais maintenant dans les régions on parle
beaucoup de décentralisation. On demande une autre forme d'organisation
du pouvoir politique. Je comprends les gens des villes de province – ils
n'aiment pas être tyrannisés par la capitale et ils préféreraient être les
maîtres chez eux. Mais à Paris on ne comprend pas – on dit que la
décentralisation est contraire à notre tradition historique.

Exercise 8

a. the fifth **b.** 1958 **c.** The President is elected by the people, the Prime
Minister is appointed by the President. **d.** the President **e.** le Senat;
l'Assemblée nationale

Exercise 9

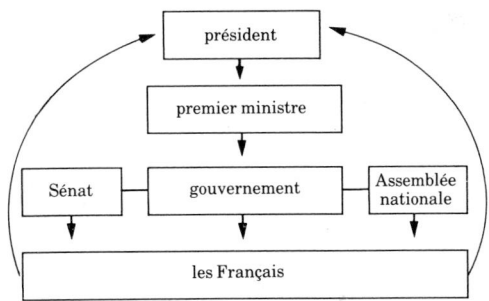

Exercise 11

Horizontalement: 6 ce **7** le président de **10** en **11** ne **12** régions **15** état
16 réunir **17** été **20** blessé **22** lu **24** se **25** tu **26** en fin de **27** qui **29** deux
31 avenir **32** élu **35** universel **36** dos
Verticalement: 1 le **2** droit **3** si **4** génie **5** étrange **6** centralisé **7** la
République **8** Sénat **9** de **13** et **14** gagner **18** eu **19** suffrage **21** saute
23 année **26** eux **28** pris **30** une **33** lu **34** un

Exercise 13

a. La femme la plus intelligente. **b.** Les plus belles choses. **c.** Le plus grand
pays. **d.** Le journal/quotidien le plus intéressant. **e.** Le meilleur avion du
monde. **f.** Le pire repas.

Exercise 14

a. Le (un) concert a été donné par la pianiste. **b.** L'(une) amie a été invitée
par nous. **c.** Les voisins sont exaspérés par le bruit. **d.** La (une) lettre a été
écrite par lui.

Exercise 15

a. Lille; Nice **b.** It varies from region to region: in some places they stop
working for an hour, in others they stop for a whole night or day. **c.** The post
bags start to pile up and choke the sorting office. **d.** Because they work in a
dusty '19th century' environment. **e.** The baccalauréat and university
degrees. **f.** They say it is equipped with a counter to check up on them.
g. Anything management does to improve conditions, because their motives
are misinterpreted by the workers.

Exercise 16
a. Two American diplomats were expelled from Afghanistan on charges of espionnage./Three Northern Irish policemen were suspended. **b.** A man was shot dead at a road-barrier in Belfast. **c.** An American diplomat was expelled from Afghanistan for 'selling pornographic literature'. **d.** A Briton and an American set off from Thailand to search for a treasure near a Vietnamese island off the Cambodian shore. **e.** The Scottish pirate William Kidd buried a treasure.

Exercise 17
a. vrai **b.** faux **c.** faux **d.** faux **e.** vrai **f.** vrai **g.** vrai

Exercise 18
Experiment started: 1976; No. of roundabouts: 12; Previous no. of accidents p.a.: 25; Present number: 8; Bottlenecks: decreased; Fuel consumption: decreased; Pollution: decreased

Transcripts of radio programmes

Unit 1 exercise 17

Interviewer Pouvez-vous me décrire un gîte?

Mme Gigante Un gîte est un hébergement de vacances que l'on trouve généralement à la campagne. Ça peut être une ferme qui a été rénovée dans le style du pays, ou une maison dans un village...

Interviewer Quels sont les avantages?

Mme Gigante Les avantages? Ben, tout d'abord un gîte ne coûte pas très cher. Deuxièmement, les vacances en gîte permettent de découvrir la vie à la campagne et d'avoir le contact avec les gens du village, et de pouvoir se mêler à la vie de tous les jours...

Interviewer Et le prix approximatif d'un gîte?

Mme Gigante Le prix varie entre, par exemple, 900 francs par semaine pour une famille de quatre personnes en juillet/août et, disons, 700 francs par semaine en dehors de juillet/août.

Unit 1 exercises 18+19

Interviewer Alors, est-ce qu'il y a pas, malgré tout, quelque(s) risque(s) à tout cela, c'est-à-dire que, on abandonne un petit peu le touriste français qui, qui va aux Etats-Unis. On lui donne un, un 'motor-home'... il se promène, son voyage est planifié, mais il est un peu livré à lui-même et – dans un pays qu'on ne connaît pas, où on pratique souvent mal la langue – on peut, en fin de compte, risquer de gâcher ses vacances parce qu'on est un petit peu perdu.

Marie-Christine Bresson Non. Je ne suis pas d'accord avec vous, parce que, tout d'abord, les Français qui partent aux Etats-Unis ont une notion de ce que représente le pays. S'ils prennent une voiture, ils ont des cartes routières, sur tous les 'highways' il y a des balises qui vous indiquent bien les directions.

Et autre chose: on parle toujours de la barrière de la langue. Je sais bien que de nombreux compatriotes ne parlent malheureusement pas l'anglais, mais sachez que, si vous arrivez en, aux Etats-Unis en, en ânonnant trois, quatre mots d'anglais, vous arriverez à vous débrouiller, car les Américains sont des gens tellement ouverts qu'ils trouveront toujours un moyen pour vous expliquer.

Unit 2 exercise 17

Château-owner Voyez, ici nous trouvons le calme. Nous sommes loin des machines. Ces locaux constituent le chai de vieillissement en bouteilles. Il n'est pas bon que le vin soit commercialisé immédiatement après sa mise en bouteilles, laquelle représente pour lui quand même un certain traumatisme. Il lui faut au, au moins... nous imposons au moins six mois de vieillissement en bouteilles – six mois de réflexion, si j'ose dire.

Unit 3 exercise 16

Mme Nebout Notre-Dame est un monument très visité, mais je proposerai de prendre le problème à l'envers et d' aller à son chevet. Euh, vous avez au chevet de Notre-Dame le square Jean XXIII, qui est un bijou. Il a d'ailleurs régulièrement tous les ans le prix des parterres fleuris, car ses, ses jardiniers, on dirait qu'ils sont sensibles au fait qu'il y a tant de monde pour venir regarder...

Interviewer Si nous continuons la promenade, où allons-nous?

Mme Nebout Eh bien, vous longez le vaisseau de l'église, et puis vous arrivez sur le parvis de Notre-Dame. Au passage, un petit coup d'œil: vous avez là une pierre dans le parvis qui indique le point zéro, c'est-à-dire que lorsqu'on indique 'Paris 20 km', 'Paris 22 km', c'est pris de ce point exact. C'est le centre, c'est le cœur de Paris, même pour le système métrique, qui est peu poétique.

Unit 3 exercise 17

Speaker   Bonsoir. Le ciel est nuageux et les températures sont fraîches. La météo n'est pas optimiste pour la nuit prochaine et pour demain: cette nuit les températures baisseront jusqu'à 9°; quant à demain: éclaircies et nuages joueront à cache-cache avec des pluies intermittentes; les températures seront de l'ordre de 18°.

Unit 4 exercise 19

Jean-Paul Raulin   Cette enquête a été effectuée du 15 juin au 5 juillet dernier auprès d'un échantillon représentatif de 844 personnes âgées de 15 ans et plus. 75% des Parisiens se déclarent satisfaits du fonctionnement des transports urbains, mais 78% souhaitent des améliorations pour l'avenir.

   A la question 'Quels moyens de transport utilisez-vous, même occasionnellement?' les réponses sont les suivantes: le bus et le métro sont choisis par 67% des personnes interrogées, devant la voiture particulière (59%), la marche à pied (6%) et les deux-roues (1%).

   Certes, les Parisiens jugent les transports collectifs utiles, pratiques et modernes, mais 9 personnes sur 10 considèrent leur développement et leur amélioration comme importants, voire très importants.

Unit 4 exercise 20

Caroline Bosc   Quatorze quartiers de Paris sont dévorés par les termites. Les termites, ce sont des petites bêtes blanchâtres qui vivent à l'abri de la lumière. Ils effectuent de véritables ravages en s'attaquant aux matières cellulosiques – bois, papier, étoffe – mais aussi au plâtre et au ciment. Bernard Gouley a rencontré Madame Michèle Fabre, ingénieur au Laboratoire d'Hygiène de la Ville de Paris. Elle nous communique quelques conseils pour éviter l'invasion des termites.

Michèle Fabre   En priorité de lutter contre toutes les causes d'humidité et, en deuxième conseil, d'éviter de donner à manger aux termites en débarrassant les sous-sols de toutes les matières cellulosiques que, qu'ils peuvent contenir.

Bernard Gouley   Si on laissait faire un nid de termites dans un immeuble, qu'est-ce qui se passerait?

Michèle Fabre   Elles commenceraient à se développer au sous-sol, puis au rez-de-chaussée, au premier, au deuxième, et comme ça jusqu'en haut et ensuite je pense qu'elles se développeraient sur les bâtiments adjacents.

Unit 5 exercise 17

Speaker   Le métro de Marseille, le second de France, sera inauguré officiellement aujourd'hui par le Député-Maire, Monsieur Gaston Defferre. La première ligne de ce métro ultra-moderne entrera en service dès lundi matin:

Jean-Paul Bonami   Ce deuxième métro français, couleur blanc et crème, aura neuf kilomètres et douze stations. Il reliera deux faubourgs de Marseille, en passant par le Vieux Port et par la Gare St-Charles. Les responsables, conseillés pour la construction de leur ligne par la R.A.T.P. de Paris, ont choisi une technique qui a fait ses preuves: les voitures sur pneus, qui assurent silence et vitesse – une vitesse qui permettra un débit de 15 000 voyageurs à l'heure en '85.

Unit 5 exercise 18

Georges Falconet   Le diesel, dans ces dernières années, a beaucoup évolué. On dit d'ailleurs, actuellement, que le marché du diesel est un marché en baisse et effectivement le diesel, qui faisait un peu plus de 10% du marché, est maintenant revenu à environ 9% du marché, mais je pense que cette chute s'explique davantage par la chute de certains modèles – qui n'étaient probablement pas les diesels qu'attendaient les clients – que par une désaffection du client pour le diesel.

Le diesel n'est plus un véhicule utilitaire, le diesel c'est un véhicule qu'on doit avoir du plaisir à conduire – et je crois que c'est vraiment le cas de la BX 19: c'est un véhicule qui est économique, bien sûr, mais l'économie n'est pas le seul argument de cette voiture. C'est une voiture agréable, c'est une voiture qui a des performances, une voiture qui est souple à conduire – c'est vraiment, je crois, une voiture où on peut trouver du plaisir à la conduire.

Unit 5 exercise 19

Speaker   Je vous donne un point de la physionomie de la circulation en région parisienne: sur le périphérique extérieur de petites difficultés entre la Porte de Sèvres et la Porte d'Orléans, et la Porte de Gentilly et la Porte de Charenton: un poids lourd se trouve en panne; et puis, sur le périphérique intérieur, entre la Porte de Clichy et la Porte de la Chapelle. Le boulevard périphérique intérieur sera fermé entre 21h ce soir et 5h demain matin entre la Porte du Pré-St-Gervais et la Porte de Vincennes. Par ailleurs, le boulevard périphérique extérieur sera fermé entre 22h et 6h demain matin de la Porte de St Ouen à la Porte d'Auteuil.

Unit 6 exercise 18

Speaker   La Permanence Centrale de Co-ordination organise des séances d'information sur certains métiers avec la participation de professionnels et de jeunes en cours de formation. Demain la rencontre aura pour thème les métiers de la charcuterie. Elle débutera à 14h30 et se déroulera à la salle de spectacle du Gymnase Jean-Dame, 17 rue Léopold-Bellan, dans le 2e arrondissement. Pour tous renseignements, vous pouvez téléphoner au 233 91 55.

Unit 6 exercise 19

Jacques Chancel   Lorsqu'on parle de Pierre Cardin, lorsqu'on reçoit Pierre Cardin, il faut ... mettre la conversation sur la haute couture ou, au contraire, sur le plan du théâtre ... pour lui faire plaisir?

Pierre Cardin   Sur la haute couture, parce que la haute couture est – je ne renie jamais – ce qui m'a permis de faire du théâtre; c'est grâce à la haute couture, c'est grâce à mon métier, que je suis Pierre Cardin – ce n'est pas grâce au théâtre. Je suis devenu Pierre Cardin – en tout cas, j'ai l'impression de parler de Pierre Cardin comme d'une, comme d'un employeur – parce que je suis tellement ...

Jacques Chancel   Ah, mais vous savez ... les autres parlent de Pierre Cardin comme vous en parlez vous-même!

Pierre Cardin   ... je suis tellement intégré au travail que je fais, que j'ai l'impression d'être au service de cette ... maison, de cette marque.

Jacques Chancel   De vous-même, alors ...

Pierre Cardin   Absolument, je suis un élément, une cellule qui travaille pour cette maison, je ne me sens pas Pierre Cardin, je, j'ai l'impression de travailler pour quelqu'un, pour une marque qui est importante, et je fais tout pour que cette marque soit brillante et mérite le prestige .... qu'elle a actuellement ...

Unit 7 exercise 18

Jean-Paul Raulin   Une grande soirée de gala sera donnée demain au Théâtre des Champs-Elysées au profit des recherches sur les maladies cellulaires. Un concert d'œuvres de Beethoven sera dirigé par Zubin Mehta et l'Orchestre Philharmonique d'Israël. Pour réserver vos places, vous devez vous adresser au Théâtre des Champs-Elysées, 15 avenue Montaigne, dans le 8e arrondissement. Le téléphone: le 723 47 47.

Unit 7 exercise 19

Jean-Paul Raulin Au programme de l'Université d'Eté de Paris demain, deux conférences: la première aura lieu à l'Université René-Descartes et sera intitulée 'Le parlement européen'; la seconde débutera à 15h à l'Université Pierre et Marie Curie et aura pour thème 'Notre cœur et son histoire'.

Unit 7 exercise 20

Jean-Paul Raulin C'est demain à midi que Monsieur Jack Lang, Ministre Délégué à la Culture, inaugurera la Grande Fête d'Automne de La Villette. Bien entendu, les travaux continuent dans le Parc de La Villette, et cela jusqu'en 1986, mais à partir de demain vous pourrez voir évoluer des artisans forains, des cracheurs de feu, des jongleurs, ou bien prendre place dans des manèges futuristes, participer à des concours de tir et tenter – pourquoi pas? – votre chance aux loteries.

Unit 7 exercise 21

Caroline Bosc Le Club Omnisport du 15e arrondissement propose à partir du 19 septembre prochain des cours de gymnastique féminine: des exercises d'assouplissement et de musculation vous seront proposés sur fond de musique moderne. Les cours seront dispensés tous les lundis de 17h à 18h et les mercredis de 19h à 20h. Les inscriptions seront prises les mercredi 14 et jeudi 15 septembre de 19 à 20h, puis à chaque début de séance. Les frais se montent à 400FF pour toute l'année scolaire, à raison de deux heures de cours par semaine. L'adresse: Gymnase Falguière, 144 rue Falguière dans le 15e arrondissement, métro Volontaires. Le numéro de téléphone: le 734 89 92 – 734 89 92.

Unit 8 exercise 17

Philippe Couderc Il faut bien que je resignale quand même cet excellent restaurant: c'est le *Hollywood Canteen* – je suppose que vous avez été ...
Interviewer Ah non, je ne connais pas le *Hollywood Canteen* à Deauville.
Philippe Couderc Le *Hollywood Canteen* à Deauville est une ...
Interviewer Je prends des notes ...
Philippe Couderc ... eh oui, c'est une, c'est la *une* des nouveautés de Deauville. C'est un, oh disons ce, cela ressemble à un de ces petits bistrots qu'on peut trouver dans les quartiers populaires de New York. C'est décoré avec quantité de photos extraites des films les plus classiques, si j'ose dire, et on sert là une cuisine para-américaine, extrêmement simple, mais qui a un avantage: elle est faite avec des produits frais et bons, et pour moins d'une centaine de francs on fait un repas sympathique dans une ambiance qui est donc à la fois américaine et très parisienne, ce qui correspond, je crois, parfaitement au Deauville d'aujourd'hui.

Unit 8 exercise 17 (continued)

Philippe Couderc Autre nouveauté: un restaurant qui s'appelle *La Gitane* – restaurant de cuisine française, de cuisine quasiment familiale – qui se trouve à proximité d'un restaurant qui a une bonne réputation, le, *La Gauloise*. D'ailleurs, ce sont les mêmes propriétaires, mais les prix sont beaucoup plus raisonnables. *La Gitane*, donc, se trouve 53bis avenue de la Motte-Picquet, et on mange là pour une centaine de francs.
　　Mais je veux signaler que tous, tous ces restaurants nouveaux – et c'est quand même un peu dommage – ne sont pas ouverts le dimanche. Alors, je comprends mal les jeunes cuisiniers, les jeunes restaurateurs, qui doivent quand même avoir quelques difficultés économiques – quand on monte une affaire c'est ça – qui ne prennent même pas la peine d'ouvrir le dimanche et

de fermer un autre jour de la semaine, alors qu'il est tellement difficile de trouver un restaurant ouvert le dimanche soir – nous en savons quelque chose, je crois.

Unit 9 exercise 17

Denis Poirier Bonjour. Ici, Denis Poirier. Je m'adresse à ceux qui disent: 'L'alcool? Moi? Je n'en bois pas!' C'est possible, mais le vin, les apéritifs, la bière, c'est aussi de l'alcool, et vous en buvez ... un peu trop peut-être. Ayez donc la curiosité de compter le nombre de verres que vous buvez dans une journée. Et n'oubliez pas: apéritif, vin, bière, digestif, tout s'additionne – là est le danger!

Unit 9 exercise 18

Denis Poirier Attention! Vous êtes peut-être dangereux – dangereux parce que vous allez prendre le volant après avoir absorbé une boisson alcoolique, dangereux parce que l'alcool fausse votre perception des distances, dangereux parce que vous ne pouvez être votre propre juge. La sensibilité à l'alcool change selon les individus, le moment, la boisson absorbée. Si la menace d'un an de prison et de 5 000 francs d'amende ne vous arrête pas, pensez que vous risquez votre vie et celle des autres. Pour l'automobiliste, il n'y a qu'une alcoolémie sûre – c'est l'alcoolémie 0!

Unit 9 exercise 19

Speaker Il y a quinze ans, on commençait à fumer à 21 ans, aujourd'hui à quatorze ans et demi. Désormais, 26% des enfants de 12 à 14 ans sont déjà des consommateurs de tabac. Je répète: 26% des enfants de 12 à 14 ans ...

Jeune fille La première cigarette, c'est dégueulasse! Après, après on commence à s'habituer, ça va mieux, mais disons que – au commencement – c'est pour faire bien, et tout le monde c'est la même chose. Moi, j'ai commencé très jeune, j'ai commencé à dix ans ...

Interviewer A dix ans?

Jeune fille A dix ans, oui.

Unit 10 exercises 16 & 17

Pierre Bouteiller Un adolescent de dix-sept ans, surdoué d'électronique, s'amuse à bricoler son micro-ordinateur domestique en le connectant sur différents computeurs avec lesquels il rentre en communication grâce à des noms de code. Ainsi peut-il se faire attribuer, par exemple, de bonnes notes scolaires en piratant l'ordinateur de son école, ou encore, se fait-il réserver, pour lui et sa petite amie, deux New York–Paris, en première classe, non fumeurs, en connectant la machine d'une compagnie aérienne.
  Mais là où l'affaire se corse, c'est lorsque David – David, c'est le nom de cet adolescent surdoué d'électronique – arrive à entrer en communication avec l'ordinateur central du N.O.R.A.D. autrement dit, du North American Air Defence Command – quelque chose comme le centre nerveux qui contrôle la mise à feu de tous les missiles nucléaires intercontinentaux américains. Et comme ça, manière de s'amuser, comme tous les gosses du monde, contaminés par la vidéomanie, par les jeux vidéo, eh bien, David programme la cassette 'Guerre thermo-nucléaire', et manque d'en provoquer une pour de vrai.

Unit 10 exercise 18

Rosemonde Pujol Le bruit, ça se mesure comme le reste, comme la température. Et c'est ainsi que les spécialistes savent qu'une chambre à coucher, la nuit quand on dort, se situe aux environs de 25 décibels – c'est très silencieux. Un réfrigérateur ordinaire ronronne à 30 décibels. Mais l'aspirateur, lui, vrombit aux environs de 80 à 90 décibels. C'est-à-dire que son seul bruit peut couvrir presque tous les bruits environnants: le téléphone qui sonne, le bébé qui crie, l'enfant qui appelle.

Pour vous donner un autre exemple, le bruit du marteau pneumatique se situe à peine au-dessus de l'aspirateur: 100 décibels, donc juste à la limite du seuil qui devient insupportable pour l'oreille, puisque les spécialistes l'appellent 'seuil de la douleur': 120 décibels. Ça, c'est pour les bien-portants, mais pour les personnes déprimées, malades, convalescents, pour les nerveux, le seuil de la douleur peut se situer bien plus bas, et justement, au niveau du vrombissement de l'aspirateur.

Unit 11 exercise 17

Mme Battistelli La Société Nationale de Radiodiffusion, Radio France, a plusieurs chaînes. Elle a d'abord des chaînes dites nationales parce qu'elles diffusent sur tout notre territoire: ● la chaîne France Inter, la plus ancienne qui est une chaîne grand-public et qui diffuse 24 heures sur 24, ● la chaîne France Culture, qui s'adresse à un public recherchant plus des émissions culturelles ou éducatives, et ● la chaîne France Musique, qui apporte des programmes essentiellement musicaux, mais aussi bien avec présentation et commentaire sur les œuvres.

Depuis quelque temps nous avons créé des radios dites thématiques, c'est-à-dire que ● Radio Sept pratiquement s'adresse aux jeunes, et ● Radio Bleue aux personnes du troisième et du quatrième âge.

Depuis encore moins de temps, nous avons des stations locales et régionales en province qui ont un programme plus spécifiquement régional. Et enfin, nous avons ● Radio France Internationale, qui est destinée à émettre en français dans le monde entier...

Unit 11 exercise 18

André Serfati Radio Service Tour Eiffel est une nouvelle radio qui a été créée en décembre 1980, à l'initiative de Monsieur Jacques Chirac, le maire de Paris, pour répondre à un besoin. Le besoin, c'est que... il n'y a pas, à Paris, comme à Toulouse, Lyon ou Marseille, une presse régionale – ou très peu – il y a bien *le Parisien Libéré*, qui a quelque pages régionales, mais il n'y a pas vraiment de presse régionale.

Donc, le maire de Paris a estimé qu'il fallait créer un grand moyen d'information, à destination des Parisiens, pour leur parler de ce qui se passait dans leur ville, et pour leur donner un certain nombre d'informations sur les moyens d'accéder à toutes sortes de services qui existent, qui fonctionnent très bien, et que peu de gens connaissent – qu'il s'agisse du sport, d'associations culturelles ou de services sociaux pour les personnes âgées, par exemple, ou les handicapés.

Je prends un exemple: si vous organisez à Toulouse une kermesse, *la Dépêche du Midi*, qui est le journal local, qui est un grand journal, parlera de cette kermesse; si vous l'organisez à Paris, vous ne voyez pas *le Monde*, *le Quotidien de Paris* ou *le Figaro* faire état d'une kermesse qui intéresse un quartier. Radio Service Tour Eiffel permet donc aux Parisiens de trouver des informations sur ce qu'il se passe dans leur quartier et qu'ils ignorent quelquefois.

Unit 12 exercise 17

André Serfati Alors, Georges Falconet, bonjour, merci d'être venu. Nous allons parler d'abord de cette grève d'Aulnay-sous-Bois: est-ce que cela signifie que – à travers cette première usine touchée dans le groupe Citroën – c'est l'industrie automobile qui va devoir affronter cette année encore des difficultés dans le domaine social?

Georges Falconet Bien, je crois qu'il ne faut jamais dramatiser une situation. A l'usine d'Aulnay, la grève est le fait actuellement d'une minorité dans l'usine – l'ensemble de l'usine est très calme. Vous savez qu'il y a des discussions en cours, et je pense et j'espère que les choses vont rentrer rapidement dans la normalité.

André Serfati Voila, Georges Falconet, je vous trouve un peu, un peu placide, je dirais, on a l'impression que les négociations n'ont pas grande importance et on attend que la grève se termine.

Georges Falconet C'est votre opinion et je la respecte complètement, mais nous avons un gros travail à faire dans nos usines pour produire dans des conditions de qualité qui satisfassent nos clients. Donc, tout le monde se bat dans l'usine pour rendre les choses plus normales...

Unit 12 exercise 18

André Serfati Et puis, sachez qu'à partir du 1er mai prochain, la priorité aux carrefours giratoires passe à gauche... Caroline Bosc:

Caroline Bosc Cette réforme du code a déjà été expérimentée avec succès dans différentes agglomérations, et notamment à Quimper où l'on, on a noté une importante baisse des accidents corporels. Depuis 1976, dans cette ville douze carrefours à sens giratoire et priorité à gauche ont été mis en place. Il y avait auparavant vingt-cinq accidents corporels par an à ces carrefours – on en enregistre maintenant seulement huit.

    Et puis, ce n'est pas le seul avantage de ce nouveau système: il entraîne, en effet, une diminution du nombre des embouteillages, grâce au dégagement rapide des intersections, et puis aussi une économie de carburant et une baisse de la pollution, grâce à une meilleure fluidité de la circulation.

Verb tables

Infinitive	Present tense	Perfect	Imperfect	Future
avoir, être				
avoir *have*	*sg.* ai, as, a, *pl.* avons, avez, ont	j'ai eu	j'avais	j'aurai
être *be*	suis, es, est, sommes, êtes, sont	j'ai été	j'étais	je serai
Model verbs				
donner *give*	donne, -es, -e, donnons, -ez, -ent	j'ai donné	je donnais	je donnerai
finir *finish*	finis, -is, -it, finissons, -ez, -ent	j'ai fini	je finissais	je finirai
vendre *sell*	vends, vends, vend, vendons, -ez, -ent	j'ai vendu	je vendais	je vendrai
Common irregular verbs				
aller *go*	vais, vas, va, allons, allez, vont	je suis allé(e)	j'allais	j'irai
battre *beat*	bats, bats, bat, battons, -ez, -ent	j'ai battu	je battais	je battrai
boire *drink*	bois, bois, boit, buvons, -ez, boivent	j'ai bu	je buvais	je boirai
conduire *drive, lead*	conduis, -s, -t, conduisons, -ez, -ent	j'ai conduit	je conduisais	je conduirai
connaître *know*	connais, -s, connaît connaissons, -ez, -ent	j'ai connu	je connaissais	je connaîtrai
courir *run*	cours, -s, -t, courons, -ez, -ent	j'ai couru	je courais	je courrai
croire *believe*	crois, -s, -t, croyons, -ez, croient	j'ai cru	je croyais	je croirai
devoir *owe, ought*	dois, -s, -t, devons, -ez, doivent	j'ai dû	je devais	je devrai
dire *say*	dis, dis, dit, disons, dites, disent	j'ai dit	je disais	je dirai
écrire *write*	écris, -s, -t, écrivons, -ez, -ent	j'ai écrit	j'écrivais	j'écrirai
envoyer *send*	envoie, -es, -e, envoyons, -ez, envoient	j'ai envoyé	j'envoyais	j'enverrai
faire *do, make*	fais, -s, -t, faisons, faites, font	j'ai fait	je faisais	je ferai
falloir *be necessary*	il faut	il a fallu	il fallait	il faudra
lire *read*	lis, -s, -t, lisons, -ez, -ent	j'ai lu	je lisais	je lirai
mettre *put*	mets, mets, met, mettons, -ez, -ent	j'ai mis	je mettais	je mettrai
mourir *die*	meurs, -s, -t, mourons, -ez, meurent	je suis mort(e)	je mourais	je mourrai

Infinitive	Present tense	Perfect	Imperfect	Future
naître *be born*	nais, -s, naît, naissons, -ez, -ent	je suis né(e)	je naissais	je naîtrai
ouvrir *open*	ouvre, -es, -e, ouvrons, -ez, -ent	j'ai ouvert	j'ouvrais	j'ouvrirai
plaire *please*	plais, -s, plaît, plaisons, -ez, -ent	j'ai plu	je plaisais	je plairai
pleuvoir *rain*	il pleut	il a plu	il pleuvait	il pleuvra
pouvoir *be able*	peux, -x, -t, pouvons, -ez, peuvent	j'ai pu	je pouvais	je pourrai
prendre *take*	prends, -s, prend, prenons, -ez, prennent	j'ai pris	je prenais	je prendrai
recevoir *receive*	reçois, -s, -t, recevons, -ez, reçoivent	j'ai reçu	je recevais	je recevrai
rire *laugh*	ris, ris, rit, rions, riez, rient	j'ai ri	je riais	je rirai
savoir *know*	sais, -s, -t, savons, -ez, -ent	j'ai su	je savais	je saurai
servir *serve*	sers, -s, -t, servons, -ez, -ent	j'ai servi	je servais	je servirai
suivre *follow*	suis, -s, -t, suivons, -ez, -ent	j'ai suivi	je suivais	je suivrai
tenir *hold*	tiens, -s, -t, tenons, -ez, tiennent	j'ai tenu	je tenais	je tiendrai
venir *come*	viens, -s, -t, venons, -ez, viennent	je suis venu(e)	je venais	je viendrai
vivre *live*	vis, -s, -t, vivons, -ez, -ent	j'ai vécu	je vivais	je vivrai
voir *see*	vois, -s, -t, voyons, -ez, voient	j'ai vu	je voyais	je verrai
vouloir *want*	veux, -x, -t, voulons, -ez, veulent	j'ai voulu	je voulais	je voudrai

A reflexive verb

s'asseoir *sit down*	je m'assieds	je me suis assis(e)	je m'asseyais	je m'assiérai
	tu t'assieds	tu t'es assis(e)	tu t'asseyais	tu t'assiéras
	il s'assied	il s'est assis	il s'asseyait	il s'assiéra
	nous nous asseyons	nous nous sommes assis(e)(s)	nous nous asseyions	nous nous assiérons
	vous vous asseyez	vous vous êtes assis(e)(s)	vous vous asseyiez	vous vous assiérez
	ils s'assoient/s'asseyent	ils se sont assis	ils s'asseyaient	ils s'assiéront

Verbs in -er with some peculiarities

	lever *lift*	appeler *call*	jeter *throw*	répéter *repeat*
Present	je lève	j'appelle	je jette	je répète
	il lève	il appelle	il jette	il répète
	tu lèves	tu appelles	tu jettes	tu répètes
	nous levons	nous appelons	nous jetons	nous répétons
	vous levez	vous appelez	vous jetez	vous répétez
	ils lèvent	ils appellent	ils jettent	ils répètent
Future	je lèverai	j'appellerai	je jetterai	je répéterai

Grammar list

Vocabulary

The vocabulary gives only those meanings which apply to material in the course.
Indications of the feminine forms of adjectives are given only in those cases where there might be any doubt. (See p.17 for the formation of adjectives.)

French–English

A

aérien, -nne air-; light, airy
âge *m.* age
âgé elderly
abattre shoot down
abonner, s'a. à subscribe to
abonné(e) subscriber
aboutir à reach
abrégé abridged
abréviation *f.* abbreviation
abri *m.* shelter
abriter shelter, house
absolument absolutely
abuser abuse, overdo
accablant overwhelming, depressing
accabler overwhelm, weigh down
accéder à enter, obtain access to
accent *m.* accent, stress
accès *m.* access, entry; attack
accident *m.* accident
accidenté person who has had an accident
accréditif, -ive credit-
accroissement *m.* growth
accueil *m.* welcome
accueillant welcoming
acharnement *m.* fierceness, determination
acheter buy
acoustique acoustic
acteur, m. actor
actrice *f.* actress
actualité *f.* news, current affairs
actuel present
actuellement at present
additionner, s'a. add up
adresse *f.* address
adresser, s'a. à speak to; be aimed at
adulte *m./f.* adult
affaire *f.* affair, business, **mes affaires** my things, my belongings
affamé starving
affichage *m.* display
affirmer state, maintain
affreux, -euse awful
affronter face
afin de so as to
agent *m.* employee, agent
agglomération *f.* town, built-up area
agit, il s'a. de it concerns
agréable nice, pleasant

aider help
ail *m.* garlic
aile *f.* wing
ailleurs elsewhere, **d'a.** moreover
aimer love, **a. bien** like; **a. mieux** prefer
aîné eldest
ainsi thus
air, avoir l'a. seem
ajouter add
ajusteur *m.* metal-worker
alcoolémie *f.* blood alcohol level
alcoolique alcoholic
alerte *f.* alarm, alert
alité in bed
allemand German
aller *m.* outward journey/trip
aller go, **s'en a.** go way
allergique allergic
allonger extend
alors que whereas
alternance *f.* alternation
amant(e) lover
ambassade *f.* embassy
ambiance *f.* atmosphere
ambré amber-/of amber
amélioration *f.* improvement
améliorer improve
aménagé converted
amende *f.* fine
américain American
ami(e) boy/girlfriend
amical friendly
amitié *f.* friendship
amusant amusing
amuser, s'a. amuse (oneself)
an *m.* year
ancien, -enne old, former; (furniture) antique
anglais English
animal *m.* (*pl.* **animaux**) animal
année *f.* year
annonce *f.* announcement, **petite a.** small ad **a. classée(s)** classified ad(s)
annuaire *m.* directory
ânonner mumble
antibiotique *m.* antibiotic
antiépileptique anti-epileptic (drug)
antigrippal anti-flu
antiseptique antiseptic
antivampire anti-vampire

août August
apercevoir, s'a. notice, become aware
appareil *m.* appliance
apparition *f.* appearance
appel *m.* call, call-out
appellation *f.* name, **a. contrôlée** official guarantee of origin and quality of wine/calvados
appliquer apply
apport *m.* contribution, value
apprécier appreciate
approximatif, -ive approximate
arbre *m.* tree
argent *m.* money; silver
armer arm
arôme *m.* aroma
arranger sort out
arrêt *m.* stop, **a. d'autobus** *m.* bus-stop
arrêté *m.* decree
arrêter, s'a. stop
arriver arrive, happen; manage
arrondi rounded
arrondissement *m.* district (of Paris)
arroser water, wash down (food), lace (coffee)
artisan *m.* artisan, artist
artistique artistic
asphyxie *f.* suffocation
asphyxié *m.* suffocated (person)
aspirateur *m.* vacuum cleaner
assembleée *f.* assembly, **A. nationale** National Assembly (Lower House of Parliament)
asseoir, s'a. sit down
assez enough; quite
assis seated
assister à witness
associer associate
assouplissement *m.* warming up, limbering up
assurer ensure
atelier *m.* artist's studio
attacher attach
attaquer, s'a. à attack
atteindre reach; affect
attendre wait for, expect
attente *f.* wait
attention *f.* attention, care; beware!, **faire a. à** pay attention to
attirer attract
attraper catch
attribuer credit
auberge *f.* inn
au-dessous de below
au-dessus de above
au fur et à mesure as soon as; gradually
aucun no, none
audiovisuel audio-visual
augmenter increase
aujourd'hui today
auparavant beforehand
auprès de close to, next to; among
auquel, à laquelle to which
aussi also, **a. bien** as well
Australie *f.* Australia

authenticité *f.* authenticity
autobus *m.* bus
autocar *m.* coach
automne *m.* autumn
automobile car-
automobiliste *m./f.* driver
autoriser authorise
autoroute *f.* motorway
autour around
autre other
autres, d'autres others
Autriche *f.* Austria
avance, à l'a. in advance
avantage *m.* advantage
avenir *m.* future
aventure *f.* adventure
averse *f.* shower
averti aware
avion *m.* aeroplane
avis *m.* opinion
avocat *m.* lawyer
avouer admit
avril April
ayez! have! (imperative from **avoir**)

B
bâti built
bâtiment *m.* building
bac(calauréat), m. final school exam (advanced level)
bagages *m.pl.* luggage
baignade *f.* bathing, swimming
baigner, se b. bathe, swim
bains, salle de b. bathroom
baisse *f.* drop, decrease
baisser drop, lower
balcon *m.* balcony
balise *f.* signpost
banc *m.* bench
bancaire bank-
bande *f.* tape
banlieue *f.* suburbs, **proche b.** inner suburbs
barrage routier *m.* road-block
barrière *f.* barrier
bas, basse low
battre beat
beau, belle, bel handsome, beautiful
beaucoup de a lot of
bébé *m.* baby
Belgique *f.* Belgium
bénéficier de benefit from
besoin, avoir b. need
biberon *m.* baby's bottle
bibliothèque *f.* library
bien well, **b. entendu, b. sûr** of course
bien-portant *m.* healthy person
bière *f.* beer
bijou *m.* gem
biologique biological
bistro *m.* (also **bistrot**) café-restaurant
blanc, -che white
blanchâtre whitish
blesser wound
bleu blue
bœuf *m.* beef
boire drink

boiseries *f.pl.* wood-panelling
boisson *f.* drink
boîte *f.* box, can
boîte de nuit *f.* night-club
bomber bulge, **b. le torse** stick out one's chest
bon, bonne good
bon marché cheap
bonne main *f.* helping hand, **en bonnes mains** in good hands
bonne route! have a good journey!
bouche *f.* mouth
boules *f.pl.* bowls
bout *m.* end
bouteille *f.* bottle
bras *m.* arm
brasserie *f.* pub, restaurant
Bretagne *f.* Brittany
breton, -nne Breton
bricoler do d.i.y; tinker with
brigade *f.* team
brillant brilliant, prominent
bronzage *m.* suntan
bruit *m.* noise
brûler burn
brun brown, brunette
brut natural, unspoilt
bruyant noisy
bulbe *m.* bulb
bureau *m.* office; study; desk, **b. de tabac** *m.* tobacconist's shop
bureautique *f.* office technology

C

c'est-a-dire that is to say
cacher hide, **se c.** hide oneself, hide from each other
cadavre *m.* corpse
cadre *m.* surroundings, décor
café *m.* coffee; café
calcul *m.* calculation, sum
calme peaceful, calm
calme *m.* calm, quiet
calvados *m.* cider-brandy
caméra *f.* camera (video or cine)
campagne *f.* country(side)
Canada *m.* Canada
canadien Canadian
candidat *m.* candidate
capitale *f.* capital
capiton *m.* padding
carburant *m.* fuel
cardiaque cardiac
carnet *m.* book of tickets
carrefour *m.* junction, crossroad, **c. giratoire/circulaire** traffic roundabout
carrière *f.* career
carte *f.* card; map, **c. de crédit** *f.* credit card
cas *m.* case
casque *m.* helmet, headphones
cathédrale *f.* cathedral
cause *f.* cause
cave *f.* cellar
cela dit that said
celle that (one)

celles those (ones)
cellulaire cellular
cellule *f.* cell
cellulosique cellulose
celui that (one)
cependant nevertheless
cervelle *f.* brains
cesser cease
ceux those (ones)
chacun(e) each one
chai *m.* wine-store
chaîne *f.* station (broadcasting), **ch. stéréo** *f.* stereo system
chaise *f.* chair
chaleureux, -euse warm, cosy
chambre (à coucher) *f.* bedroom
chance *f.* luck, **avoir de la ch.** be lucky
changer d'avis change one's mind
chanter sing
chanteur, -euse singer
chaque each
charcuterie *f.* delicatessen
charger charge, load up
chariot porte-bagages *m.* luggage trolley
charmant charming
château *m.* stately home; castle
chateaubriand *m.* porterhouse steak
chauffagiste heating engineer
chef de gare *m.* station master
chef d'orchestre *m.* conductor
chef-d'œuvre *m.* masterpiece
cheminée *f.* fireplace, chimney
chêne *m.* oak
cher, chère dear
chez at the house of
chien, -enne dog, bitch
chiffre *m.* figure
choc *m.* shock
choisir choose
choix *m.* choice
chose *f.* thing
chronique chronic
chute de neige *f.* snowfall
ci, ce (chien)-ci this (dog)
cidre *m.* cider
ciel *m.* sky
circulaire circular, with a one-way traffic-system
circulation *f.* traffic, traffic flow
ciseaux *m.pl.* scissors
citer cite, mention
clair clear
classe *f.* class
classement *m.* filing
classique classic
clavier *m.* keyboard
clé, clef *f.* key
client(e) client, customer
clochard *m.* tramp
clocher *m.* steeple
cœur *m.* heart
coincé wedged
collègue *m./f.* colleague
colorier colour
comestibles *m.pl.* (fine) foods

comme like, as
commencement *m.* beginning
commencer start
comment how
commentaire *m.* commentary
commerçant *m.* shopkeeper
commercial commercial, sales-
commercialiser commercialise, put on sale
commission *f.* shopping, errand
commode *f.* chest of drawers
communiquer communicate
compagnie *f.* company
comparer compare
compatriote *m./f.* compatriot
compétent competent
complètement completely
compléter complete
complice *m.* accomplice
compliquer complicate
comportement *m.* behaviour
composer dial
composter punch (ticket), validate
composteur *m.* ticket-punching machine
comprenant understanding; including
comprimé *m.* tablet
compris included
compte *m.* account, **se rendre c. de** realize, be aware of
comptoir *m.* counter, bar
comte *m.* count
comédien, -enne actor/actress, comedian; show-off
conclure conclude
concours *m.* competition
conçu conceived, designed
conducteur *m.* driver
conduire drive; lead
confection *f.* making
confectionner make
conférence *f.* lecture
confiance *f.* confidence
conflit *m.* conflict
conformer, se c. à comply with
confort *m.* comfort
congé *m.* time off, holiday
congélateur *m.* freezer
connaissance *f.* knowledge
connaître know, be acquainted with
connecter connect
conseil *m.* advice
conseiller advise
conséquence *f.* consequence
considérablement considerably
considérer consider
consigne *f.* left-luggage locker or office
consommateur *m.* consumer
consommer consume
constituer constitute
construire build
construit built
contaminer contaminate
contenir contain
content happy, pleased
continuer continue
contraindre constrain, force

contraire *m.* **c. à** contrary to, **au c.** on the contrary
contrat *m.* contract
contre against
contrôle *m.* supervision
convaincre convince
convenir suit
copain, copine friend (coll.)
corbeille *f.* basket, bin
corps *m.* body
correspondant *m.* correspondent
correspondre à correspond to, mean/stand for
corriger correct
corser, se c. hot up
côte de porc *f.* pork chop
côté *m.* **à c. de** beside, next to
coucher, se c. go to bed
coucou *m.* cuckoo
couleur *f.* colour
coup *m.* blow, **un c. de fouet** a crack of the whip, **c. d'œil** *m.* glance, **aux cent coups** hopping mad
coupable guilty
cour *f.* court, courtyard
courant *m.* current, **être au c. de** be aware of, in touch with
courrier *m.* mail
cours, au c. de in the course of
course *f.* errand, shopping; race, **faire les courses** do the shopping
coûter cost
couture *f.* sewing
couvert *m.* cover, place (at table)
couvert covered, overcast
couverture *f.* blanket
couvrir cover
cracher spit
cracheur de feu *m.* fire-eater
création *f.* creation
créer create
crème *f.* cream, custard
crêperie *f.* pancake house
crier shout
crise *f.* crisis, attack
croire believe
cru raw
cuisine *f.* kitchen; cuisine
cuisinier, -ère cook
cuisinière *f.* stove; (fem.) cook

D
d'abord first of all
d'accord agreed, OK
d'ailleurs moreover
d'après according to
d'autant plus ... que even more ... because
dangereux, -euse dangerous
dater date
davantage more
débarrasser free, rid; clear
débat *m.* debate
débrouiller, se d. get by, cope
début *m.* beginning
débuter begin
décembre December

décentralisation f. decentralisation
décevoir disappoint
décibel m. decibel
décider (de) decide (to)
déconseiller advice against
décorateur m. decorator
décoration f. decoration
décorer decorate
découpage m. cut-out
découper cut out
découragé discouraged, disheartened
découverte f. discovery
découvrir discover
décrire describe
défaillant failing
défaut m. fault, lack, **faire d. à** lack
dégagement m. clearing
dégager free, clear
degré m. degree (temperature)
dégueulasse nauseating (slang)
déguster taste, savour
dehors, en d. de outside
déjà already
déjeuner have lunch
déjeuner m. lunch
délégué delegated, appointed
délicieux, -euse delicious, delightful
délirant delirious, wild
demain tomorrow
demander ask, **se d.** wonder
démarchage m. door-to-door selling
déménager move house
demi half
demi-heure f. half an hour
départ m. departure
dépêcher, se d. hurry
dépenser spend
dépliant m. leaflet
dépôt m. deposit
déprimé depressed
depuis since
déranger disturb, **se d.** displace
  oneself
dernier, -ère last
dérouler unfold, **se d.** go on, take place
dès starting from
descendre go down; get off (bus, etc.)
désirer desire, wish
désormais from now on
dessin m. drawing, **d. animé** cartoon
  (film)
dessus-de-lit m. bedspread
destiné destined, intended
détendant relaxing
détendre, se d. relax
détente f. relaxation
détester detest, hate
détruire destroy
dette f. debt
deux-roues m. bike
deuxième(ment) second(ly)
devant in front of, at the front
devenir become
devoir ought
diapositive f. slide, transparency
diarrhée f. diarrhoea
différant differing

différent different
difficilement with difficulty
difficulté f. difficulty
diffuser broadcast
diffusion f. broadcast
digestif, -ive digestive
digue f. sea-wall
dimanche m. Sunday
diminution f. reduction
dîner dine
dîner m. dinner
diplômé(e) holder of a diploma
directeur, -trice director
direction f. direction; management
diriger run, be in charge of; conduct;
  direct
discipliné disciplined
discographie f. list of records
discret, -ète discreet
discuter discuss
disons let's say (from **dire**)
dispenser dispense, give
disponible available
disposition f. disposal
disque m. record
dit called
dizaine f. about ten
documentation f. literature
  (booklets etc.)
domaine m. domain, area, field
domestique domestic, home-
dominant overlooking
dommage m. pity
donner give
dont of which, of whom
dormir sleep
dos m. back
dossier m. file
doubler dub
douche f. shower
douleur f. pain
douter, se d. de suspect, **je m'en
  doute** so I imagine
doux, douce gentle, soft; mild;
  sweet (wine)
douzaine f. dozen
doué gifted
dramatiser dramatise
droit, avoir d. à have a right to
droite right
dû (past participle of **devoir**)
dur hard
durée f. duration, length
durer last

E
eau f. water
échantillon m. sample
échelle f. scale; ladder
éclaircie f. bright interval
école f. school
économie f. economy
économique economic
écouter listen
écran m. screen
écraser squash, **s'é.** crash
écriture f. handwriting

éducatif, -ive educational
effectivement indeed, effectively, really
effectuer effect, s'e. take effect
effet m. effect, en e. indeed
efficace effective, efficacious
effrayant frightening
également equally, also
église f. church
égout m. sewer
égoutier m. sewage worker
élargissement m. extension
électrisé electrified
électro-ménager, -ère household electrical
électrocuté electrocuted
électronique electronic
électronique f. electronics
élégant elegant
élève m./f. pupil
élire elect
éloigner, s'é. distance (oneself)
emballage m. wrapping
embarras du choix m. too great a choice
embouteillage m. bottle-neck, traffic jam
embrasser kiss, je t'embrasse (in letters) with much love
émetteur m. transmitter
émettre transmit
émission f. broadcast
emmener take (someone to a place)
emploi m. job; use, e. de bureau office job
employé(e) employee
employeur m. employer
emprunter borrow; take
en dessous below
en dessus above
en face de opposite
en fin de compte when all's said and done
en plus moreover
en tout cas in any case
enceinte f. wall; loudspeaker
encore again, still, more
encore que even though
endormir, s'e. go off to sleep
endroit m. place
énergie f. energy
énorme enormous
enfant m./f. child
enfin at last, at any rate
enfouir bury
engager, s'e. start up
engin m. machine
ennui m. boredom
ennuyer bore, annoy, s'e. be bored
enquête f. survey
enregistrer record
ensemble together
ensemble m. whole, bulk
ensuite next, then, later
entendre dire hear tell
enthousiasme m. enthusiasm
entier, -ère entire

entourer surround
entraîner bring about
entre between
entreprise f. firm
entrée f. entry, entrance; starter (meal)
entrer enter; go in
envahir invade
environ about
environnant surrounding
environs m.pl. neighbourhood, surrounding area, aux e. de round about
épais, -sse thick
épi m. groyne
épileptique epileptic
épisode m. bout, episode
époque f. period
épouvantable awful, horrible
équipe f. team
escalier m. staircase
espagnol Spanish
espérer hope
espoir m. hope
esprit m. spirit, e. de synthèse ability to see the overall picture
essai m. trial
essayer try
essence f. petrol
essentiellement essentially
est east
esthéticienne f. beautician
estimer consider
et ... et both ... and
établir establish
étaler spread out
état m. state, faire é. de make something of
Etats-Unis m.pl. United States
été been (past participle of être)
été m. summer
étoffe f. fabric
étonné astonished
étonner astonish
étrange strange
étranger, -ère foreign
étude f. study
étudiant m. student
étudier study
européen, -enne European
eux them
eux-mêmes themselves
éventail m. range
éventuellement possible, perhaps
évidemment obviously
éviter avoid
évoluer evolve, develop
évolution f. evolution
exagérer exaggerate
exaspérer exasperate
exceptionnel exceptional, rare
excuser, s'e. excuse (onself)
exécuter, s'e. comply
exemple m. example, par e. for example
exempt de free from
exercice m. exercise
exister exist

expédier send out
expliquer explain
exploit *m.* achievement
exposition *f.* exhibition
expulser expel
expérimenter experiment, try out
extrait extracted
extrait *m.* extract
extraordinaire extraordinary
extrêmement extremely

F

fabricant *m.* manufacturer
fabriquer make
façade *f.* front, façade
facile easy
facilement easily
faciliter facilitate
façon *f.* way, **de f. à ce que** in such a way that **de toute f.** in any case
facteur, *m.* factor
faire part announce, inform
faire-part *m. (no pl.)* announcement
fait fact **en f.** in fact **tout à f.** quite
faits divers *m.pl.* news in brief
fameux, -euse renowned, much talked about; first rate
famille *f.* family
fascinant fascinating
fastidieux tedious
fatalité *f.* fate, bad luck
fatigué tired
fausser falsify, distort
faut, il f. it is necessary (to), one must
faute *f.* mistake, **f. de mieux** failing anything better
féminin feminine
femme *f.* woman
fenêtre *f.* window
férié, jour f. *m.* public holiday
ferme *f.* farm
fermé closed
fermeture *f.* closing
fête *f.* festival, fair, **f. nationale** national holiday
feu *m.* fire
feuilleter leaf through
février February
fiable trustworthy
fidèle faithful
fidélité *f.* faithfulness
figurer feature
fil *m.* string, line **au bout du f.** on the other end of the (telephone) line
filet *m.* fillet
fils *m.* son
fin *f.* end
finalement finally
Finlande *f.* Finland
fléau *m.* scourge
flèche *f.* arrow
fleuri flower-, flowering
fluidité *f.* flow
foi *f.* faith
foie *m.* liver
fois *f.* time, **deux f.** twice
fonctionnement *m.* working

fonctionner work, function
fond *m.* background; bottom
forain fairground-
à force de by dint of
formation *f.* training
forme *f.* form **en forme** in shape
formellement strongly
formidable marvellous
formidablement tremendously
fort strong; very; loud(ly)
fossé *m.* ditch
fou, folle mad (person)
foule *f.* crowd
fournir supply, furnish
fournisseur *m.* supplier
fourrure *f.* fur
foyer, *m.* household, home, foyer
fragile fragile, delicate
frais *m.pl.* costs
frais, fraîche fresh, cool
français French
franchement frankly
frileux, -euse chilly, feeling the cold
frites *f.pl.* French fries
froid *m.* cold
fromage *m.* cheese
fuir flee
fumer smoke
fumeur *m.* smoker
furieux, -euse furious
fusil *m.* rifle
fût *m.* cask
futur future
futuriste futuristic

G

gâcher spoil
gagner win, **g. au change** gain in the exchange
galerie *f.* roof-rack
galoper gallop, run about/riot
garde, en g. on the alert
gare *f.* station, **g. routière** *f.* bus station
garer park
gauche left
gélule *f.* capsule
gêner embarrass, bother
général general
généralement generally
généreux, -euse noble, generous
génie *m.* genius
genre *m.* type, kind
gentillesse *f.* kindness
gentiment nicely
géographie *f.* geography
giratoire roundabout
gîte *m.* holiday-home; lodging, **le g. et le couvert** board and lodging
glace *f.* ice; ice-cream; mirror
gosse *m./f.* kid
gourmet *m.* gourmet, lover of fine food and drink
goûter *m.* tea(-party)
gouvernement *m.* government
grâce à thanks to
graisse *f.* fat

grammaire f. grammar
Grande Bretagne f. Great Britain
grand-mère f. grandmother
grand-père m. grandfather
grand-public for a mass audience
gratuit free
grève f. strike
grillé grilled
grimper climb
grippe f. flu
gris grey
gros, -sse big, fat
grotte f. cave
groupe m. group
guérir cure
guerre f. war
gymnastique f. gymnastics

H
habilleur, -euse dresser (in theatre)
habitude f. custom, **avoir l'h. de** be
  used to, have the habit of
habitué(e) regular visitor
habituer, s'h. get used to
handicapé(e) disabled (person)
hasard m. luck (good or bad)
hausse f. rise, increase
haut high
hébergement m. lodging
héberger house
hélas alas
hémorragie f. haemorrhage
héroïne f. heroine
hésiter hesitate
heure f. hour, **à cette h.-ci** at this time
  of day
heurter shock
hier yesterday
hier soir yesterday evening, last night
histoire f. history; story
hiver m. winter
hôtel m. hotel; mansion
hôtesse f. hostess, receptionist
homme m. man
honte f. shame, disgrace
horaire m. time, timetable
hors off
hospitalisé m. patient (in hospital)
huile f. oil
humain human
humoristique comic
hypermarché m. hypermarket

I
ici here
idée f. idea
ignorer not know about
il y a there is, there are, **il y a dix ans**
  ten years ago
illimité unlimited
illustrer illustrate
image f. picture, image
imaginer imagine
immédiatement immediately
immeuble m. building, block of flats
immuniser, s'i. immunise
immunité f. immunity

impair odd (number)
important important; large, bulky
imposer impose
impôt m. tax, **inspecteur des impôts**
  tax-man
impressionnant impressive,
  intimidating
imprimante f. printer (machine)
imprimer print
imprimeur, m. printer (profession)
impuissant impotent (person)
inaugurer inaugurate, open
inconnu unknown
incontestablement indisputably
incroyable incredible
inculper accuse
indésirable undesirable
indice m. factor, index
indiquer indicate
individu m. individual
individualiste individualistic
industrie f. industry
industriel, -elle industrial
inégal unequal
infernal (m.pl. **infernaux**) diabolical
informations f.pl. news
informatique f. computing
ingénieur, m. engineer
inhabituel, -elle unusual
initiative f. initiative, **syndicat d'i.**
  m. tourist office
injuste unfair
inquiétant disturbing
inquiéter, s'i. worry
inscription f. enrolment
inscrire inscribe, write down; enrol
insister insist
inspecteur, m. inspector
installation f. installation, fitting
installer install, **s'i.** install oneself,
  settle down
institut m. institute
insuffisant insufficient
insupportable unbearable
intégrer integrate
interdire forbid
interdit forbidden
intéressant interesting
intéresser interest, concern, **s'i. à** be
  interested in
intérieur interior
intervenir intervene, come up
intervention f. intervention, operation
intime intimate, cosy
intituler entitle
introduction f. putting into
inviter invite
isoler isolate
Israël m. Israel

J
jambe f. leg
jambon m. ham, **j. de Bayonne** cured
  ham (from the Bayonne area)
janvier January
Japon m. Japan
jardin m. garden

jardinier *m.* gardener
jeu *m.* game
jeune young
jeunesse *f.* youth
job *m.* job, holiday job
joli pretty
jongleur *m.* juggler
jouer play
jouet m. toy
Jour de l'An *m.* New Year's Day
journal *m.* newspaper, magazine,
  j. télévisé television news
journaliste *m./f.* journalist
journée *f.* day
juge *m.* judge
juillet July
juin June
jusqu'à as far as
jusqu'au bout to the very end
juste just, right
justement precisely

K

kermesse *f.* fête, bazaar
kilométrage *m.* kilometrage ≈ mileage

L

là there, **ce (chien)-là** that (dog)
là-bas over there
là-dedans in there
là-dessus on top of that
laboratoire *m.* laboratory, **l. de
  langues** language laboratory
lac *m.* lake, **Lac Salé** Salt Lake
  (U.S.A.)
lâche coward, cowardly
laisse *f.* lead
laisser leave, **l. faire** leave alone
lait *m.* milk
laitage *m.* dairy produce, milk dish
lambin *m.* slow-coach
lancer throw, launch
langue *f.* language
large wide
largement by a long way
lave-vaisselle *m.* dishwasher
laver, se l. wash
leçon *f.* lesson
lecture *f.* reading
léger, -ère light
légèrement lightly, slightly
légume *m.* vegetable
lequel, laquelle which (one)
leur their, to them
lever lift, **se l.** get up
lever du rideau *m.* curtain-up
libérer free
liberté *f.* liberty
librairie *f.* bookshop
lieu *m.* place, **avoir l.** take place
lieutenant *m.* lieutenant
ligne *f.* line
limite *f.* limit
linge *m.* linen, washing
liquide *m.* liquid
lire read
lisible legible, readable

littérature *f.* literature
livre *m.* book
livre *f.* pound (weight or sterling)
livré à lui-même left to his own devices
livrer deliver
local *m.* (*pl.* **locaux**) premises
location *f.* hire, rental
loge *f.* dressing room; box (in theatre)
logement *m.* accommodation, house
loin far, **de loin** by far
long, -gue long
longtemps for a long time
longuement at length, for a long time
lorsque when
loterie *f.* lottery
loubard *m.* yobbo
louer let; rent, hire
lui he, him, to him, to her
lui-même himself
lutter struggle
luxe *m.* luxury

M

machine à écrire *f.* typewriter
machine à laver *f.* washing machine
**machine à traitement de
  texte** *f.* word-processor
magasin *m.* *shop*
magnétophone *m.* tape-recorder
magnétoscope *m.* video recorder
mai May
maintenant now
maire *m.* mayor
maison *f.* house; firm
maître *m.* master
majorité *f.* majority
mal badly
mal de tête *m.* (*pl.* **maux de tête**)
  headache, **avoir mal** have a pain
malade ill; sick (person)
maladie *f.* illness
malgré despite
malheur *m.* misfortune
malheureusement unfortunately
Manche *f.* Channel
manège *m.* roundabout (fairground)
manger eat
manière *f.* manner
manifestation *f.* event; demonstration
manquer lack, **tu me manques** I miss
  you, **j'ai manqué de partir** I almost
  left
manteau *m.* coat
manutention *f.* storekeeping,
  warehouse work
maquillage *m.* make-up
marchand(e) dealer, shopkeeper
marché *m.* market
marche à pied *f.* walking
marcher walk
marque *f.* make, brand-name
marronnier *m.* chestnut tree
mars March
marteau *m.* hammer
mastiquer chew
matériel *m.* equipment
maths *f.pl.* maths

matière *f.* substance; school subject
matin *m.* morning
mauvais bad
méconnu not well known; not appreciated
médecin *m.* doctor
médical medical
médicament *m.* medicine
meilleur better
mêler mix, **se m. à** take part in
même same; even, **à m. de** able to, **moi-même** myself
mémoire *f.* memory
mémoriser memorise, store
menace *f.* menace, threat
ménage *m.* housework; household
ménager, -ère household-
mener lead, conduct
menuiserie *f.* carpentry
merci thank you
mériter merit, deserve
mesure *f.* measure, (music) time, **battre la m.** beat time, **sur m.** (made) to measure
mesurer measure
météo *f.* weather forecast/report
métier *m.* trade, profession
métro *m.* underground, subway
mettre put
meubles *m.pl.* furniture, **un meuble** piece of furniture
meunière fried in butter
meurtre *m.* murder
meutrier, -ère deadly
mi- mid-
micro-ordinateur *m.* micro-computer
midi noon, **le Midi** the South of France
mien, -enne mine
mieux better (adverb), **tant mieux** so much the better
migraineux, -euse migraine-sufferer
milieu *m.* middle; milieu, circle
militaire military
milliard *m.* a thousand millions
millionnaire *m./f.* millionaire
mine, avoir bonne m. *m.* look well
ministre *m.* minister
minorité *f.* minority
minuit midnight
miracle miraculous
mise, m. à feu *f.* firing, **m. en place** *f.* setting out, arrangement
mobilier *m.* furniture
moderne modern
modifier modify
moins (... que) less (... than), **au moins** at least
mois *m.* month
monde *m.* world; people
mondial world-, world-wide
monstre *m.* monster
montée *f.* rise
monter go up, put up; turn up (volume); get on (bus etc.)
montre *f.* watch
moquette *f.* fitted carpet
mordre bite

mordu(e) fanatic
mot *m.* word, **mots croisés** *m.pl.* crossword
moto *f.* motorbike
mouillé wet
mourir die
moyen *m.* average; means
moyen, -enne average, mediocre
moyenne *f.* mean, average
multicolore multicoloured
munir de equip with, fit with
mur *m.* wall
mûr ripe
musculation *f.* toning up
musée *m.* museum
musicien, -ienne musician; musical

N
n'importe comment no matter how; **n'i. où** anywhere; **n'i. quand** at any time; **n'i. quel** any, no matter which; **n'i. qui** anyone
naître be born
naviguer move
ne ... plus no more
ne ... que only
négliger neglect
négociation *f.* negotiation
neige *f.* snow
nerveux, -euse nervy
nervosité *f.* tension
nettoyer clean
neveu *m.* nephew
ni ... ni neither ... nor
nid *m.* nest
nièce *f.* niece
niveau *m.* level
noir black
nom *m.* name, surname
nom de code *m.* code-name
nombre *m.* number
nombreux, -euse numerous
nommer name, appoint, **se n.** be called
non-fumeur *m.* non-smoker
nord north
normalement normally
normalité *f.* normality
normand Norman
notamment notably, in particular
note *f.* note, mark
noter record, note
nôtre, le/la nôtre ours
nourrir feed
nouveauté *f.* novelty
nouvelles *f.pl.* news
novembre November
noyé(e) drowned (person)
nuage *m.* cloud
nuageux, -euse cloudy
nucléaire nuclear
nuire à harm
nuit *f.* night

O
obligatoirement obligatorily
obliger oblige
obligé de obliged to

obtenir obtain
occuper occupy, **s'o. de** deal with
octobre October
octogonal octagonal
œuvre *f.* work, opus
offrant offering
oignon *m.* onion
oiseau *m.* bird
ombre *f.* shade, shadow
ondulant undulating
opérer operate
or *m.* gold
or now
orchestre *m.* orchestra
ordinaire ordinary
ordinateur *m.* computer
ordonnance *f.* prescription
ordre *m.* order
oreille *f.* ear
oreiller *m.* pillow
oser dare
où where
oublier (de) forget (to)
ouest west
ouvert open
ouverture *f.* opening
ouvrage *m.* work, construction
ouvrier *m.* workman

P
pâle pale
Pâques *m.* Easter
pair even (number)
paix *f.* peace
palace *m.* luxury hotel
panneau *m.* sign
pansement *m.* plaster; bandage
pape *m.* pope
papier *m.* paper
par by, per
para-américain para-American,
  pseudo-American
paraître appear, seem
parc *m.* park
parce que because
parent *m.* parent, relative
parfait perfect
parfaitement perfectly
parfois sometimes
parfum *m.* perfume
parisien Parisian
parking *m.* car-park
parlement *m.* parliament
parler speak
parmi among
paroi gastrique *f.* stomach wall
part *f.* side, behalf, **c'est de la part de
  qui?** who's speaking, please?
  d'une part ... d'autre part on the
  one hand ... on the other
partager share
parterre *m.* bed (for flowers)
participer à participate in
particulier, -ère particular, private,
  en particulier in particular
particulièrement particularly
partie *f.* part, **faire p. de** be one of

partir leave, **à p. de** starting from
partout everywhere
parvis *m.* square in front of church
pas de quoi nothing, don't mention it
pas mal de quite a lot of
passer pass, **se passer** happen
passionner impassion, enthrall
passé past, last
pâtisserie *f.* cake shop
patron, -nne boss
payer pay (for)
pays *m.* country, district
paysage *m.* landscape
paysan *m.* peasant
pêche *f.* peach
pêle-mêle at random
peine, à p. scarcely, **prendre la p.** take
  the trouble
peinture *f.* painting
pelouse *f.* lawn
pendant during, for
penderie *f.* wardrobe, cupboard
pénicilline *f.* penicillin
penser think
pensionnaire *m./f.* resident
perdre lose
père *m.* father
période *f.* period, time
périodiquement periodically
périphérique *m.* ring-road
permanence *f.* permanence; service,
  office
permettre permit, allow
permis *m.* licence, **p. de conduire**
  driving licence
perroquet *m.* parrot
persister persist, last
personne *f.* person; nobody
pervers pervert; perverted
pétanque *f.* bowls
petit à petit little by little
petit déjeuner *m.* breakfast
pétrole *f.* crude oil, paraffin
peu little, **un p.** a little, **à p. près** about
peuple *m.* people, nation
peur *f.* fear
peut-être perhaps
philharmonique philharmonic
photo(graphie) *f.* photo(graph)
photographique photographic
pièce d'identité *f.* identification
  (document)
piéton *m.* pedestrian
pirater pirate
pire (que) worse (than), **le/la pire** the
  worst
pis worse, **tant p.** too bad
piste *f.* ski-slope
place *f.* place, seat; square
plâtre *m.* plaster
placide complacent
plage *f.* beach
plaire please
plaisir *m.* pleasure
plan *m.* plan, level
planche à voile *f.*, **faire de la p. à v.** go
  windsurfing

planifié organised
plat *m*. dish
platine à cassettes *f*. cassette player
plein full, **plein de** lots of
pleurer cry
pleuvoir rain
plomberie *f*. plumbing
pluie *f*. rain
plupart *f*. majority
plus more, **le/la/les plus ...**
  the most..., **ne ... plus** no more
plusieurs several
plutôt (que) rather (than)
pneumatique pneumatic
poêle *f*. frying pan
poétique poetic
point *m*. point, spot; full stop; **faire le**
  p. assess; **p. de vue** *m*. point of view;
  à p. medium (of meat); **mettre au p.**
  develop, perfect
poisson *m*. fish
politique political
pomme *f*. apple
pompier *m*. fireman (cum
  ambulanceman)
pont *m*. bridge, **faire le p.** take extra
  day(s) off between public holiday and
  weekend
porte *f*. door, gate
porte-à-porte *m*. door-to-door selling
porter carry, bear
poser put; lay (carpet)
posologie *f*. dosage
posséder possess
poste de radio *m*. radio set
pot *m*. jar; drink (coll.)
potentiel *m*. potential
poule *f*. hen, chicken
pour de vrai for real
pourquoi? why?
poursuivre pursue, **se p.** be pursued
pourvoir make available
poussière *f*. dust
pourtant yet
pouvoir can, be able
pouvoir *m*. power
pratique practical, handy
pratiquement particularly, in practice
pratiquer practise, speak (a language)
préalablement previously
précaution *f*. precaution
précédent previous
préfectoral of the prefect
préférence *f*. preference
préférer prefer
premier, -ère first (adjective)
premièrement first (adverb)
prendre take
préparer prepare
près near
prescrit prescribed
présentation *f*. presentation
présenter present
préserver preserve, protect, **se p.**
  protect oneself
presse *f*. press
prêt ready

prétendre claim
prêter lend, **p. main-forte** give a
  helping hand
prévenir alert
prévu expected, foreseen, intended
prier ask, beseech; **je vous en prie**
  don't mention it
primordial essential
priorité *f*. priority
prix *m*. price
problème *m*. problem
prochain next
produire produce
produit *m*.product
professeur *m*. teacher
professionnel professional
profit *m*. profit, benefit
profiter de benefit from, take
  advantage of
profondeur *m*. depth
programmer program
programmeur, -euse computer
  programmer
progressivement progressively
promenade *f*. walk, ride, outing,
  excursion
promener, se p. walk, go around
propos *m*. purpose, subject, remark
proposer propose, suggest
propre clean; own
proprement dit as such
propriétaire *m./f*. owner
propriété *f*. property
prouver prove
provençale, à la p. cooked with
  tomatoes, olives and garlic
provoquer provoke, set off
proximité, à p. de near
publicité *f*. publicity, advertising;
  advertisement
publier publish
publique *m*. public
puis then
puis-je? can I?, may I?
puisque since
puissant powerful
puisse can (from subjunctive of
  pouvoir)
pulmonaire pulmonary
purée *f*. mashed potatoes (or other
  purée)

Q
qu'est-ce que ...? what ...?
qualifié qualified
qualité *f*. quality
quand when
quand même after all, nevertheless
quant à as for
quantité *f*. quantity
quartier *m*. district (of town),
  neighbourhood
quasiment almost
quatrième âge *m*. extreme old age
que that
quelqu'un(e) someone
quelque(s) some

quelque chose something
quelquefois sometimes
questionner question
quête *f.* collection (of money)
quinzaine *f.* fortnight
quinzième fifteenth
quitter leave
quoi what; you know
quotidien *m.* daily paper

R
raconter tell
radio *f.* radio, radio station
raffinerie *f.* refinery
raffoler de rave about
raison *f.* reason, **avoir r.** be right,
  à r. de at the rate of, on the basis of
raisonnable reasonable
rangement *m.* storage
ranger, se r. draw up
rapide rapid
rapidement rapidly
rappeler, se r. recall
ravissant delightful
rayon *m.* counter; ray
réaction *f.* reaction
réagir react
réalisation *f.* realisation; direction,
  production
réalité *f.* reality
rébarbatif, -ive off-putting
récepteur *m.* receiver
recevoir receive
réchauffer warm up
recherche *f.* research
rechercher seek
recommander recommend
reconnu recognised
recouvrir re-cover
rédacteur, -trice editor, **r. en chef**
  (chief) editor
rédiger write, draw up
réduire reduce
reflet *m.* reflection (light, image)
réflexion *f.* reflection, observation
réforme *f.* reform
réfrigérateur *m.* refrigerator
régime *m.* diet, **suivre un régime** be
  on a diet
région *f.* region
régional regional
réglable adjustable
reine *f.* queen
réintroduire reintroduce
relais *m.* relay
relativement relatively
remède *m.* remedy, medicine
remercier thank
remplacer replace
remplir, se r. fill up
rencontre *f.* meeting
rencontrer meet
rendre give back, render, **se r. à** get
  oneself to, go to, **se r. compte de**
  realize
renier renounce, deny
renoncer à refrain from

rénover renovate
renseignement *m.* information
renseigner inform
rentrée *f.* start of school-year, start of
  term
rentrer go home, go back in; enter
  (data)
répartir spread out
repas *m.* meal
répondre answer, respond
réponse *f.* answer
république *f.* republic
réputation *f.* reputation
répéter repeat
représenter represent
réseau *m.* network
réserver reserve, book
résidence *f.* residence
resignaler point out again
respecter respect
respirer breathe
ressembler à resemble
restaurant *m.* restaurant, **restaurant**
  d'entreprise firm's canteen,
  restaurant universitaire university
  canteen
restaurateur *m.* restaurant-owner
reste *m.* rest, remainder
rester stay, remain
rétablissement *m.* restoration
retard *m.* delay, **en r.** late
retenir retain, remember
retour *m.* return (journey)
retravailler work again, go back to
  work
rétroprojecteur *m.* overhead projector
retrouver find
réunion *f.* meeting
réunir bring together
rêve *m.* dream
réveil *m.* alarm clock
réveiller wake
révéler, se r. reveal (oneself to be)
revendication *f.* claim, demand
revenir come back
rêver dream
revoir see again
revue *f.* review
rez-de-chaussée *m.* ground floor
rhumatologue *m./f.* rheumatologist
riche rich
rideau *m.* curtain
rigoureux, -euse thorough, meticulous
rire laugh
risque *m.* risk
riz *m.* rice
robotique *f.* robotics
roi *m.* king
roman Romanesque, Norman
rond round
ronronner purr
rose pink
rôti roast
rouge red
rouspéter grumble, moan
routier, -ère route-, road-

S

sac à dos *m.* rucksack
sage well behaved
saignant rare (of meat)
saisie *f.* seizure
salaire *m.* salary
salle *f.* room, hall, **s. à manger** *f.* dining-room, **s. d'attente** *f.* waiting-room
salon *m.* sitting room, drawing room
sanitaire sanitary
sans without
santé *f.* health
satisfaire satisfy
satisfait satisfied
sauf except
sauter jump
sauvegarder protect
saveur *f.* flavour
savoir know
savon *m.* soap
scolaire school-, academic
séance *f.* session
secours *m.* help
secrétaire *m./f.* secretary
sécurité *f.* safety
séduire seduce, captivate
sel *m.* salt
selon according to
semaine *f.* week
semi-mensuel twice a month
Sénat *m.* Senate (upper house of parliament)
sens *m.* sense; direction, **le s. de la vie** the meaning of life
sensibilité *f.* sensitivity
sentir feel, **se s.** feel (oneself to be)
septembre September
sérieux, -euse serious, reliable
serveur, -euse waiter, waitress
service *m.* service, **s. non compris** service not included
serviette serviette; towel; brief-case
servir serve
seuil *m.* threshold
seul only
sévère severe
sévir prevail, rage
si if; yes (used in contradiction); **si ... et que** if ... and if; **si bien que** so that
siècle *m.* century
siège *m.* seat
signaler point out
signalisation *f.* signal-system, signs
signer sign
signification *f.* meaning
signifier mean
silencieux, -euse silent
simple simple
singe *m.* ape
sitôt as soon as
situation *f.* situation; job
situer situate, **se s.** be situated
société *f.* company
sœur *f.* sister
soi oneself
soir *m.* evening

soirée *f.* evening, party
soleil *m.* sun
solide solid
somme *f.* sum
somnolence *f.* drowsiness
somptueux, -euse sumptuous
sondage *m.* poll
sonner sound, ring
sonore noisy
sophistiqué sophisticated
sorte *f.* sort
sortir go out, **s'en s.** pull through, cope
sot, sotte stupid
sou *m.* small coin
souci *m.* care, worry
souffle *m.* breath, **à bout de s.** breathless
souffler blow
souffrant suffering, ill
souffrir suffer, be ill
souhaiter wish (for)
soulager relieve
soumis à subject to
soupe *f.* soup
sous-sol *m.* basement
sous-titré subtitled
sous-titrer subtitle
souvenir *m.* souvenir, memory
souvenir, se s. de remember
souvent often
spécialiste specialist, specialised
spécifiquement specifically
spectacle *m.* show
spectateur, -trice spectator
sportif, -ive sporty, sports-
stage *m.* course
station *f.* resort; tube station
stationnement *m.* parking
stopper stop
strictement strictly
succès *m.* success
sucreries *f.pl.* sweet stuff
sud south
suffir suffice, be enough, **il suffit de** all that needs to be done is to
suffisant sufficient
suffrage *m.* suffrage, voting
suivant following
suivre follow
supérieur superior, higher
supermarché *m.* supermarket
supposer suppose
suppositoire *m.* suppository
sûr sure
surdoué excessively gifted
surface *f.* surface, **une grande s.** a hypermarket
surprenant surprising
surprendre surprise
surtout especially
surveillance *f.* supervision
surveiller oversee, supervise
susceptible likely
sympathique, sympa (coll.) likeable, nice
système *m.* system

T

tabac *m.* tobacco, tobacconist's
tableau *m.* picture, board
tâche *f.* task, chore
tant so much, so many
taper à la machine type
tapis *m.* carpet
tapissier *m.* upholsterer
taquiner tease
tarif *m.* tariff
tartine *f.* slice of bread and butter
tas *m.* pile, heap, **un t. de** a lot of
taxe *f.* rate, charge, **toutes taxes comprises** all charges included
technologique technological
tel, telle (que) such (as)
télé *f.* telly, TV
télématique *f.* data transmission
téléphone *m.* telephone
téléphoner (à quelqu'un) telephone (someone)
téléviseur *m.* television set
télévision *f.* television
tellement so much
tempête *f.* tempest, storm
temps *m.* time, weather, **de t. en t.** from time to time
température *f.* temperature
tentative *f.* attempt
tenter try
terminale *f.* final year at school
terminer finish
terrible terrible; fantastic (coll.)
territoire *m.* territory
tête *f.* head
théâtre *m.* theatre
thématique thematic
thème *m.* theme
ticket *m.* ticket (for bus or metro)
tiens oh
tiercé *m.* triple (bet on horses)
tiers *m.* third, **t. monde** *m.* third world
tir *m.* shooting
tirer pull; shoot
tiroir *m.* drawer
titulaire holder
tôt early
toilettes *f.pl.* toilet(s)
tomber fall
tonique *m.* tonic
torse *m.* torso, chest
tort *m.* wrong, **avoir t.** be wrong
toucher touch, affect
toujours always, still
tournoi *m.* tournament
tous les jours every day
tout à fait absolutely, quite
tout au moins at the very least
tout autre chose something quite different
tout d'un coup suddenly
tout de suite immediately
tout seul all alone
toute la journée all day long
toutefois however
toutes les heures every hour on the hour

traduire translate
traitement *m.* treatment, **t. de fond** in-depth treatment, **t. de texte** word processing, **une machine à t. de texte** word-processor
traiter treat
trajet *m.* journey, trip
tranche *f.* slice; rate (tax)
transformer transform
traumatisme *m.* trauma
travail *m.* work
travailler work
travailleur *m.* worker
travaux *m.pl.* work (plural of **travail**)
travers, à t. through, across
traversin *m.* bolster
tresse *f.* string (garlic etc), tress
tri postal *m.* postal sorting
trier sort
triste sad
troisième âge *m.* old age
trompettiste *m./f.* trumpet player
trou *m.* hole
trouble *m.* trouble, upset
trouver find, **se t.** be situated
tyranniser tyrannise

U

ultra-snob ultra-snobbish
universel universal
université *f.* university
urbain town-
usager *m.* user
usine *f.* factory
usuel, -elle usual
utile useful
utilisateur *m.* user
utilisation *f.* use
utiliser use

V

vacances *f.pl.* holiday(s), vacation
vaccin *m.* vaccine
vague *f.* wave
vaisseau *m.* nave
vaisselle *f.* china; washing up
valable valid
valeur *f.* value
valise *f.* suitcase
vanter, se v. boast
varier vary
variété *f.* variety
variétés *f.pl.* variety (theatre)
vaste vast
vaut (from **valoir**) is worth, is valid, **il v. mieux** it is better (value)
veau *m.* veal, calf
vedette, en v. starring
véhicule *m.* vehicle
veiller à see to, keep an eye on
vendeur, -euse salesperson
vengeance *f.* vengeance
venir come, **v. de (déménager)** have just (moved house)
vent *m.* wind
vente *f.* sale, selling
véritable real

verre *m.* glass, **prendre un v.** to have a drink
vers towards, around
verso, **au v.** on the back
vésicule *f.* gall-bladder
veuillez (+ infin.) please (from **vouloir**), **veuillez trouver ci-joint** please find enclosed
veut dire means
viande *f.* meat
vidéo *f.* video
vidéomanie *f.* videomania
vider, se v. empty
vie *f.* life
vieillir age
vieillissement *m.* ageing
vieux, vieille, vieil old
vif, vive alive
vigile *m.* watchman
vilain wretched
vin *m.* wine
virgule *f.* comma
visage *m.* face
visite *f.* visit
visiter visit
visiteur, -euse visitor
vitamine *f.* vitamin

vite quickly
vitesse *f.* speed
vivement la rentrée! roll on the start of term!
vivre live
vœu *m.* wish, good wish
voir see
voire nay, or even
voisin(e) neighbour
voiture *f.* car
vol *m.* theft; flight
volant *m.* steering wheel
volet *m.* shutter
volume *m.* volume
vomissement *m.* vomiting
voudrais would like
vouloir want to, v. dire mean
voûté vaulted
voyager travel
vrai true
vrombir hum
vrombissement *m.* humming
vue *f.* view, sight
vulnérable vulnerable

Y

y there

English–French

A

abbreviation abréviation *f.*
able, be able pouvoir
about à peu près, environ
above en dessus, au-dessus de
abridged abrégé
absolutely absolument, tout à fait
abuse abuser
academic scolaire
accent accent *m.*
access accès *m.*
accident accident *m.*
accommodation logement *m.*
accomplice complice *m.*
according to d'après
account compte *m.*
accuse inculper
acoustic acoustique
acquainted, be a. with connaître
across à travers
actor acteur *m.*, comédien *m.*
actress actrice *f.*, comédienne *f.*
add ajouter
add up additionner, s'a.
address adresse *f.*
adjustable réglable
admit avouer
adolescent adolescent
adult adulte *m./f.*
advance, in a. à l'avance
advantage avantage *m.*
adventure aventure *f.*
advertisement publicité *f.*
advertising publicité *f.*
advice conseil *m.*
advise conseiller
advise against déconseiller
aeroplane avion *m.*
affair affaire *f.*
affect atteindre, toucher
after all quand même
again encore
against contre
age âge *m.*
age vieillir
aged âgé
ageing vieillissement *m.*
agent agent *m.*
ago, ten years a. il y a dix ans
agreed d'accord
aimed, be a. at s'adresser à
air, airy aérien, -nne
alarm alerte *f.*
alarm clock réveil *m.*
alas hélas
alcoholic alcoolique
alert alerte *f.*, **on the a.** en garde
alert prévenir
alive vif, vive
all alone tout seul
all day long toute la journée
allergic allergique
allow permettre
almost quasiment
already déjà
also aussi, aussi bien, également
always toujours
amber (coloured) ambré
American américain
among parmi, auprès de
amuse (oneself) (s')amuser
amusing amusant
angle angle *m.*
announcement annonce *f.*, faire-part *m. (no pl.)*
annoy ennuyer
answer répondre
answer réponse *f.*
anti-epileptic (drug) antiépileptique
anti-flu antigrippal
anti-vampire antivampire
antibiotic antibiotique *m.*
antique ancien, -enne
antiseptic antiseptique
any n'importe quel
anyone n'importe qui
anywhere n'importe où
appear paraître
apple pomme *f.*
appliance appareil *m.*
apply appliquer
appoint nommer
appointed délégué
appreciate apprécier
approximate approximatif, -ive
April avril
area quartier *m.*, environs *m.pl.*, domaine *m.*
arm bras *m.*
arm armer
aroma arôme *m.*
around autour, (time) vers
arrangement mise en place *f.*
arrive arriver
arrow flèche *f.*
artisan artisan *m.*
artistic artistique
as comme
as far as jusqu'à
as for quant à
as soon as sitôt
as such proprement dit
ask demander, prier
assembly assemblée *f.*, **National Assembly** Assemblée nationale
assess faire le point
associate associer
astonish étonner
astonished étonné
at any rate enfin
at any time n'importe quand
at last enfin
at least au moins
at length longuement

at present actuellement
at random pêle-mêle, n'importe comment
at the front devant
at the house of chez
at the rate of à raison de
at the time à l'époque
at the very least tout au moins
at this time of day à cette heure-ci
atmosphere ambiance *f.*
attach attacher
attack attaquer, s'a. à
attack crise *f.*
attempt tentative *f.*
attention attention *f.*, **pay a. to** faire attention à
attract attirer
audio-visual audiovisuel
August août
Australia Australie *f.*
Austria Autriche *f.*
authenticity authenticité *f.*
authorise autoriser
autumn automne *m.*
available disponible
average moyen, -enne; moyenne *f.*
avoid éviter
aware averti, **be aware of** être au courant de, se rendre compte de
awful affreux, -euse, épouvantable

B
baby bébé *m.*
baby's bottle biberon *m.*
back dos *m.*, **on the back (of page)** au verso
background fond *m.*
bad mauvais
badly mal
balcony balcon *m.*
bandage pansement *m.*
bank- bancaire
bar comptoir *m.*
barrier barrière *f.*
basement sous-sol *m.*
basket corbeille *f.*
basis, on the basis of à raison de
bathe baigner, se baigner
bathing baignade *f.*
bathroom salle de bains *f.*
bazaar kermesse *f.*
beach plage *f.*
bear porter
beat battre
beautician esthéticienne *f.*
beautiful beau, belle, bel
because parce que
become devenir
become aware apercevoir, s'a.
bed (for flowers) parterre *m.*
bedroom chambre (à coucher) *f.*
bedspread dessus-de-lit *m.*
beef bœuf *m.*
beer bière *f.*
beforehand auparavant
begin commmencer, débuter
beginning commencement *m.*, début *m.*

behalf, on b. of de la part de
behaviour comportement *m.*
Belgium Belgique *f.*
believe croire
belongings affaires *f. pl.*
below au-dessous de, en dessous
bench banc *m.*
benefit profit *m.*
benefit from bénéficier de, profiter de
beseech prier
better (adverb) mieux, (adjective) meilleur, **it is b. (value)** il vaut mieux
between entre
beware! attention!
big gros, -sse
bike deux-roues *m.*
bin corbeille *f.*
biological biologique
bird oiseau *m.*
bite mordre
black noir
blanket couverture *f.*
block of flats immeuble *m.*
blood alcohol level alcoolémie *f.*
blow coup *m.*
blow souffler
blue bleu
board tableau *m.*
boast vanter, se vanter
body corps *m.*
bolster traversin *m.*
book livre *m.*
book réserver
book of tickets carnet *m.*
bore ennuyer, **be bored** s'ennuyer
born né, **be born** naître
borrow emprunter
boss patron, -nne
both … and et … et
bother gêner
bottle bouteille *f.*
bottle-neck embouteillage *m.*
bout épisode *m.*
bowls boules *f.pl.*, pétanque *f.*
box boîte *f.*, **(in theatre)** loge *f.*
boyfriend (petit) ami *m.*
brain cerveau *m.*
brains cervelle *f.*
brand-name marque *f.*
breakfast petit déjeuner *m.*
breath souffle *m.*, **breathless** à bout de souffle
breathe respirer
Breton, -ne breton
bridge pont *m.*
brief-case serviette *f.*
bright interval éclaircie *f.*
brilliant brillant
bring about entraîner
bring together réunir
Brittany Bretagne *f.*
broadcast diffuser
broadcast diffusion *f.*, émission *f.*
broaden élargir
brown brun
build construire
building bâtiment *m.*, immeuble *m.*

built bâti, construit
built-up area agglomération *f.*
bulb bulbe *m.*
bulk ensemble *m.*
burn brûler
bury (one's head) enfouir (la tête)
bus (auto)bus *m.*
bus station gare routière *f.*
bus-stop arrêt d'autobus *m.*
business affaire *f.*
buy acheter
by par
by a long way largement
by dint of à force de

C
calculation calcul *m.*
calf veau *m.*
call appel *m.*
call-out appel *m.*
called dit
calm calme; calme *m.*
camera (video or cine) caméra *f.*,
  (stills) appareil de photo *m.*
can boîte *f.*
can pouvoir
can I? puis-je?
Canada Canada *m.*
Canadian canadien
candidate candidat *m.*
capital capitale *f.*
capsule gélule *f.*
captivate séduire
car voiture *f.*
car- automobile
car-park parking *m.*
card carte *f.*
cardiac cardiaque
care attention *f.*, souci *m.*
career carrière *f.*
carpet tapis *m.*, **(fitted)** moquette
carry porter
case cas *m.*, **in any c.** en tout cas, de
  toute façon
cask fût *m.*
cassette player platine à cassette *f.*
catch attraper
cathedral cathédrale *f.*
cease cesser
cell cellule *f.*
cellar cave *f.*
cellular cellulaire
cellulose cellulosique
century siècle *m.*
chair chaise *f.*
change one's mind changer d'avis
charge charger, **be in ch. of** diriger
charming charmant
cheap bon marché
cheese fromage *m.*
chest of drawers commode *f.*
chestnut tree marronnier *m.*
chew mastiquer
chicken poule *f.*, poulet *m.*
child enfant *m.* or *f.*
chimney cheminée *f.*
china vaisselle *f.*

chips frites *f.pl.*
choice choix *m.*, **too great a ch.**
  embarras du choix *m.*
choose choisir
chore tâche *f.*
chronic chronique
church église *f.*
cider cidre *m.*
circle (social) milieu *m.*
circular circulaire
cite citer
claim prétendre; revendication *f.*
class classe *f.*
classic classique
clean nettoyer
clean propre
clean out curer
clear clair
clear débarrasser
clearing dégagement *m.*
climb grimper
close to auprès de
cloud nuage *m.*
cloudy nuageux, -euse
co-ordination coordination *f.*
coach (auto)car *m.*
coat manteau *m.*
code (legal or highway) code *m.*
code-name nom de code *m.*
coffee café *m.*
cold froid *m.*, **feel the cold** être
  frileux, -euse
colleague collègue *m./f.*
collection quête *f.* **take a c.** faire la
  quête
colour colorier
colour couleur *f.*
come venir, **come back** revenir
comedian comédien, -enne
comfort confort *m.*
comic humoristique
comma virgule *f.*
commentary commentaire *m.*
commercialise commercialiser
communicate communiquer
company compagnie *f.*, société *f.*,
  maison *f.*, entreprise *f.*
compare comparer
compatriot compatriote *m./f.*
competent compétent
competition concours *m.*
complacent placide
complete compléter
completely complètement
complicate compliquer
comply s'exécuter
comply with se conformer à
computer ordinateur *m.*
computer programmer programmeur,
  -euse
computing informatique *f.*
conceived conçu
concern intéresser, **it concerns** il
  s'agit de
conclude conclure
conduct diriger (orchestra), mener
conductor chef d'orchestre *m.*

confidence confiance f.
conflict conflit m.
connect connecter
consequence conséquence f.
consider considérer, estimer
considerably considérablement
constitute constituer
constrain contraindre
construction ouvrage m.,
  construction f.
consume consommer
consumer consommateur m.
contain contenir
contaminate contaminer
continue continuer
contract contrat m.
contrary to contraire à, **on the c.** au
  contraire
converted aménagé
convince convaincre
cook cuisinier, -ère
cooked cuit
cool frais, fraîche
cope se débrouiller, s'en sortir
corpse cadavre m.
correct corriger
correct exact
correspond to correspondre à
correspondent correspondant m.
cost coûter
costs frais m.pl.
cosy intime
count comte m.
counter comptoir m., rayon m.
country pays m.
country(side) campagne f.
course cours m., stage m., **in the
  course of** au cours de
court, courtyard cour f.
cover couvrir
covered couvert
coward lâche m.
cowardly lâche
cream crème f.
create créer
creation création f.
credit attribuer
credit card carte de crédit f.
credit- accréditif, -ive
crisis crise f.
crossroad carrefour m.
crossword mots croisés m.pl.
crowd foule f.
crude oil pétrole f.
cry pleurer
cultural culturel, -elle
cupboard penderie f.
cure guérir
curiosity curiosité f.
current affairs actualité f.
curtain rideau m.
curtain-up lever du rideau m.
custard crème f.
custom habitude f.
customer client(e)
cut-out découpage m.
cycling- cycliste

D
daily paper quotidien m.
dairy produce laitage(s) m.
dangerous dangereux, -euse
dare oser
data transmission télématique f.
date dater; date f.
day jour m.; journée f.
deadly meurtrier, -ère
deal with s'occuper de
dear cher, chère
debate débat m.
debt dette f.
December décembre
decentralisation décentralisation f.
decibel décibel m.
decide (to) décider (de)
décor cadre m.
decorate décorer
decoration décoration f.
decorator décorateur m.
decrease baisse f.
decree arrêté m.
degree degré m.
delay retard m.
delegated délégué
delicate fragile
delicatessen charcuterie f.
delicious délicieux, -euse
delightful délicieux, -euse, ravissant
delirious délirant
deliver livrer
demonstration manifestation f.
deny renier
departure départ m.
deposit dépôt m.
depressed déprimé
depressing accablant
depth profondeur m.
describe décrire
deserve mériter
designed conçu
desire désirer
desk bureau m.
despite malgré
destined destiné
destroy détruire
determination acharnement m.
detest détester
develop développer,
  mettre au point
diabolical infernal
dial composer
diarrhoea diarrhée f.
die mourir
diet régime m.
different différent
difficulty difficulté f., **with d.**
  difficilement
digestive digestif, -ive
dine dîner
dining-room salle à manger f.
dinner dîner m.
direct diriger
direction direction f., sens m.
director directeur, -trice
directory annuaire m.

disabled (person) handicapé(e)
disappoint décevoir
disciplined discipliné
discouraged découragé
discover découvrir
discovery découverte *f.*
discreet discret, -ète
discuss discuter
disgrace honte *f.*
dish plat *m.*
disheartened découragé
dishwasher lave-vaisselle *m.*
dispense dispenser
disposal disposition *f.*
distance (oneself) (s')éloigner
distort fausser
district (of Paris) arrondissement *m.*,
  district (of town) quartier *m.*
disturb déranger
disturbing inquiétant
ditch fossé *m.*
do d.i.y. bricoler
doctor médecin *m.*
dog chien, -enne
domain domaine *m.*
domestic domestique
don't mention it je vous en prie, pas de
  quoi
door porte *f.*
door-to-door selling démarchage *m.*,
  porte-à-porte *m.*
dosage posologie *f.*
dozen douzaine *f.*
dramatise dramatiser
draw up ranger, se ranger
drawer tiroir *m.*
drawing dessin *m.*
drawing room salon *m.*
draw up rédiger
dream rêve *m.*
dream rêver
dresser (in theatre) habilleur, -euse
dressing room (in theatre) loge *f.*
drink boire
drink boisson *f.*, **have a d.** prendre un
  verre
drive conduire
driver conducteur *m.*, automobiliste
  m./f.
drop baisse *f.*
drop baisser
drowned (person) noyé(e)
drowsiness somnolence *f.*
drugstore drugstore *m.*
dub doubler
duration durée *f.*
during pendant
dust poussière *f.*

E
each chaque
each one chacun(e)
ear oreille *f.*
early tôt
easily facilement
east est
Easter Pâques *m.*

easy facile
eat manger
economic économique *f.*
editor rédacteur, -trice, **chief e.**
  rédacteur en chef
educational éducatif, -ive
effect effectuer, **take e.** s'effectuer
effect effet *m.*
effective efficace
effectively effectivement
efficacious efficace
elderly âgé
eldest aîné
elect élire
electrified électrisé
electrocuted électrocuté
electronic électronique
electronics électronique *f.*
elegant élégant
element élément *m.*
elsewhere ailleurs
embarrass gêner
embassy ambassade *f.*
employee employé(e), agent *m.*
employer employeur *m.*
empty vider, se vider
enclosed ci-joint, **please find
  enclosed** veuillez trouver ci-joint
end bout *m.*, fin *f.*, **to the e.** jusqu'au
  bout
energy énergie *f.*
engineer ingénieur *m.*
enlarge élargir
enormous énorme
enough assez, **be e.** suffir
enquiry enquête *f.*
enrol inscrire
enrolment inscription *f.*
ensure assurer
enter entrer
enter (data) rentrer
enthrall passionner
enthusiasm enthousiasme *m.*
entire entier, -ère
entitle intituler
entrance entrée *f.*
entry entrée *f.*, accès *m.*
epileptic épileptique
episode épisode *m.*
equally également
equip with munir de
equipment matériel *m.*
errand commission(s) *f.*, course(s) *f.*
especially surtout, notamment
essential primordial
essentially essentiellement
establish établir
European européen, -enne
even même, **e. more ... because**
  d'autant plus ... que, **e. though**
  encore que
even (number) pair
evening soir *m.*, soirée *f.*
event manifestation *f.*
every day tous les jours
every hour on the hour toutes les
  heures

everywhere partout
evolution évolution f.
evolve évoluer
exact exact
exaggerate exagérer
example exemple m.
exasperate exaspérer
except sauf
exceptional exceptionnel
excursion promenade f.
excuse (oneself) (s')excuser
exercise exercice m.
exhibition exposition f.
exist exister
expect attendre
expected prévu
expel expulser
experiment expérimenter
explain expliquer
extend allonger
extension élargissement m.
extract extrait m.
extracted extrait
extraordinary extraordinaire
extremely extrêmement

F
fabric étoffe f.
face affronter
face visage m.
facilitate faciliter
fact fait
factor facteur m.
factory usine f.
failing défaillant, failing anything
  better faute de mieux
fair fête f.
fairground- forain
faith foi f.
faithful fidèle
faithfulness fidélité f.
fall tomber
falsify fausser
family famille f.
fanatic mordu(e)
far loin
farm ferme f.
fascinating fascinant
fat graisse f.
fat gros, -sse
fate fatalité f.
father père m.
fault défaut m.
fête kermesse f.
fear peur f.
feature figurer
February février
feed nourrir
feel sentir, f. (oneself to be) se sentir
feeling sens m.
feminine féminin
festival fête f.
fierceness acharnement m.
figure chiffre m.
file dossier m.
filing classement m.
fill up remplir, se remplir

fillet filet m.
finally finalement
find trouver, retrouver
fine amende f.
fine foods comestibles m.pl.
finish terminer
Finland Finlande f.
fire feu m.
fire-eater cracheur de feu m.
fireman (cum
  ambulanceman) pompier m.
fireplace cheminée f.
firing mise à feu f.
firm entreprise f., maison f.
first (adjective) premier, -ère, f. rate
  fameux, -se; f. (adverb)
  premièrement; f. of all d'abord
fish poisson m.
fit with munir de
fitting installation f.
flavour saveur f.
flee fuir
flight vol m.
flow fluidité f.
flower- fleuri
flu grippe f.
fluid fluide
foam mousse f.
follow suivre
following suivant
food aliment m.
for pendant
for a long time longtemps
forbid interdire
forbidden interdit
force contraindre
foreign étranger, -ère
foreseen prévu
forget (to) oublier (de)
form forme f., on form en forme
former ancien, -enne
fortnight quinzaine f.
frankly franchement
free débarrasser, dégager, libérer
free gratuit
free from exempt de
freezer congélateur m.
French fries frites f.pl.
French railways S.N.C.F. f.
fresh frais, fraîche
fried in butter meunière
friend ami(e), (coll.) copain, copine
friendly amical
friendship amitié f.
frightening effrayant
from now on désormais
from time to time de temps en temps
front, in f. of devant
front façade f.
frying pan poêle f.
fuel carburant m.
full plein
function fonctionner
fur fourrure f.
furious furieux, -euse
furnish fournir
furniture meubles m.pl., mobilier m.

future avenir *m.*
future futur

G

gain in the exchange gagner au change
gall-bladder vésicule *f.*
Gallic gaulois(e)
gallop galoper
game jeu *m.*
gang (of workmen) brigade *f.*
garden jardin *m.*
gardener jardinier *m.*
garlic ail *m.*
gate porte *f.*
gem bijou *m.*
general général
generally généralement
generous généreux
genius génie *m.*
gentle doux, douce
geography géographie *f.*
German allemand
get by se débrouiller
get oneself to se rendre à
get used to s'habituer à
gifted doué
girlfriend (petite) amie *f.*
give donner
give back rendre
glance coup d'œil *m.*
glass verre *m.*
go aller
go about circuler
go around se promener
go away s'en aller
go back in rentrer
go back to work retravailler
go down descendre
go home rentrer
go in entrer
go off to sleep s'endormir
go out sortir
go to bed se coucher
go up monter
gold or *m.*
good bon, bonne
government gouvernement *m.*
grandfather grand-père *m.*
grandmother grand-mère *f.*
Great Britain Grande Bretagne *f.*
grey gris
grilled grillé
ground floor rez-de-chaussée *m.*
group groupe *m.*
growth accroissement *m.*
grumble rouspéter
guilty coupable
gymnastics gymnastique *f.*

H

heap tas *m.*
hear tell entendre dire
heart cœur *m.*
heating engineer chauffagiste *m.*
helmet casque *m.*
help aider

help secours *m.*
helping hand bonne main *f.*
hen poule *f.*
here ici
heroine héroïne *f.*
hesitate hésiter
hide cacher
hide-and-seek cache-cache *m.*
high haut
higher supérieur
himself lui-même
hire location *f.*; louer (verb)
history histoire *f.*
holder titulaire
hole trou *m.*
holiday congé *m.*, vacances *f.pl.*;
   (national) fête nationale *f.*; (public)
   jour férié *m.*
hope espoir, *m.*; espérer (verb)
hostess hôtesse *f.*
hot up se corser
hotel hôtel *m.*
house (things) abriter, (people)
   héberger
house maison *f.*, logement *m.*
household foyer *m.*
household electrical électro-ménager,
   -ère
household- ménager, -ère
housework ménage *m.*
how comment
how are things? ça va?
however toutefois
hum vrombir
human humain
humming vrombissement *m.*
hurry dépêcher, se d.
hypermarket hypermarché *m.*

I

ice glace *f.*
ice-cream glace *f.*
idea idée *f.*, notion *f.*
identification (document) pièce
   d'identité *f.*
if si
if ... and si si ... et que
ill souffrant, malade
illness maladie *f.*
illustrate illustrer
imagine imaginer
immediately immédiatement, tout de
   suite
immunise immuniser, s'i.
immunity immunité *f.*
impassion passionner
impose imposer
impotent (person) impuissant
impressive impressionnant
improve améliorer
improvement amélioration *f.*
inaugurate inaugurer
including comprenant
increase augmenter
increase hausse *f.*
incredible incroyable
indeed effectivement

index indice *m.*
indicate indiquer
indisputably incontestablement
individual individu *m.*
individualistic individualiste
industrial industriel, -elle
industry industrie *f.*
inform renseigner
information information *f.*,
  renseignement *m.*
inn auberge *f.*
inscribe inscrire
insist insister
inspector inspecteur *m.*
install installer
institute institut *m.*
insufficient insuffisant
integrate intégrer
intended destiné, prévu
interest intéresser
interesting intéressant
interior intérieur
intervene intervenir
intimate intime
intimidating impressionnant
invade envahir
investigation enquête *f.*
invite inviter
isolate isoler
Israel Israël *m.*

J
January janvier
Japan Japon *m.*
job emploi *m.*, job *m.*, situation *f.*
joinery menuiserie *f.*
journalist journaliste *m./f.*
journey trajet *m.*, voyage *m.*
judge juge *m.*
juggler jongleur *m.*
July juillet
jump sauter
junction carrefour *m.*
June juin
just juste, **to have j....** venir de ...
  (+ infin.)

K
key clé, clef *f.*
keyboard clavier *m.*
kid gosse *m./f.*
kind genre *m.*
kindness gentillesse *f.*
king roi *m.*
kiss embrasser
kitchen cuisine *f.*
knapsack sac à dos *m.*
know savoir, **(be acquainted with)**
  connaître
knowledge connaissance *f.*

L
laboratory laboratoire *m.*
lack défaut *m.*
lack manquer
landscape paysage *m.*
language langue *f.*, **l. laboratory**
laboratoire de langues *m.*
large grand, important
last dernier, -ére, **last night** hier soir
last durer
late en retard
later ensuite
laugh rire
launch lancer
lawn pelouse *f.*
lawyer avocat *m.*
lay (carpet) poser
lead mener, conduire
lead laisse *f.*
leaf through feuilleter
leaflet dépliant *m.*
leave partir; quitter
leave alone laisser faire
lecture conférence *f.*
left gauche
left-luggage locker/office consigne *f.*
leg jambe *f.*
legible lisible
lend prêter
length durée *f.*
less (... than) moins (... que)
lesson leçon *f.*
let louer, **(allow)** permettre
let's say disons
level niveau *m.*; plan *m.*
liberty liberté *f.*
library bibliothèque *f.*
licence permis *m.*
life vie *f.*
light léger, -ère
lightly légèrement
like aimer (bien)
like comme
likeable sympathique
likely susceptible
limbering up assouplissement *m.*
limit limite *f.*
line ligne *f.*
linen linge *m.*
liquid liquide *m.*
listen écouter
literature littérature *f.*, **(booklets
  etc.)** documentation *f.*
little peu
little by little petit à petit
live vivre, **(inhabit)** habiter
liver foie *m.*
load up charger
lodging hébergement *m.*
long long, -gue, **(for a l. time**
  longtemps
look well avoir bonne mine
lose perdre
lots of, a lot of beaucoup de
lottery loterie *f.*
loud(ly) fort
love amour *m.*, **with much l.** je
  t'embrasse **(lit. I kiss you)**
love aimer
lover amant(e)
low bas, basse
lower baisser
luck chance *f.*

lucky, be l. avoir de la chance
luggage bagages *m.pl.*
lunch déjeuner *m.*, **have l.** déjeuner
luxury luxe *m.*
luxury hotel palace *m.*

M
machine machine *f.*, engin *m.*
mad (person) fou, folle
magazine magazine *m.*, journal *m.*
mail courrier *m.*
maintain affirmer
majority majorité *f.*, plupart *f.*
make faire, fabriquer
make marque *f.*
make-up maquillage *m.*
making confection *f.*
man homme *m.*
manage to arriver à
management direction *f.*
manner manière *f.*
mansion hôtel *m.*
manufacturer fabricant *m.*
map carte *f.*
March mars
marine marin
mark (for school-work) note *f.*
market marché *m.*
marvellous formidable, merveilleux, -euse
mashed potatoes purée *f.*
master maître *m.*
masterpiece chef-d'œuvre *m.*
maths maths *f.pl.*
matter matière *f.*
May mai
may I? puis-je?
mayor maire *m.*
mean vouloir dire, signifier, correspondre à
mean moyenne *f.*
meaning signification *f.*
means moyen *m.*, **m. of transport** moyens (pl.) de transport
measure mesure *f.*
measure mesurer
meat viande *f.*
medical médical
medicine médicament *m.*, remède *m.*
medium (of meat) à point
meet rencontrer
meeting rencontre *f.*, réunion *f.*
memorise mémoriser
memory mémoire *f.*, souvenir
mention citer
merit mériter
metal-worker ajusteur *m.*
meticulous rigoureux, -euse
micro-computer micro-ordinateur *m.*
midday midi *m.*
middle milieu *m.*
midnight minuit
migraine-sufferer migraineux, -euse
mild doux, douce
mileage kilométrage (!) *m.*
military militaire
milk lait *m.*

milk dish laitage *m.*
millionaire millionnaire *m./f.*
mine mien, -enne
mineral minéral
minister ministre *m.*
minority minorité *f.*
miraculous miracle
mirror glace *f.*
misfortune malheur *m.*
mix mêler
moan (complain) rouspéter
modern moderne
modify modifier
monster monstre *m.*
month mois *m.*
more plus, encore, davantage
moreover d'ailleurs, en plus
morning matin *m.*
motorbike moto *f.*
motorway autoroute *f.*
move house déménager
multicoloured multicolore
murder meurtre *m.*
museum musée *m.*
musician musicien, -ienne
must, I/you/one (etc.) must il faut

N
name nom *m.*
name nommer
nation peuple *m.*
national holiday fête nationale *f.*, jour férié *m.*
natural brut
nauseating (slang) dégueulasse
nave vaisseau *m.*
navigate naviguer
near près (de), à proximité de
necessary, it is necessary (to) il faut
need besoin *m.*
need avoir besoin de
neglect négliger
negotiation négociation *f.*
neighbour voisin(e)
neighbourhood environs *m.pl.*, quartier *m.*
neither...nor ni...ni
nephew neveu *m.*
nervy nerveux, -euse
nest nid *m.*
network réseau *m.*
nevertheless quand même, cependant
New Year's Day Jour de l'An
news actualité *f.*, informations *f.pl.*, nouvelles *f.pl.*
news in brief faits divers *m.pl.*
newspaper journal *m.*
next (adverb) ensuite
next (adjective) prochain
next to auprès de
nice agréable, sympathique
nicely gentiment
niece nièce *f.*
night nuit *f.*
night-club boîte de nuit *f.*
no aucun
no matter which n'importe quel

no more ne . . . plus
noble généreux
noise bruit *m.*
noisy bruyant
non-smoker non-fumeur *m.*
none aucun
noon midi *m.*
normal normal
normality normalité *f.*
normally normalement
Norman normand, **(architecture)** roman
north nord
notably notamment
note note *f.*
note noter
nothing rien
notice apercevoir, s'a.
novelty nouveauté *f.*
November novembre
now maintenant
nuclear nucléaire
number nombre *m.*
numerous nombreux, -euse

O
oak chêne *m.*
obligatory obligatoire
oblige obliger, **obliged to** obligé de
observation réflexion *f.*
obtain obtenir
obtain access to accéder à
obviously évidemment
occupy occuper
octagonal octogonal
October octobre
odd (number) impair
of course bien sûr, bien entendu
of which, of whom dont
off-putting rébarbatif, -ive
offering offrant
office bureau *m.*, **o. job** emploi de bureau *m.*
office technology bureautique *f.*
often souvent
oil huile *f.*
OK d'accord, OK
old vieux, vieille, vieil; ancien, -enne
old age troisième âge *m.*
oneself soi
onion oignon *m.*
only (adjective) seul
only ne . . . que, seulement
open ouvrir, inaugurer
opinion avis *m.*, opinion *f.*
opposite en face de
orchestra orchestre *m.*
order ordre *m.*
ordinary ordinaire
organised planifié
other autre, **others** d'autres
ought devoir
ours le/la nôtre, les nôtres
outing promenade *f.*
outside dehors, en dehors de
outward trip aller *m.*
over there là-bas

overcast couvert
overdo abuser
overhead projector rétroprojecteur *m.*
overlooking dominant
oversee surveiller
overwhelm accabler
overwhelming accablant
own propre
owner propriétaire *m./f.*

P
pain douleur *f.*, mal *m.*
painting peinture *f.*
pale pâle
pancake house crêperie *f.*
paper papier *m.*
para-American para-américain
paraffin pétrole *f.*
Parisian parisien
park garer
park parc *m.*
parking stationnement *m.*
parliament parlement *m.*
parrot perroquet *m.*
part partie *f.*
participate (in) participer (à)
particular particulier, -ère, **in p.** en particulier, notamment
particularly particulièrement
party soirée *f.*
pass passer
past passé
patient (in hospital) hospitalisé *m.*
pay for payer
peace paix *f.*; tranquillité *f.*
peaceful calme
peach pêche *f.*
peasant paysan *m.*
pedestrian piéton, -nne
penicillin pénicilline *f.*
people monde *m.*; peuple *m.*; **many p.** du monde
per par
perfect parfait
perfect mettre au point
perfectly parfaitement
perfume parfum *m.*
perhaps peut-être, éventuellement
period période *f.*, époque *f.*
periodically périodiquement
permit permettre
persist persister
person personne *f.*
pervert pervers *m.*
perverted pervers
petrol essence *f.*
philharmonic philharmonique
photo(graph) photo(graphie) *f.*
photographic photographique
picture image *f.*, tableau *m.*
pile tas *m.*
pillow oreiller *m.*
pink rose
pirate pirater
pity dommage *m.*
place endroit *m.*, lieu *m.*, place *f.*, point *m.*

plaster (for building) plâtre m.
play jouer
pleasant agréable
please plaire
pleasure plaisir m.
plumbing plomberie f.
pneumatic pneumatique
poetic poétique
point of view point de vue m.
point out signaler, point out again
  resignaler
political politique
poll sondage m.
pope pape m.
popular populaire
pork chop côte de porc f.
possess posséder
possibly éventuellement
postal sorting tri postal m.
potential potentiel m.
pound (weight or sterling) livre f.
power pouvoir m.
powerful puissant
practical pratique
practically pratiquement
practise pratiquer
precaution précaution f.
precisely justement, précisément
prefer préférer, aimer mieux
preference préférence f.
premises local m. (pl. locaux)
prepare préparer
prescribed prescrit
prescription ordonnance f.;
  prescription f.
present actuel
present présenter
presentation présentation f.
preserve préserver
press presse f.
pretty joli
previous précédent
previously préalablement
print imprimer
printer (machine) imprimante f.
  (person) imprimeur
priority priorité f.
problem problème m.
produce produire
product produit m.
production (film) réalisation f.
profession métier m.
professional professionnel
program programmer
programme programme m., émission f.
progressively progressivement
prominent brillant
property propriété f.
propose proposer
protect préserver; (landscape)
  sauvegarder; p. oneself se préserver
prove prouver
provoke provoquer
pub brasserie f.
public publique m.
publicity publicité f.
publish publier

pull tirer, pull through s'en sortir
pulmonary pulmonaire
punch (ticket) composter
pupil élève m./f.
purpose propos m.
purr ronronner
pursue poursuivre
put mettre, poser
put up monter

Q
qualified qualifié
quality qualité f.
quantity quantité f.
queen reine f.
question questionner
quick rapide
quickly vite
quiet calme m.
quite assez
quite a lot of pas mal de
quite right tout à fait

R
race course f.
radio set poste de radio m.
rain pleuvoir
rain pluie f.
range éventail m.
rapid rapide
rapidly rapidement
rare rare, exceptionnel, (of meat)
  saignant
rather (than) plutôt (que)
rave about raffoler de
raw cru
ray rayon m.
re-cover recouvrir
reach aboutir à, atteindre
react réagir
reaction réaction f.
read lire
readable lisible
reading lecture f.
ready prêt
real véritable, for r. pour de vrai
realisation réalisation f.
reality réalité f.
realize se rendre compte de
really effectivement
reason raison f.
reasonable raisonnable
recall rappeler, se r.
receive recevoir
receiver récepteur m.
receptionist hôtessse f., réceptionniste
recognised reconnu
recommend recommander
record enregistrer; noter
record disque m.
record (e.g. in sport) record m.
red rouge
reduce réduire
reduction diminution f.
refinery raffinerie f.
reflection reflet m., réflexion f.

reform réforme *f.*
refrain from renoncer à
refrigerator réfrigérateur *m.*
region région *f.*
regional régional
regular visitor habitué(e)
reintroduce réintroduire
relation, in r. to par rapport à
relative parent *m.*
relatively relativement
relax se détendre
relaxation détente *f.*
relaxing détendant
relay relais *m.*
reliable sérieux
relieve soulager
remain rester *m.*
remainder reste *m.*
remark propos *m.*
remedy remède *m.*
remember se souvenir de
remind rappeler
renounce renier
renovate rénover
renowned fameux
rent louer
repeat répéter
replace remplacer
represent représenter
republic république *f.*
reputation réputation *f.*
research recherche *f.*
resemble ressembler à
reserve réserver
residence résidence *f.*
resident pensionnaire *m./f.*
resort station *f.*
respect respecter
respond répondre
rest reste *m.*
restaurant brasserie *f.*, restaurant *m.*
restaurant-owner restaurateur *m.*
restoration rétablissement *m.*
retain retenir
return (trip) retour *m.*
reveal (oneself to be) (se)révéler
rheumatologist rhumatologue *m./f.*
rice riz *m.*
rich riche
rid débarrasser
ride promenade *f.*
rifle fusil *m.*
right (vs. left) droite; **(correct)** juste; **be r.** avoir raison; **have a r. to** avoir droit à
ring sonner
ring-road périphérique *m.*
ripe mur
rise hausse *f.*; montée *f.*
risk risque *m.*
road- routier, -ère
road-block barrage routier *m.*
roast rôti
robotics robotique *f.*
romanesque roman
roof-rack galerie *f.*
room salle *f.*

round rond
roundabout (fairground) manège *m.*, (traffic) carrefour giratoire *m.*
rounded arrondi
rucksack sac à dos *m.*
run courir; (be in charge) diriger

S
sad triste
safety sécurité *f.*
sailing voile *f.*
salary salaire *m.*
sale vente *f.*
sales- commercial
salesperson vendeur, -euse
salt sel *m.*
same même
sample échantillon *m.*
sanitary sanitaire
satisfied satisfait
satisfy satisfaire
savour déguster
scale échelle *f.*
scarcely à peine
school école *f.*
school- scolaire
science science *f.*
scissors ciseaux *m.pl.*
scourge fléau *m.*
screen écran *m.*
sculpture sculpture *f.*
sea- marin
sea-wall digue *f.*
seat siège *m.*, place *f.*
seated assis
second(ly) deuxième(ment)
secretary secrétaire *m./f.*
seduce séduire
see voir, **see again** revoir
seek rechercher
seem avoir l'air, paraître
see to veiller à
send out expédier
sense sens *m.*
sensitivity sensibilité *f.*
September septembre
serious sérieux
serve servir
service permanence *f.*
session séance *f.*
set off provoquer
settle down s'installer
several plusieurs
severe sévère
sewage worker égoutier *m.*
sewer égout *m.*
sewing couture *f.*
shade ombre *f.*
shadow ombre *f.*
shame honte *f.*
share partager
shelter abri *m.*
shelter abriter
shock choc *m.*
shock heurter
shoot tirer
shoot down abattre

shooting tir *m.*
shop magasin *m.*
shopkeeper commerçant *m.*
shopping commission(s) *f.*, course(s) *f.*
shout crier
show spectacle *m.*
show-off comédien, -enne
shower (of rain) averse *f.*
shower douche *f.*
shutter volet *m.*
sick malade
side côté *m.*
sight vue *f,*
sign (board) panneau *m.*
sign signer
signal-system signalisation *f.*
signpost balise *f.*
signposted balisé
signs signalisation *f.*
silent silencieux, -euse
since (time) depuis, since (as) puisque
sing chanter
singer chanteur, -euse
sister sœur *f.*
sit down s'asseoir
sitting room salon *m.*
situate situer, be situated se situer
ski-slope piste *f.*
skin peau *f.*
sky ciel *m.*
sleep dormir
slice tranche *f.*
slightly légèrement
slow-coach lambin *m.*
smoke fumer
smoker fumeur *m.*
snobbish snob
snow neige *f.*
so as to afin de
so many, so much tant (de), tellement
so that si bien que
soap savon *m.*
soft doux, douce
solid solide
some quelque(s)
someone quelqu'un(e)
something quelque chose, s. special
    quelque chose de spécial, s. quite
    different tout autre chose
sometimes parfois, quelquefois
son fils *m.*
sophisticated sophistiqué
sort sorte *f.*
sort trier
sort out arranger
sound sonner
soup soupe *f.*
south sud
souvenir souvenir
Spanish espagnol
speak parler
speak to s'adresser à
specialised spécialiste
specialist spécialiste
specifically spécifiquement
spectator spectateur, -trice
speed vitesse *f.*

spend dépenser
spirit esprit *m.*
spit cracher
spoil gâcher
sports- sportif, -ive
sporty sportif, -ive
spread out répartir, étaler
square place *f.*
squash écraser
staircase escalier *m.*
start commencer, débuter
start début *m.*
start of school-year/term rentrée *f.*
starter (food) entrée *f.*
starting from à partir de, dès
state affirmer
state état *m.*
stately home château *m.*
station gare *f.*
station (broadcasting) chaîne *f.*
stay rester
steeple clocher *m.*
steering wheel volant *m.*
stereo system chaîne stéréo *f.*
still encore, toujours
stomach wall paroi gastrique *f.*
stop arrêt *m.*
stop arrêter, s'arrêter
storage rangement *m.*
store mémoriser
storekeeping manutention *f.*
story histoire *f.*
strange étrange
stress accent *m.*
strictly strictement
strike grève *f.*
string fil *m.*, (garlic) tresse
strong fort
strongly formellement
struggle lutter
studio (artist's) atelier *m.*
student étudiant *m.*
study étude *f.*
study étudier
stupid sot, sotte
subject (at school) matière *f.*
subject to soumis à
subscriber abonné
subscribe to s'abonner à
subtitle sous-titrer
subtitled sous-titré
suburbs banlieue *f.*
success succès *m.*
such (as) tel, telle (que)
suddenly tout d'un coup
suffer souffrir
suffering souffrant
suffice suffir
sufficient suffisant
suffocated asphyxié
suggest proposer
suit convenir
suitcase valise *f.*
sum somme *f.*
summary point *m.*
summer été *m.*
sumptuous somptueux, -euse

sun soleil *m.*
Sunday dimanche *m.*
suntan bronzage *m.*
superior supérieur
supermarket supermarché *m.*
supervise surveiller
supervision contrôle *m.*, surveillance *f.*
supplier fournisseur *m.*
supply fournir
suppose supposer
sure sûr
surname nom *m.*
surprise surprendre
surprising surprenant
surround entourer
surrounding environnant
surrounding area environs *m.pl.*
surroundings cadre *m.*
survey enquête *f.*
suspect se douter de
sweet sucré, (of wine) doux, douce
sweet stuff sucreries *f.pl.*
system système *m.*

T
tablet comprimé *m.*
take prendre, **take (someone to a place)** emmener
take advantage of profiter de
take place se dérouler, avoir lieu
take the trouble prendre la peine
tape bande *f.*
tape-recorder magnétophone *m.*
task tâche *f.*
taste déguster
tax impôt *m.*
tea goûter *m.*
teacher professeur *m.*
team équipe *f.*
tease taquiner
technological technologique
tedious fastidieux
telephone téléphone *m.*
telephone téléphoner (à)
television télévision *f.*
television news journal télévisé *m.*
television set téléviseur *m.*
tell raconter
telly télé *f.*
temperature température *f.*
ten dix, **about ten** dizaine *f.*
tension nervosité *f.*
territory territoire *m.*
thank remercier
thank you merci
thanks to grâce à
that (dog) ce (chien)-là
that (one) celui, celle
that que
that is to say c'est-à-dire
that said cela dit
theatre théâtre *m.*
theft vol *m.*
their leur
thematic thématique
theme thème *m.*
themselves eux-mêmes

then ensuite, puis
there là, y
there is/are il y a
thick épais
thing chose *f.*, (coll.) truc
think penser
third tiers *m.*, **t. world** tiers monde *m.*
this (dog) ce (chien)-ci
thorough rigoureux, -euse
those (ones) ceux, celles
threat menace *f.*
threshold seuil *m.*
through à travers
throw lancer
thus ainsi
ticket (for bus or metro) ticket *m.*, (for train) billet *m.*
time temps *m.*, (time at which) horaire *m.*, (number of times) fois *f.*
time off congé *m.*
timetable horaire *m.*
tinker with bricoler
to her lui
to him lui
to them leur
to which auquel, à laquelle
tobacco tabac *m.*
tobacconist's (shop) (bureau de) tabac *m.*
today aujourd'hui
together ensemble
toilet(s) toilettes *f.pl.*
tomorrow demain
tonic tonique *m.*
toning up musculation *f.*
too much/many trop
touch toucher
tournament tournoi *m.*
towards vers
towel serviette *f.*
town ville *f.*, agglomération *f.*
town- urbain
toy jouet *m.*
trade métier *m.*
tradesperson marchand(e)
traffic circulation *f.*
traffic jam embouteillage *m.*
training formation *f.*
tramp clochard *m.*
transform transformer
translate traduire
transmit émettre
transmitter émetteur *m.*
trauma traumatisme *m.*
travel voyager
treat traiter
treatment traitement *m.*
tree arbre *m.*
tremendously formidablement
tress tresse *f.*
trial essai *m.*
trip trajet *m.*
triple (bet on horses) tiercé *m.*
true vrai
trumpet player trompettiste *m./f.*
trustworthy fiable
try essayer, tenter

try out expérimenter
tube métro *m.*, **t. station** station de métro *f.*
turn up (volume) monter
twice a month semi-mensuel
type genre *m.*
type taper à la machine
typewriter machine à écrire *f.*
tyrannise tyranniser

U

ultra-violet ultra-violet
unbearable insupportable
underground métro *m.*
undesirable indésirable
unequal inégal
unfair injuste
unfold dérouler
unfortunately malheureusement
unilateral unilatéral
United States Etats-Unis *m.pl.*
universal universel
university université *f.*
unknown inconnu
unlimited illimité
unusual inhabituel, -elle
upset trouble *m.*
use utilisation *f.*, emploi *m.*
use utiliser
used, be u. to avoir l'habitude de
useful utile
user utilisateur *m.*, usager *m.*
usual usuel, -elle

V

vaccine vaccin *m.*
vacuum cleaner aspirateur *m.*
valid valable
validate composter
value valeur *f.*
variety variété(s) *f.*
vary varier
vast vaste
vat cuve *f.*
vaulted voûté
veal veau *m.*
vegetable légume *m.*
vehicle véhicule *m.*
veil voile *f.*
very très, fort
video vidéo *f.*
video recorder magnétoscope *m.*
videomania vidéomanie *f.*
view vue *f.*
visit visite *f.*
visit visiter
visitor visiteur
vitamin vitamine *f.*
vomiting vomissement *m.*
vulnerable vulnérable

W

wait attente *f.*
wait for attendre
waiter serveur *m.*
waitress serveuse *f.*
wake réveiller

walk marcher, se promener
walk promenade *f.*
walking marche à pied *f.*
wall mur *m.*
war guerre *f.*
wardrobe penderie *f.*
warehouse work manutention *f.*
warm chaleureux
warm up réchauffer
warming up (exercises) assouplissement *m.*
wash laver, se laver
wash down (food) arroser
washing linge *m.*
washing machine machine à laver *f.*
washing up vaisselle *f.*
watch montre *f.*
watchman vigile *m.*
water eau *f.*
wave vague *f.*
way façon *f.*
weather temps *m.*
weather forecast météo *f.*
wedged coincé
week semaine *f.*
weigh down accabler
welcome accueil *m.*
welcoming accueillant
well bien
well behaved sage
west ouest
wet mouillé
what? quoi? comment?
what...? qu'est-ce que...?
when lorsque, quand, **when all's said and done** en fin de compte
where où
whereas alors que
which (one) lequel, laquelle
white blanc, -che
whitish blanchâtre
whole ensemble *m.*
why? pourquoi?
wide large
wild délirant
win gagner
wind vent *m.*
window fenêtre *f.*
windsurfing, go w. faire de la planche à voile *f.*
wine vin *m.*
wing aile *f.*
winter hiver *m.*
wish (for) souhaiter, désirer
wish vœu *m.*
without sans
witness assister à
woman femme *f.*
wood-panelling boiseries *f.pl.*
word mot *m.*
word-processing traitement de texte *m.*; **word-processor** machine à traitement de texte *f.*
work travail *m.*; **(road-works)** travaux *m.pl.*; **(creation)** ouvrage *m.*
work travailler; **(machines etc.)** fonctionner; **w. again** retravailler

worker travailleur *m.*
working fonctionnement *m.*
working-class populaire
workman ouvrier *m.*
world monde *m.*
world- mondial
world-wide mondial
worry souci *m.*
worse (**adjective**) pire, (**adverb**) pis
worst le/la pire
worth, be w. valoir
wound blesser
wrapping emballage *m.*
wretched vilain

write rédiger
· **write down** inscrire, noter
wrong tort *m.*, **be wrong** avoir tort

Y
year an *m.*, année *f.*
yes (**used in contradiction**) si
yesterday hier, **yesterday evening** hier soir
yet pourtant
yobbo loubard *m.*
young jeune
youth jeunesse *f.*

Index